Zur Zukunft der Ökumene

Bernd Jochen Hilberath
Wolfhart Pannenberg (Hrsg.)

# Zur Zukunft der Ökumene

## Die »Gemeinsame Erklärung zur Rechtfertigungslehre«

Verlag Friedrich Pustet Regensburg

Themen der Katholischen Akademie in Bayern

Die Deutsche Bibliothek – CIP-Einheitsaufnahme

**Zur Zukunft der Ökumene** : Die »Gemeinsame Erklärung zur Rechtfertigungslehre« / Bernd Jochen Hilberath/Wolfhart Pannenberg (Hrsg.). – Regensburg : Pustet, 1999
ISBN 3-7917-1626-3

ISBN 3-7917-1626-3

Umschlaggestaltung: Treitner Kreation & Kommunikation, München
Gesamtherstellung: Friedrich Pustet, Regensburg
Printed in Germany 1999

# Inhalt

# Vorwort

Am 24. und 25. April 1998 fand in Tutzing eine gemeinsame Tagung der dortigen evangelischen Akademie und der Katholischen Akademie in Bayern statt, auf der die in diesem Band zusammengestellten Referate gehalten wurden. Die Tagung stand im Zeichen des Streites um den abschließenden Text der Gemeinsamen Erklärung zur Rechtfertigungslehre vom Januar 1997, eines Streites, der vornehmlich durch das Votum von über 160 evangelischen Theologieprofessoren bestimmt wurde. Die Beschlußfassung der deutschen lutherischen Landeskirchen dazu war noch im Gange. Im Juni 1998 folgte die Beschlußfassung des Lutherischen Weltbundes, die der Erklärung zustimmte. Im gleichen Monat wurde jedoch eine »Antwort« der römisch-katholischen Kirche auf die Gemeinsame Erklärung veröffentlicht, die neben einer grundsätzlichen Zustimmung zur Feststellung eines dadurch erreichten Konsenses in Grundwahrheiten der Rechtfertigungslehre eine Reihe von »Präzisierungen« enthielt, welche diese Zustimmung in wichtigen Punkten einzuschränken und abzuschwächen schienen. Es war danach für einige Zeit fraglich, ob es tatsächlich zur gemeinsamen Unterzeichnung der Erklärung kommen würde, für die auf evangelischer Seite vor allem die Klarstellung für unerläßlich galt, daß im Lichte der erreichten Übereinstimmungen auch die noch verbleibenden Differenzen keine gegenseitigen Verurteilungen mehr begründen, so daß auf die Unterzeichner der Gemeinsamen Erklärung keine der bisher bestehenden Verurteilungen im Bereich der Rechtfertigungslehre mehr anwendbar sind. Gegenwärtig, im März 1999, besteht jedoch Hoffnung darauf, daß eine solche Klarstellung von beiden Seiten gemeinsam erfolgt und damit auch die gemeinsame Unterzeichnung stattfinden kann. Sie bedeutet zweifellos nicht, daß nicht viele Formulierungen der Gemeinsamen Erklärung auch weiterhin Gegenstand berechtigter Kritik blieben. Dennoch stellt die erreichte Verständigung einen wichtigen Schritt auf dem Wege zu engerer ökumenischer Gemeinschaft der Kirchen dar.

Wolfhart Pannenberg
Bernd Jochen Hilberath

# Wie ist es zum Streit über die Rechtfertigungslehre gekommen?

REINHARD FRIELING

Theologie ist Dolmetschen: nämlich Gottes Wort in der Sprache unserer Zeit zu sagen. Die Mitte der evangelischen Theologie ist die Rechtfertigungsbotschaft. Aber die klassischen Begriffe der Rechtfertigungslehre taugen für das Dolmetschen von Gottes Wort heute überhaupt nicht mehr. Denn »Rechtfertigung« bedeutet in unserer Alltagssprache: »Ich habe richtig gehandelt, ich bin unschuldig.« In der theologischen Fachsprache ist das Gegenteil gemeint, nämlich der Freispruch eines Schuldigen im Gericht, konkret: die Gerechtsprechung des Sünders um Christi willen, weil Christus stellvertretend für ihn gesühnt hat. Rechtfertigung ist statt »Selbstgerechtigkeit« die »fremde Gerechtigkeit«, die Erlösung durch Christus.

Diese traditionellen Glaubensaussagen in die Sprache des säkularisierten Zeitgenossen zu übersetzen, ist die entscheidende ökumenische Aufgabe der evangelischen und katholischen Kirche. Aber leider ist das kaum das Thema der heutigen Ökumene, sondern vielmehr der alte evangelisch-katholische Streit über die Rechtfertigungslehre in der Terminologie des 16. Jahrhunderts. Auch die Gemeinsame katholisch-lutherische Erklärung von 1997 redet die Sprache des Mittelalters. Und auch die Kritiker dieser Erklärung tun es, denn sie fixieren den christlichen Glauben auf die alten kontroversen Glaubensformeln, ohne den Versuch zu machen, ökumenisch eine theologische Sprache in die andere zu übersetzen.

Ökumene ist Dolmetschen: nämlich die katholische Sprache in die evangelische und die evangelische in die katholische zu übertragen. In unseren theologischen Systemen werden fast alle Begriffe

unterschiedlich gebraucht. Und häufig werden Ketzerhüte verteilt, weil man den anderen gar nicht verstanden hat. Wo beispielsweise der evangelische Christ »Rechtfertigung« sagt, heißt es in der klassischen katholischen Dogmatik »Erlösung«. Die katholische Tradition – etwa auch der sogenannte Weltkatechismus – bezeichnet mit »Rechtfertigung« vor allem die »effektive« Seite des Erlösungshandelns Gottes im Menschen, nämlich Wiedergeburt, Erneuerung, heiliges Leben. So wird dann, auch im Weltkatechismus, die Rechtfertigung in der Tugendlehre abgehandelt. Hier aber spricht die evangelische Theologie eben nicht von der »Rechtfertigung« selbst, sondern von den Früchten, den Folgen der Rechtfertigung, nämlich der Heiligung. In ähnlicher Weise muß bei den anderen Begriffen der Rechtfertigungslehre genau geprüft werden, ob mit denselben Begriffen vielleicht etwas ganz anderes gemeint und geglaubt wird, und umgekehrt, ob mit verschiedenen Begriffen dennoch vielleicht dasselbe geglaubt wird. Die Gemeinsame Erklärung geht genau nach dieser Dolmetschermethode vor, und es ist die Frage, ob sie eine angemessene Antwort gibt.
Ich beschränke mich in diesem Beitrag auf einen Teilaspekt, nämlich das historische Dolmetschen: Was waren im 16. Jahrhundert die Kernfragen, die zur Kirchenspaltung führten? Waren es etwa nur Mißverständnisse? Aufgrund welcher Bedingungen begegnen wir uns heute anders? Wie gehen die Konfessionen mit kontradiktorischen Gegensätzen um – damals und heute? Die Fragen machen deutlich, daß ich als Konfessionskundler nicht wie ein Kirchengeschichtler nur die damalige Situation zu erfassen suche, sondern daß mein historisches Interesse von heutigen ökumenischen Interessen geleitet ist – umfangen von der viel wichtigeren Frage, wie wir das Evangelium von Gottes Liebe heute verkündigen und als Christen und Kirchen leben sollen.
Ich greife zwei Ereignisse heraus, bei denen ich archetypisch das ganze evangelisch-katholische Problem erfaßt sehe: Luthers Verhör durch Kardinal Cajetan in Augsburg 1518 und das Regensburger Religionsgespräch 1541.

## Luther und Cajetan in Augsburg 1518

*Luther: »Glaube ist Heilsgewißheit.«*

Im Zusammenhang mit der Beichte und dem Ablaßwesen war Luther zu der Einsicht gekommen, die Versöhnung mit Gott geschehe so, daß der einzelne Christ in der Anfechtung nicht auf sich selbst und seine guten Werke, einschließlich der guten Taten zur Genugtuung bei der Buße, blickt, denn da bleiben nur Zweifel und Anfechtung, da gibt es keine richtige Gemeinschaft mit Gott. Luthers Blick richtet sich ganz auf das, was Gott in Christus für uns getan hat. Glauben ist die Annahme dieser Versöhnung mit Gott, ist das ganz persönliche Vertrauen, daß ich durch Christus frei von Sünden bin, daß ich geheilt bin von der Trennung mit Gott, daß ich meines Heils gewiß bin. Kurz: Glaube ist Heilsgewißheit.

*Cajetan: »Das heißt eine neue Kirche bauen.«*

Kardinal Cajetan hatte für Oktober 1518 als päpstlicher Abgesandter zu den deutschen Fürsten (im Zusammenhang mit der Türkengefahr) zusätzlich den Auftrag bekommen, Luther zu verhören und bei Weigerung des Widerrufs den Ketzerprozeß gegen ihn zu eröffnen. Er hatte sich gründlich mit Luthers Position befaßt und in einem seiner Traktate schon im September 1518 dazu geschrieben: »Das heißt eine neue Kirche bauen.«[1]
Cajetan unterschied gemäß der mittelalterlichen Tradition zwischen »Hoffnungsgewißheit«, die der einzelne in seiner subjektiven persönlichen Schwachheit und Unzulänglichkeit hat, und »Glaubensgewißheit«, welche die Kirche hat, indem ihr von Christus der Schatz der Glaubenswahrheiten anvertraut wurde. Im Blick auf die Sündenstrafen hier im Leben oder im Fegefeuer bleibt der einzelne stets in Unruhe, während die Kirche den Schatz der sogenannten überschüssigen guten Werke Christi und der Heiligen verwaltet und Ablässe gewährt. Wenn Luther »Hoffnungsgewißheit« und »Glaubensgewißheit« zusammenfasse zur »Heilsgewißheit« des einzelnen Christen, dann sei die Kirche aus dem Innern des Glaubensaktes ausgeklammert. »Das heißt eine neue Kirche bauen.«

Kardinal Ratzinger hat im Lutherjahr 1983 hier den Kern des evangelisch-katholischen Gegensatzes gesehen. Er spricht bezüglich Luther von einer »radikalen Personalisierung des Glaubensaktes, der in einem erregenden und in gewisser Hinsicht exklusiven Aug in Aug zwischen Gott und Mensch besteht.«[2] Hingegen sei für den Katholiken der Glaube »seinem Wesen nach Mitglauben mit der Kirche«.

Es geht bei dieser Kontroverse um zweierlei: Erstens: Geschieht Versöhnung mit Gott, »Rechtfertigung«, ausschließlich durch Gott selbst, während der Mensch diese Versöhnung im persönlichen Glauben annimmt und selber nichts Konstitutives dazu durch eigene gute Werke und Verdienste beiträgt? Zweitens: Wie ist das Verhältnis von Glaube des einzelnen und Glauben der Kirche bestimmt? Welche Autorität kommt der Kirche beim Vollzug der Versöhnung mit Gott zu? Geschieht Rechtfertigung nicht nur *in* der Kirche, sondern *durch* die Kirche, indem beispielsweise beim Meßopfer die Kirche in einem bestimmten Sinne Christus opfert? Im 16. Jahrhundert wurde noch von einer »unblutigen Wiederholung« des blutigen Opfers von Golgatha gesprochen. Heute sagt die katholische Kirche deutlich, daß es sich um eine Vergegenwärtigung des Opfers Christi im Heiligen Geist handelt. »In« der Kirche oder auch »durch« die Kirche: In welcher Weise ist Sündenvergebung in der Beichte an eine Weihevollmacht des Priesters gebunden, der allein authentisch in der Person Christi handelt?

### *Autorität von Heiliger Schrift und Papst*

Luther und Cajetan haben in Augsburg diese Fragen, die mit der Heilsgewißheit und dem rechtfertigenden Glauben zusammenhängen, gar nicht ausdiskutiert. Sie prallten rasch mit ihren Auffassungen über die Autorität der Heiligen Schrift und des Papstes aufeinander. Cajetan wollte gar nicht disputieren, sondern er ermahnte Luther, er solle keinen Aufruhr machen, sondern sich als einzelner Theologe den geltenden Lehren und Ordnungen des Papstes fügen. Luther entgegnete, die Ablaßbulle »Unigenitus« von Papst Clemens VI. aus dem Jahre 1343 widerspreche der Heiligen Schrift. Die Heilige Schrift enthalte die göttliche Wahrheit,

daran sei auch der Papst gebunden. Cajetan setzte die These von der Superiorität des Papstes über Schrift und Konzil dagegen. Luther daraufhin scharf: »Die göttliche Wahrheit ist auch die Herrin des Papstes.«
Also, hier das in Gottes Wort gebundene Gewissen des einzelnen, der – wie Luther in Worms 1521 formulierte – aus der Heiligen Schrift oder mit klaren Gründen der Vernunft widerlegt werden will; sonst steht er in evangelischer Freiheit gegen Papst und Kaiser.
Und dort eine Position, die sicherlich so wie bei Cajetan heute von katholischer Seite nicht mehr nachvollzogen wird. Der personale Glaube an Gott wird in der Offenbarungskonstitution des II. Vatikanischen Konzils betont, und es heißt, das Lehramt stehe nicht über, sondern unter dem Worte Gottes und diene ihm. Aber dieselbe Offenbarungskonstitution betont auch den Dreiklang von Heiliger Schrift, Tradition und Lehramt. Und als einzig authentische Auslegungsinstanz gilt das Lehramt, der Papst in letzter Instanz unfehlbar. Im Glaubenseid müssen die katholischen Amtsträger ihm gegenüber den religiösen Gehorsam des Verstandes und des Willens leisten.
Cajetan und Ratzinger haben Recht: Diesem kirchlichen System widerspricht der evangelische Glaube, der die Botschaft von der Rechtfertigung des Sünders allein aus Gnaden und allein durch Christus nicht in dieser Weise an das hierarchische Amt und die kirchliche Institution binden kann. Kardinal Cajetan und Ratzinger ist freilich zu widersprechen, wenn sie meinen, beim evangelischen Glaubensakt sei die Kirche ausgeklammert. Luthers ganze Leidenschaft galt der These, daß der Glaube aus der Predigt des Evangeliums entsteht. Evangelischer Glaube bleibt nicht im Subjektiven bei sich selbst stehen, sondern im Vollzug von Hören auf Gottes Wort und Feier der Sakramente ereignet sich Kirche. Glauben ohne Kirche gibt es für evangelische Christen nicht. Aber ob die Kirche so strukturiert sein muß wie die römisch-katholische Kirche, ob der geschichtlich gewordenen Hierarchie und der Autorität des Amtes diese Autorität zukommt, wie sie der Papst und der Codex Iuris Canonici feststellen, das ist der springende Punkt.

Die knappen Hinweise machen deutlich, wie damals die Frage von Heilsgewißheit des einzelnen und Autorität der Kirche etwas miteinander zu tun hatten. Anders ausgedrückt: Aus dem Verhältnis von Rechtfertigung und Kirche ergibt sich jeweils die Antwort auf die Frage nach Kirchengemeinschaft und kirchentrennenden Gegensätzen.

Mit dieser Analyse ist allerdings noch nicht geklärt, warum das so ist. Wie kommt es, daß bei gleicher Bezugnahme auf Gottes Heilshandeln in Jesus Christus so unterschiedliche theologische und kirchliche Systeme entstehen? Thesenhaft und archetypisch wage ich folgende Antwort:

Es stehen sich zwei theologische Modelle gegenüber, die jeweils in der Christologie, der Ekklesiologie und der Anthropologie erkenntnismäßig die Akzente verschieden setzen. Das Menschenbild, das Kirchenbild, das Christusbild bedingen einander. Ich setze einmal bei der Christologie ein und erkenne thesenhaft und archetypisch in der katholischen Theologie vorrangig ein *Inkarnationsmodell,* während die reformatorische Theologie von einem *kerygmatischen Modell,* einem Verkündigungsmodell ausgeht. Wohlgemerkt: Da sind archetypische Ansätze, nicht sich ausschließende Gegensätze!

Die katholische Theologie betont im Christusgeschehen die Menschwerdung Gottes, die in Kreuz und Auferstehung ihre Vollendung hat. Durch den Sündenfall hatte der Mensch (Adam) die übernatürliche Gnade der Heiligkeit verloren. Seine Natur war »verwundet«, aber er blieb prinzipiell »gottfähig« – so die Überschrift im ersten Kapitel des katholischen Weltkatechismus. Die »verwundete« menschliche Natur wird durch Christi Menschwerdung geheilt. Rechtfertigung ist so ein inkarnatorisch gegebener und durch die Kirche als Leib Christi sakramental vermittelter Sachverhalt, an dem der einzelne Gläubige partizipiert. Hier liegt die Wurzel der katholischen Frömmigkeit, welche der menschlichen Natur unter der Prämisse zuvorkommender Gnade »Mitwirkung« mit Gott einräumt und sogar von »Verdienst« reden läßt. Das hat Konsequenzen in der Ekklesiologie vom Amtsverständnis

über die besondere Betonung von sieben Sakramenten (Opferlehre!) und weiteren Sakramentalien bis hin zur Heiligenverehrung und zu einem besonderen Sinn für heilige Dinge, Zeiten und Orte, die jeweils Gottes Nähe spüren lassen.
Luther und mit ihm dann die evangelische Theologie betrachtet, grob skizziert, die Gott-Mensch-Beziehung vor allem als ein personales Wort- und Verkündigungsgeschehen, weniger als einen inkarnatorisch gegebenen und sakramental vermittelten Sachverhalt. Luther geht von der durch die Sünde total verdorbenen menschlichen Natur aus, die im Heilsgeschehen nur passiv sein kann. Gottes Wort als Gesetz und Evangelium wird in Kreuz und Auferstehung Christi offenbar (was die Menschwerdung des Gottessohnes voraussetzt); die Kirche verkündigt das Wort Gottes, und der Mensch nimmt im Glauben die Rechtfertigung an. Er ist gerecht und sündig zugleich – und mehr kann über die Kirche als die Gemeinschaft der gerechtfertigten Sünder auch nicht gesagt werden.
Luthers Frömmigkeit hatte mit diesem theologischen Ansatz weniger Zugang zur Priorität sakramentaler Vollzüge, zu heiligen Dingen, Zeiten und Orten und gar keinen Zugang zu einer Hypostasierung von »Kirche«, welche einseitig die Institution als Leib Christi heilig und sündlos sieht, während nur die Christen noch Sünder sind. »Heilig« ist die Kirche nach Luthers Auffassung, weil ihr aufgrund von Christi Kreuzestod die Sünden vergeben werden, nicht jedoch, weil sie vor der realen Personengemeinschaft der Christen sündlos wäre. Das Werk des Heiligen Geistes ist hier also mit dem verkündigten Wort, mit dem Evangelium selbst verbunden; in der katholischen Theologie hingegen findet sich eine ebenso klare Verbindung zwischen dem Werk des Heiligen Geistes und der Institution, die das Evangelium verkündigt. Die Konsequenzen für das Verständnis von Autorität der Kirche und Autorität in der Kirche (Amtsverständnis) sind evident.
Im Oktober 1518 prallten diese beiden theologischen Modelle aufeinander wie kontradiktorische Gegensätze. »Das heißt eine andere Kirche bauen«, sagte Kardinal Cajetan. Und Luther sagte: Wer sich ganz und gar auf Gottes Heil in Christus verläßt, kann nicht Gottes Rechtfertigung – in welcher Form auch immer – sel-

ber durch gute Werke oder durch kirchlich-sakramentale Vollzüge verdienen.
Wir müssen nun noch weiterbohren und fragen, wie es denn zu solchen unterschiedlichen theologischen Modellen kommt. Liegt der Unterscheid in verschiedenen Erkenntnistheorien, in philosophischen Prämissen? Otto Hermann Pesch hat das aus Thomas und Luther herausgearbeitet und von einer thomistischen »sapientialen« Theologie gesprochen, welche die ewigen Wahrheiten Gottes in Jesus Christus artikuliert und durch die Kirche vermittelt, während die »existentiale« Theologie Luthers von der Erfahrung des Sünderseins ausgeht, verzweifelt nach dem gnädigen Gott fragt und dann weniger an inkarnatorisch-sakramentalen Vermittlungen als an dem Verheißungswort – mit Paulus gesprochen – dem »Wort vom Kreuz« interessiert ist und im persönlichen Glauben Heilsgewißheit erfährt.
Was ich hier archetypisch als katholische oder evangelische Denkweisen, Erfahrungen und Theologien beschrieben habe, geht heute natürlich auch quer durch die Konfessionen. Es gibt ja auch die Erfahrung, daß die evangelische Rechtfertigungslehre »allein aus Gnaden im Glauben« heute in der katholischen Spiritualität stärker ausgeprägt ist als in der evangelischen, wo inkarnationstheologisch Christus häufig nur im Mitmenschen begegnet und Glaube nur noch in der Ethik abzulesen ist.

*Das Ergebnis der Gemeinsamen Erklärung von 1997*

Ich breche die analytischen Hinweise ab und lenke den Blick kurz auf die jetzt erarbeitete Gemeinsame Erklärung. Bei ihr fällt auf, daß sie den Problemkreis »Rechtfertigung und Kirche« ausklammert und dessen Klärung als Aufgabe des weiteren Dialogs bezeichnet (Nr. 43). Die Gemeinsame Erklärung konzentriert sich auf einen »Konsens in Grundwahrheiten« und beleuchtet von daher die traditionelen Differenzen.
In Nr. 17 wird gemeinsam gesagt, was seit dem 16. Jahrhundert der Kern der reformatorischen Rechtfertigungsbotschaft ist und von dem in völlig gleichem Wortlaut unsere evangelischen Landeskirchen vor vier Jahren feierlich beschlossen haben, wenn dies

gelte, träfen die reformatorischen Lehrverurteilungen die römisch-katholische Lehre heute nicht mehr:

Die Botschaft von der Rechtfertigung »sagt uns, daß wir Sünder unser neues Leben allein der vergebenden und neuschaffenden Barmherzigkeit Gottes verdanken, die wir uns nur schenken lassen und im Glauben empfangen, aber nie – in welcher Form auch immer – verdienen können«.

Im Abschnitt über die »Heilsgewißheit« heißt es: »Katholiken können das Anliegen der Reformatoren teilen, den Glauben ganz auf die objektive Wirklichkeit der Verheißung Christi zu gründen, von der eigenen Erfahrung abzusehen und allein auf Christi Verheißungswort zu vertrauen« (Nr. 36).

Im Entwurf der Gemeinsamen Erklärung hieß es dann: »In diesem Sinn ist Glaube Heilsgewißheit.« Doch diese Formulierung löste in der römischen Glaubenskongregation offensichtlich die Angst aus, es könne im Blick auf das Heil die ganze Ethik ausgeklammert werden. Der Satz wurde durch folgenden ersetzt: »Aber jeder kann in Sorge um sein Heil sein, wenn er auf seine eigenen Schwächen und Mängel schaut« (Nr. 36).

Hier ist die evangelische Rückfrage verständlich, ob denn nicht unsere Schwächen und Mängel in der Sündenvergebung und Rechtfertigung völlig aufgehoben sind. Können wir selber in Sorge um unser Heil durch gute Werke uns das Heil verdienen oder zumindest selber daran mitwirken? Ist das nicht ein Widerspruch zu dem gemeinsam ausgesprochenen Konsens in Grundwahrheiten? Hier muß das künftige Gespräch noch bessere Klarheit schaffen.

In den Jahrzehnten nach Luthers Verhör durch Cajetan 1518 haben die Reformatoren ihre Theologie der Rechtfertigung in die berühmten vier Allein-Aussagen zusammengefaßt: »allein Christus« (solus Christus), »allein aus Gnaden« (sola gratia), »allein im Glauben« (oder durch Glauben; sola fide), »allein die Heilige Schrift« (sola scriptura). In vielen Disputationen und sogenannten Religionsgesprächen wurden die Kontroversen diskutiert. Vor dem Trienter Konzil war der letzte große Versuch, eine Einigung zu erzielen, das Regensburger Religionsgespräch 1541.

## Das Regensburger Religionsgespräch 1541

Nach einigen Vorverhandlungen in Hagenau und Worms haben hier vor allem Melanchthon und Eck sowie Bucer und Gropper unter der Schirmherrschaft von Kardinal Contarini im 5. Artikel einen Konsens in der Rechtfertigungslehre formuliert.[3]

### *»Der Glaube, der durch die Liebe tätig ist«*

Es heißt dort: Nach Adams Fall sind alle Menschen »Gottes Feinde und deshalb im Tod und in der Gefangenschaft der Sünden«. Erlösung gibt es »nur durch Christus, den einzigen Mittler Gottes und der Menschen«. Die Wohltat Christi gibt es gratis, aus Gnade, und man erlangt sie nur mit vorheriger Bewegung des Heiligen Geistes durch den Glauben.

Das solus Christus ist also gewahrt. Das sola gratia gilt auf jeden Fall für die zuvorkommende Gnade Gottes, ohne die es keinen Glauben gibt und auch keine Anrechnung der Gerechtigkeit Christi auf das eigene Leben.

Vermieden wird zunächst der Begriff »sola fide« (allein durch den Glauben). Als Glaubensbegriff wird definiert: »mit Gewißheit allem glauben, was von Gott geoffenbart ist«. Das klingt nach Heilsgewißheit, aber die Formel ist katholischerseits natürlich offen für die Interpretation, daß authentisch nur das hierarchische Lehramt festlegt, was von Gott geoffenbart ist und wozu der Christ zustimmen soll. Sodann heißt es, »daß der Sünder durch lebendigen und tätigen Glauben gerechtfertigt wird « (viva et efficax fides). Ferner: »So daß also der Glaube, der rechtfertigt, jener Glaube ist, der durch die Liebe tätig ist.« Zugleich beteuert die Erklärung, daß bei dem »lebendigen und tätigen Glauben« die Rechtfertigung durch das Ergreifen der Barmherzigkeit Gottes und nicht aufgrund der Würdigkeit oder Vollkommenheit des Gerechtfertigten geschieht. Man war sich also sehr, sehr nahe.

Doch Luther und dann die meisten Reformatoren hielten diese Formulierungen für ein »geflickt ding«, weil das sola fide hier nicht strikt durchgehalten werde. Die Liebe ist für Luther eine notwendige Folge des Glaubens, aber nicht Mit-Ursache für die Rechtfertigung. Gerechtfertigt wird nach Luther der Sünder, der Gottlose, der an Christus nicht glaubt, nicht etwa der Mensch, der nach der zuvorkommenden Gnade durch Liebe und gute Werke selber an seinem Heil irgendwie mitwirkt. Kein Werk ist fähig, sich Gott geneigter zu machen, auch nicht ein Werk aus Glauben. Darum gab es sogar zugespitzte Formulierungen wie: gute Werke seien sogar schädlich für die Seligkeit, falls sie mit der Absicht getan werden, sich damit vor Gott gerecht zu machen.

Am Ende des Regensburger Rechtfertigungsartikels gesteht die katholische Seite den Reformatoren freilich zu, das sola fide zu betonen: »Wer sagt: ›Allein durch den Glauben werden wir gerechtfertigt‹, der soll zugleich die Lehre von der Buße, von der Gottesfurcht, vom Gericht Gottes, von den guten Werken weitergeben, damit die umfassende Fülle der Verkündigung erhalten bleibe.«

Also, die konfessionelle Gratwanderung besteht hier im folgenden: Heißt »glauben« vertikal nur Annahme der Gnade Gottes, während die Liebe und die guten Werke horizontal nur notwendige, unerläßliche Folge der Rechtfertigung sind, diese aber niemals bewirken? So die Reformatoren. Oder ist Glaube stets der in der Liebe tätige Glaube, so daß bei der Rechtfertigung durch Gott und beim neuen Leben in Christus die Aufteilung in eine konstitutive vertikale Dimension und in eine konsekutive horizontale Dimension fehl am Platz ist und in diesem Sinn dann die Taten der Glaubenden irgendwie doch mitzählen?

Bedeutsam für das Rechtfertigungsgeschehen ist natürlich auch der jeweilige Sündenbegriff. Auf die komplizierten Aussagen der Erbsündenlehre, des Sünderseins und der Tatsünden und auch auf die Frage, wie in der Taufe und in der Beichte Rechtfertigung sakramental geschieht, kann ich hier nicht näher eingehen.

Ich übergehe auch die innerevangelischen Streitigkeiten im 16. Jahrhundert über diese Frage. Die Lutheraner zerstritten sich nach Luthers Tod über das Problem, ob Gott den gerechtfertigten Sünder nur gerecht »erklärt« (forensisch) oder gerecht »macht« (effektiv). Die Reformierten betonten stets den Zusammenhang von Rechtfertigung und Heiligung, sagten aber gleichzeitig, daß nicht die Heiligung die Rechtfertigung bewirke, sondern umgekehrt die Rechtfertigung die Heiligung ermöglicht.

Der Regensburger Rechtfertigungsartikel spielte in den nächsten Jahrzehnten und Jahrhunderten im evangelisch-katholischen Gespräch aus zwei Gründen keine Rolle mehr:
Erstens, sagten beide Seiten, die Unionsformel sei kontroverstheologisch verschieden lesbar und darum ein unbrauchbarer Kompromiß.
Und zweitens zeigte, jedenfalls aus reformatorischer Sicht, der weitere Gang der Verhandlungen in Regensburg, daß Artikel 5 ein Konsens ohne Konsequenzen in der Sakramenten- und Ämterlehre war. Für die Reformatoren folgte aus der kriteriologischen Funktion der Rechtfertigungslehre, daß beim Abendmahl (Eucharistie) Christus und Sündenvergebung empfangen werden, aber nicht etwa bringt die Kirche Christus als Sühnopfer dar. Ferner wird Christus gegenwärtig in den Zeichen von Brot und Wein, wenn sein Tod verkündigt wird. Nicht aber hängt die sakramentale Gegenwart Christi an einem historisch gewachsenen römisch-katholischen Ordinations- und Sukzessionsverständnis, wonach die evangelischen Ämter einen Defekt haben und darum – wie es später im II. Vatikanischen Konzil 1965 heißt – »die ursprüngliche und vollständige Wirklichkeit (substantia) des eucharistischen Mysteriums nicht bewahrt haben« (UR Nr. 22).
In Regensburg scheiterten die Verhandlungen schließlich am Problem von Schrift, Tradition und kirchlicher Autorität. Aussagen über die Irrtumslosigkeit der Konzilien und über den Primat des Papstes gelangen nicht, weil die Reformatoren das rechtfertigende Handeln Gottes und die daraus folgenden Konsequenzen für kirchliche Strukturen nicht an unerläßliche kirchliche Autoritäten binden konnten, die sich nicht aus der Heiligen Schrift ergaben, sondern neben der Rechtfertigungsbotschaft als zusätzliche Bedingungen zum Heil empfunden wurden. Diese Kontroversen warfen nur Schatten auf die gemeinsamen Aussagen, die im Rechtfertigungsartikel gefunden waren. Der Konsens in der Rechtfertigungslehre brach zusammen.

Ein Vergleich von Regensburg 1541 mit der Gemeinsamen Erklärung von 1997 ergibt folgendes:
Beide Texte betonen das »Christus allein« und das »allein aus Gnaden«. Der personale Glaube wird herausgestellt, aber die Formel »allein aus Glauben« wird zurückgestellt, weil der Glaubensbegriff unterschiedlich gebraucht wird: evangelischerseits radikal als Annahme der Versöhnung durch Gott, katholischerseits als in der Liebe tätiger Glaube. Beide Texte bekunden einen Konsens, aus dem die Kirchen unterschiedliche Konsequenzen im Sakraments-, Kirchen- und Amtsverständnis ziehen.
Es wundert darum nicht, wenn heute evangelische Theologen ähnliche Kritik üben, wie damals Luther und andere: »ein geflickt ding«. Es wird die Formel »allein durch den Glauben« vermißt. Und andere wollen nur von einem Konsens sprechen, wenn beide Seiten in allen Punkten der kirchlichen Lehre und des Lebens dieselben Konsequenzen ziehen.
Das klingt lutherisch plausibel. Aber ich frage dennoch, ob diese Kritik berechtigt ist. Denn trotz der Ähnlichkeit der Ergebnisse gibt es erhebliche Unterschiede bezüglich des Stellenwerts und der Absicht des Regensburger Religionsgesprächs und der jetzt vorliegenden Gemeinsamen Erklärung.
Damals standen sich noch nicht zwei Kirchen als Partner gegenüber, sondern man suchte in der abendländischen Kirche die Einigkeit noch zu bewahren, und man wollte dafür einen umfassenden Lehrkonsens formulieren. Heute wollen nach jahrhundertelanger Trennung zwei Kirchen erste offizielle Schritte aufeinanderzugehen. Die Gemeinsame Erklärung ist noch kein Entwurf einer Lehrkonkordie zur Herstellung von Kirchengemeinschaft, sondern nur ein Konsens in Grundaussagen der Rechtfertigungslehre, der die Kirchen legitimieren soll, die vorhandene Gemeinschaft im Glauben mit gutem Gewissen und guten Gründen zu praktizieren.
In der ökumenischen Hermeneutik hat sich zwischen Augsburg 1518 und Regensburg 1541 einerseits und der Gemeinsamen Erklärung von 1997 andererseits eine kopernikanische Wende

vollzogen: Damals konnte man nur im Stile der mittelalterlichen Ketzerprozesse das Trennende betonen und von den Gegensätzen her die Gemeinsamkeiten im Glauben nicht mehr würdigen. Ketzer wurden wegen einiger Irrtümer im Lehrsystem hingerichtet. Regensburg 1541 hat nicht hingerichtet, aber die Gegensätze hoben den Grundkonsens auf – auf beiden Seiten! Getrennte Wege bis hin zu Konfessionskriegen waren die radikale Folge.

Die Gemeinsame Erklärung von 1997 geht aufgrund der Erfahrungen in der Ökumene des 20. Jahrhunderts einen umgekehrten Weg: Statt vom Trennenden her nur Schatten auf das Gemeinsame zu werfen, wird versucht, die Unterschiede im Lichte des Gemeinsamen neu zu bewerten. Eine »Alles-oder-Nichts-Methode« tötet den ökumenischen Dialog. Weiterführend ist es, das Gemeinsame gemeinsam und kirchenoffiziell herauszustellen und sich von daher dann auch gegenseitig zu befragen. Evangelische Christen fragen zum Beispiel die römisch-katholische Kirche, ob sie vom Grundkonsens her nicht das evangelische Abendmahl, die evangelische Ordination, die evangelischen Trauungen konfessionsverschiedener Paare und den Besuch evangelischer und ökumenischer Gottesdienste als Erfüllung der Sonntagspflicht anerkennen muß.

Zugleich ist differenziert eine neue ökumenische Hermeneutik zu erarbeiten. Statt daß konfessionelle Dissense den Grundkonsens zusammenbrechen lassen, sollte geklärt werden, ob die Konfessionalitäten in einer Konziliaren Gemeinschaft der Konfessionen als Ziel der Ökumene weiterleben können. Katholiken pflegen dann eine »Gemeinschaft mit und unter dem Papst«, Protestanten eine »Gemeinschaft mit, aber nicht unter dem Papst«.

Die ökumenische Hermeneutik der Zukunft, die nicht Integration der einen Kirche in die andere, sondern versöhnte Verschiedenheit meint, muß in den Kirchen sicherlich noch einige Lehrlingsjahre absolvieren. Ist es beispielsweise eine ausgemachte Sache, daß ein Lehrkonsens mit umstrittenen Formulierungen aus der Tradition uns weiterbringt? Sind nicht geflickte Dinge vorprogrammiert, wenn wir nur Auge in Auge uns fragen, wie katholisch die Protestanten und wie evangelisch die Katholiken sind – wobei ja immer

der eigene Standpunkt Maßstab für die Beurteilung des anderen ist?
Ist es nicht mindestens so verheißungsvoll, daß wir gemeinsam im Hören auf die Heilige Schrift und belehrt durch die Kirchengeschichte unsere Augen auf die heutigen Herausforderungen lenken, Gottes Liebe gemeinsam verkündigen und in ökumenischer Gemeinschaft erfahrbar machen? Das ist kein billiger Säkularökumenismus auf der Basis des kleinsten gemeinsamen Nenners. Die Konzentration auf Gottes Liebe ist der größte gemeinsame Nenner. Unsere vielfältigen theologischen Formulierungskünste müssen diesem Ziel dienen. Hoffentlich gelingt das etwas vor dem Jüngsten Tag. Sonst bleibt uns nur die tröstende Erwartung, die Philipp Melanchthon im Blick auf seinen kurz bevorstehenden Tod hatte: »Du entkommst den Sünden. Du wirst befreit von aller Mühsal und der Wut der Theologen.«

## Anmerkungen

1 *Cajetan,* Opuscula Omnia, Lyon 1575, 111, 3. – Über das Verhör Luthers vom 12.–14. Oktober 1518 in Augsburg stehen zahlreiche Quellen, u.a. auch von Luther selbst, in den sog. Acta Augustana und in einigen Briefen: WA 2, 6–26; WA Br 1, 213–223. Deutsche Auszüge von Cajetans und Luthers Berichten in: *H. A. Oberman* (Hg.), Kirchen- und Theologiegeschichte in Quellen, Bd. III, Neukirchen-Vluyn 1981, 30–35. – Vgl. die gute Übersicht von *O. H. Pesch:* »Das heißt eine neue Kirche bauen« – Luther und Cajetan in Augsburg, in: Begegnung, Festschr. f. H. Fries, hg. von *M. Seckler* u. a., Graz 1972, 646–661.

2 *J. Ratzinger:* Luther und die Einheit der Kirchen, in: Int. Zschr. Communio 12, 1983, 558–582; abgedr. in: *ders.,* Kirche, Ökumene, Politik, Einsiedeln 1987, 107 ff.

3 Acta reformationis Catholicae Ecclesiarum Germaniae concernentia saeculi XVI. Die Reformationsverhandlungen des deutschen Episkopats von 1520–1570, hg. v. *G. Pfeilschifter,* Regensburg 1959 ff., Bd. VI, 26 ff.; dt. Auszug bei *H. A. Oberman* (s. o. Anm. 1), 193–195. – Vgl. *A. Lexutt:* Rechtfertigung im Gespräch. Das Rechtfertigungsverständnis in den Religionsgesprächen von Hagenau, Worms und Regensburg 1540/41, Göttingen 1996.

# Kernpunkte der Kontroverse

## Die antireformatorischen Lehrentscheidungen des Konzils von Trient (1545–1563) – und die Folgen

OTTO HERMANN PESCH

### 1. Zwischen Dialogbereitschaft und Verurteilungswille

Es gebe Leute – schreibt der Kontroverstheologe Gasparo Contarini, seit 1535 Kardinal, 1537 in einem Brief an einen Prälaten –, die hätten Eifer für Gott, seien aber nicht von Einsicht geleitet (vgl. Röm 10,2). Luther habe abweichende Lehren über die Gnade Gottes und den freien Willen geäußert. Daraufhin kämpfen diese Leute gegen alle, die sich in Predigt und Lehre über die Größe der Gnade und die Schwachheit des Menschen äußern. Sie wollen damit Luther treffen. Aber in Wirklichkeit kämpfen sie damit gegen Augustinus, Ambrosius, Bernhard, Hieronymus und Thomas von Aquin. Von gutem Eifer beseelt, aber getrieben von ungestümem, leidenschaftlichem Sinn, merken sie gar nicht, daß sie sich von der katholischen Wahrheit entfernen, sich der pelagianischen Irrlehre annähern und Verwirrung ins Volk hineintragen.[1]

Gasparo Contarini ist in Person der Beweis dafür, daß am Ende des Spätmittelalters die Frage nach dem persönlichen Heil bei Gott nicht nur eine deutsche Marotte und schon gar nicht nur eine persönliche, »subjektivistische« (Joseph Lortz) Unart Martin Luthers war, sondern die Frage vieler sensibler Geister in Europa. Am Karsamstag des Jahres 1511, anläßlich der Osterbeichte, war Contarini in Venedig in einem sein Leben verändernden Erlebnis aufgegangen: Keine menschliche Bußleistung kann der Gerechtigkeit Gottes Genüge tun und Zutritt zu ihm eröffnen. Dies kann allein der Sohn

Gottes durch sein Leiden für unsere Sünden. Darum verlangt Gott von uns nur den Glauben an Christi Sühneleiden, die Hoffnung auf ihn und einen Anfang der Liebe. Einen solchen Menschen nimmt Gott in Gnade an. So berichtet Contarini schon wenige Tage danach, am 24. April 1511, an seinen Freund Paolo Giustiniani. Zwölf Jahre später, am 7. Februar 1523, schreibt er diesem Freund dazu noch einmal, das sei ihm durch innere Erfahrung zur Gewißheit geworden: Keiner kann sich durch seine Werke rechtfertigen; man muß zur göttlichen Gnade seine Zuflucht nehmen, und die erlangt man durch den Glauben an Jesus Christus gemäß dem Wort des Paulus: Glückselig, dem der Herr die Sünde nicht anrechnet ohne die Werke.

Man hat ganz unbefangen und von ganz »unverdächtiger« Seite auf Contarinis »Erfahrung« den sonst Luther vorbehaltenen Ausdruck »Turmerlebnis« angewandt.[2] Vor allem unter Katholiken sollte man sich diese Begebenheit merken. Denn bis zur Stunde will bei prominenten katholischen Theologen, die Luther, der Reformation und besonders der reformatorischen Rechtfertigungslehre skeptisch und mißtrauisch gegenüberstehen, das Urteil nicht verstummen: Das reformatorische Verständnis vom Heil vor Gott, eben die Rechtfertigungslehre, ist ein deutscher Sonderweg – im Klartext: ist provinziell –, verengt die Fülle der katholischen Wahrheit auf eine Einzellehre; deren individualistischer Ansatz hat überdies keinen Raum für die Wirklichkeit der Kirche.[3]

Contarini aber ist kein Einzelfall. Sein Gesinnungsgenosse Reginald Pole, einer der ersten Kardinallegaten auf dem Trienter Konzils, urteilte ganz ähnlich.[4] Er setzte sich für eine unvoreingenommene Auseinandersetzung mit der Lehre der Reformatoren ein und warnte die Väter vor einem Urteil nach dem Motto: »Luther hat es gesagt, also ist es falsch.« Schon am 28.Juni 1546 – das Konzil war offiziell am 13. Dezember 1545 eröffnet worden – verließ er Trient wegen seiner angegriffenen Gesundheit zu einem Kuraufenthalt, in Wahrheit aber wohl wegen seiner tiefen Unzufriedenheit mit der Arbeit am werdenden Rechtfertigungsdekret. Im Oktober wurde er auf eigenes Ersuchen von seinen Pflichten als Legat entbunden. Vorher hatte er aus der Kur in Schreiben vom August und Anfang Oktober 1546 seine Beanstandungen an dem

Entwurf vom September 1546 nach Trient geschickt. Darin beklagt er die Tendenz, nur ja nicht die gleichen Begriffe zu gebrauchen wie die Gegner, obgleich man doch von derselben Sache rede. Selbst Worte der Heiligen Schrift würden vermieden, da sie vom Gegner besetzt seien. Und dann wörtlich: »Ich weiß, diese Leute, die das Dekret [den Entwurf] gemacht haben …, sind zwar sehr gute und gelehrte Männer … Im Eifer ihrer Frömmigkeit lassen sie sich von dem Grundsatz leiten: Je weiter sie sich von den Worten der Gegner entfernen, je heftiger sie sie bekämpfen, um so gründlicher machen sie sich um die Kirche verdient.« Ausdrücklich beklagt der Kardinal auch, daß in dem Entwurf die Anrechnung (Imputation) der Gerechtigkeit Christi beim Nachlaß der Sünden zu wenig zum Ausdruck kommt.

Und schließlich ist da der dritte wichtige Konzilstheologe von gleicher Grundhaltung: Girolamo Seripando, später ebenfalls Kardinal und Legat.[5] Mehrfach hat er erleben müssen, daß sein Entwurf des Rechtfertigungsdekretes, ihm anvertraut gerade wegen seiner Feinfühligkeit für den tiefen geistlichen Impuls der reformatorischen Lehre, von den Gegnern bis zur Unkenntlichkeit entstellt wurde. »Wie? Was höre ich!«, notiert er am Rand des Entwurfs. »Alles, was in der Heiligen Schrift von der Rechtfertigung aus dem Glauben enthalten ist, beziehe sich [nur] auf die Disposition [gemeint ist: auf vorbereitende Akte des Menschen]? Was hätte man Unsinnigeres ausdenken können.« Und dann fährt er fort: Diese Aussagen widersprechen den Lehren eines Augustin, eines Petrus Lombardus und eines Thomas von Aquin.

Kleine Ironie am Rande: Die bei Contarini wie bei Pole begegnende Anspielung auf Röm 10,2: »Sie haben Eifer für Gott, aber es ist ein Eifer ohne Einsicht«, läßt sich auch Papst Johannes XXIII. in der Eröffnungspredigt zum Zweiten Vatikanischen Konzil am 11. Oktober 1962 als Warnung an seine Widersacher nicht entgehen: »In der täglichen Ausübung Unseres Apostolischen Hirtenamtes geschieht es, daß bisweilen Stimmen solcher Personen Unser Ohr betrüben, *die zwar von religiösem Eifer brennen, aber nicht genügend Sinn für die rechte Beurteilung der Dinge noch ein kluges Urteil walten lassen.*«[6] In den Jahren nach dem Oktober 1962 hat die Warnung gefruchtet. Man sollte annehmen: Bei führenden Männern vor und in Trient mit soviel Sachverstand und zugleich mit soviel Einfühlungsgabe in die Grundimpulse reformatorischer Theologie hätte es ebenso zu einer fairen, sachbezogenen Diskussion auf dem Konzil kommen müssen. Wir wissen: es kam anders. Die besten Köpfe forderten den ernsten, auch selbstkritischen Dialog – wie wir es heute in den besten Bemühungen des ökumenischen Gesprächs selbstverständlich finden. Doch was sich durchsetzte, war der Wille zur Verurteilung, in den vorangehenden Jahren immer selbstverständlicher zu Protokoll gegeben. Bevor wir zu den Kernpunkten des Streites kommen, ist es hilfreich, einige wenige Bemerkungen vorzuschalten zu den äußeren Umständen, unter denen das Konzil zu arbeiten hatte. Denn von ihnen her erklärt sich nicht wenig von den gegenseitigen Schwierigkeiten des Verstehens.[7] Und darum sind sie unbedingt einzubeziehen, wenn wir heute die damaligen Entscheidungen – und Gegenentscheidungen! – neu bewerten wollen und vielleicht sogar relativieren müssen.

## 2. Ein Konzil mit Hindernissen

### *2.1 Politisches Tauziehen*

Das erste Hindernis für ein Konzil, von dem immerhin zahllose Gutwillige damals gutgläubig eine Heilung der heillosen Lage der Kirche erwarteten, war das politische Tauziehen um die Einberufung des Konzils, seit Martin Luther nach dem Verhör vor Kardinal Cajetan im Oktober 1518 und noch einmal nach dem Erlaß der Bannandrohungsbulle im Juni 1520 an ein allgemeines Konzil zur Entscheidung der Streitfragen appelliert hatte. Kirche und weltliche Macht, Römische Kurie und das Heilige Römische Reich deutscher Nation waren vielfältig rechtlich und politisch aufeinander angewiesen, aber auch vielfältig von gegensätzlichen Interessen bestimmt. Rom fürchtete die Übermacht des Kaisers, dieser den dominierenden Einfluß des Papstes – und die Fürsten fürchteten beides zu ihren Lasten. Rom fürchtete ein deutsches Nationalkonzil, der Kaiser ein päpstliches Konzil auf italienischem Boden.

Rom fürchtete einschneidende kirchliche Reformen gegen die eigenen politischen Interessen und war darum vor allem an der Bearbeitung der dogmatischen Fragen interessiert. Diese waren wiederum dem Kaiser nicht so wichtig, er wollte vor allem Kirchenreform. Das Konzil hat schließlich beides alternierend behandelt – die Reformdekrete wurden die Grundlage der sog. »Katholischen Reform«, die, spät genug, dann doch vieles zum Besseren wendete. Zunächst aber neigte sich zwei Jahrzehnte lang die Waagschale der Pläne und Vorbereitungen bald nach dieser, bald nach jener Seite, je nach dem, wer gerade schwach oder stark war. Zudem lag der Kaiser ja auch in Dauerfehde mit Frankreich, und im Osten drohte die Türkengefahr. Wer alles würde also *nicht* zum Konzil kommen oder sogar nicht kommen *können*? So lief in dem Jahrzehnt von 1520 bis 1530 unter den Päpsten Leo X. und Clemens VII. gar nichts – der letztere fürchtete u. a. auch, seine uneheliche Geburt könne auf dem Konzil seine Autorität schwächen. Erst als das Quasi-Ersatzkonzil, der Augsburger Reichstag von 1530, die letzten Einigungsaussichten zunichte gemacht hatte und es eigentlich schon zu spät war, nahm der neue Papst Paul III. den Konzilsgedanken wieder auf. Das politische Tauziehen bündelt sich symbolträchtig im Streit um den Tagungsort. Trient, die norditalienische Kleinstadt am Südhang der Alpen, war der Sprache nach italienisch, aber deutsches Hoheitsgebiet. An der Nahtstelle zwischen dem deutschen Reich und dem Kirchenstaat – das war der Kompromiß. Und der hatte Folgen. Die deutschen Bischöfe kamen ja zugleich in ihrer Eigenschaft als Reichsfürsten – also mit ihrem Hofstaat. Das ergab in dem kleinen Trento erhebliche Unterbringungsprobleme. Auch deswegen, vor allem aber wegen der bedrohlichen militärischen Lage im Reich – kurz vor und dann nach dem Schmalkaldischen Krieg – kamen nur wenige deutsche Bischöfe zum Konzil – und ihre Stellvertreter, die »Prokuratoren«, hatten nach ausdrücklichem Beschluß des Konzils kein Stimmrecht. So verabschiedete das Konzil die antireformatorischen Dokumente ohne die maßgebliche Mitwirkung der Konzilsväter aus dem Lande, in dem die Kontroversen ausgebrochen waren und wo man vor Ort die Lage kannte.

Schon Papst Paul III. hatte, neben den politischen Querelen, den Beginn des Konzils immer wieder verschoben, bis Zusammensetzung und Präsidium eine Verurteilung der »Häretiker« gewährleisteten. Eben dies veranlaßte ja 1536/37 die evangelischen Fürsten zu dem Versuch, in den »Schmalkaldischen Artikeln« festzuschreiben bzw. durch die führenden reformatorischen Theologen festschreiben zu lassen, worin man auf keinen Fall nachgeben und worin man bis zu einem gewissen Grade flexibel sein könne. Und Luther sah sich veranlaßt, 1539 in der Schrift »Von den Konziliis und Kirchen« grundsätzliche Erwägungen über die Autorität eines Konzils anzustellen, von dem die Verurteilung der eigenen Sache zu erwarten stand. Man wundert sich unter diesen Voraussetzungen über die Selbstverleugnung der evangelischen *Theologen*, die zunächst eine Teilnahme am Konzil befürworteten, während die *Fürsten* in realistischer Einschätzung der Lage eine Teilnahme ablehnten und nur unter Druck, nach der Niederlage im Schmalkaldischen Krieg, zur zweiten Tagungsperiode erschienen.
Seit dem 21. Juli 1542 war die römische Inquisitionsbehörde neu organisiert worden. Haupttriebkraft war der Kardinal Gianpietro Carafa, der spätere Papst Paul IV., ein rechter Hardliner.[8] Die Ketzerriecherei im Vorfeld des Konzils erreichte damit eine neue Dimension. Jetzt gerieten auch diejenigen unter Verdacht, die gerade als Vertrauenspersonen letzte Versuche der Versöhnung machten. Contarini, der über die Ergebnisse und Formeln des Regensburger Religionsgespräches so glücklich war (Stichwort »Rechtfertigung aus Glauben« und »doppelte Gerechtigkeit«), wurde bezichtigt, »alcuni articuli Luterani« unterschrieben zu haben – während Luther die Einigungsformel als »geflickt ding, ein new tuch auffm alten rock gelapt« abtat.[9] Reginald Pole, einer der ersten Legaten, war im Visier der Inquisition. Morone, der letzte Präsident des Konzils und Manager der schwierigsten Kompromisse zwischen Kaiser und Papst in der dritten Tagungsperiode, war zuvor einige Jahre auf der Engelsburg interniert. Welchem evangelischen Fürsten, Theologen und Christenmenschen sollten da das von Luther seit einem Vierteljahrhundert geforderte

Konzil jetzt noch Vertrauen einflößen? In allen Einberufungsdokumenten zum Konzil wurden die Reformatoren umstandslos bereits als »Häretiker« apostrophiert – die perfekte Vorverurteilung. Die Flugschriften im Umfeld des Konzils haben die Unfairness der Vorgänge schon damals angeprangert – es ist dies nicht erst eine Reaktion aus modernem Rechtsempfinden.[10] Ja selbst die Augustinisten auf dem Konzil wollten letztlich nicht die Versöhnung mit den Reformatoren. Vielmehr war ihr Hauptanliegen, aus Anlaß der reformatorischen Theologie den Monopolanspruch der scholastischen Theologie zu brechen.

### *2.3 Der unzulängliche Sachverstand*

In der historischen Trientforschung ist der Sachverhalt besonders genau und bedrückend herausgearbeitet worden: Die Väter – wie schon gesagt: faktisch ohne die Deutschen! – sollten Lehren verwerfen und verurteilen, die sie im Originaltext nicht kannten. Beim Rechtfertigungsdekret war die Grundlage nur die Liste der 41 *Errores Martini Lutheri* aus der Bannandrohungsbulle vom Juni 1520 und ein allgemeiner Kenntnisstand, der oft genug ein allgemeiner Gerüchtestand war, legitimiert scheinbar nicht selten durch praktische Auswirkungen der reformatorischen Lehre, die deren Urheber genauso als Mißverständnis und Mißbrauch verdammten wie ihre Gegner.[11]

Gewiß, ein Konzil ist kein theologisches Oberseminar. In der entstandenen Lage war es weise, dem Konzil den Auftrag zu erteilen, sich nicht um eine korrekte Aufarbeitung der Lehre der Reformatoren zu kümmern, sondern im Blick auf die enstandenen oder drohenden seelsorglichen Folgen die katholische Lehre in sich selbst klarzustellen.[12] Der rührende Vorschlag, eine Präsenzbibliothek mit den Schriften der Reformatoren einzurichten, wurde abgelehnt. Nur: Wenn man *verurteilt*, darf man nicht auf einen Popanz schießen. Der Hinweis, nur Lehren, nicht Personen seien verurteilt worden, hilft nicht. Jeder wußte, wer gemeint war, und dem Wortlaut nach stimmte es sogar oft. Um so verhängnisvoller, wenn dann die abgewiesenen Lehren im Kontext einen ganz anderen Sinn haben! Keine Frage ist also berechtigter als die, ob ein

Canon des Rechtfertigungsdekretes die reformatorische Lehre *wirklich* trifft.[13] Es ist auch keine Entlastung, wenn man feststellt, daß die evangelische Kritik am Trienter Konzil genauso klischeehaft, pauschal und reich an Unterstellungen ist.[14] In den späteren Dekreten, vor allem zur Sakramentenlehre, steht es mit den Kenntnissen besser. Beim Rechtfertigungsdekret wirkt sich das grandiose Aneinander-Vorbeireden verheerend aus, vor allem im Blick auf die Wirkungsgeschichte.[15]

### *2.4 Die Kompromisse*

Alle Hindernisse wirken zusammen zu den Kompromissen, mit denen das Konzil leben mußte und die die historische Trientforschung herausgearbeitet hat. Auf dem dogmatischen Gebiet gehört dazu vor allem das Defizit, das nun in der Debatte um die »Gemeinsame Erklärung« wieder eine Rolle spielt: Das Konzil hat leider nicht das Verständnis von der Kirche geklärt, obwohl dies gerade im Zusammenhang der Rechtfertigungslehre dringend nötig gewesen wäre. Die Gründe für dieses Defizit sind nicht edel, aber verständlich. Rom wünschte nichts weniger als eine Diskussion über das Verhältnis von Papst und Bischöfen, denn das hätte auf alle Fälle eine Schwächung der päpstlichen Zentralgewalt bedeutet und damit eine politische Schwächung. Zwar gab es eine Gruppe der *Zelanti* (Eiferer), die am liebsten damals schon die Unfehlbarkeit und den Primat des römischen Bischofs dogmatisiert gesehen hätten – und dann in viel grobschlächtigerer Form, als es auf dem Ersten Vatikanischen Konzil geschehen ist. Aber die Mehrheit der Bischöfe wünschte mehr Freiheit von Rom, schon allein deswegen, weil sie dann energischer die Kirchenreform in ihren Diözesen vorantreiben konnten. Zudem war in Frankreich der Konziliarismus – die These von der Oberhoheit des Konzils über den Papst – noch keineswegs tot. Die entsprechenden Verurteilungen auf dem V. Laterankonzil (1512–1517)[16] hatten da nicht gefruchtet.

So blieb der Zusammenhang zwischen dem »Artikel, mit dem die Kirche steht und fällt«[17], und dem Kirchenverständnis ungeklärt, und die Ekklesiologie des Trienter Konzils ist auch nicht indirekt rekonstruierbar.[18] Nur im doppelten Hinweis auf die Taufe und auf das Bußsakrament[19] kommt die Kirche in sehr allgemeiner Form in die Darlegungen des Rechtfertigungsdekretes hinein – auf ganz traditionellen Linien und kaum ausreichend, von einer »eigenen katholischen Rechtfertigungslehre« zu sprechen.[20]

### *2.5 Das achtbare Ergebnis*

Unter diesen Umständen kann man, jenseits des Pulverdampfs der alten und neuen Kontroversen, das Gesamtergebnis des Rechtfertigungsdekretes nur bewundern. Es ist nicht nur von einer eindrucksvollen argumentativen Geschlossenheit, bei der man nur durch das Studium der Akten herausbekommt, wo eine Formulierung umstritten war. Gleichzeitig trägt das Dekret der reformatorischen Kritik doch mehr Rechnung, als der erste Eindruck und das stereotype *Anathema* glauben machen könnte. Die Luther so aufregende Spätscholastik mit ihrem latenten Widerspruch zu Paulus wurde nicht fortgesetzt, die antipelagianische augustinische Linie wird festgeschrieben. Viele Anliegen Luthers werden in der Sache – wie gesagt: meist ohne Textkenntnis – auf der reformatorischen Linie entschieden. Bester Beweis: Das Argument mancher Gegner der »Gemeinsamen Erklärung«, wenn der dort erreichte Konsens wirklich einer sei, dann wäre ja Luther gar nicht mehr originell, er sei nur auf die korrekt interpretierte mittelalterliche Theologie augustinischer Prägung zurückgekehrt – und da das denn doch nicht wahr sein könne, sei der Konsens eben doch keiner! Aber wenn es denn so wäre? Wenn wir auf dieser Basis einen Grundkonsens formulieren könnten und alle anderen kostbaren Anregungen der Theologie Luthers nun zum fruchtbaren *gemeinsamen* Erbe des christlichen Denkens zählen dürften, fern aller kirchentrennenden Wirkung? Ich jedenfalls werbe seit Jahrzehnten für diesen Gedanken.
Doch es wird nun Zeit, daß wir nach diesem Einblick in die historischen Belastungen uns der Sache zuwenden und nach den Kernpunkten der Kontroverse fragen.

## 3. Kernpunkte der Kontroverse um die Rechtfertigungslehre

Insgesamt hat das Trienter Konzil 33 Lehrverurteilungen in Form von sogenannten Canones gegen die reformatorische Rechtfertigungslehre formuliert. Man stellt dem gern – und in der jüngsten Debatte nicht ohne etwas Genugtuung – die Tatsache gegenüber, daß die lutherischen Bekenntnisschriften dem nur wenige Lehrverurteilungen entgegengesetzt haben, im formellen Sinne nur eine, im sachlichen Sinne zwischen 5 und 23, da ist auch innerlutherischer Streit. Doch ist die Entgegensetzung unfair.[21] Die hohe Zahl der Trienter Canones hat technische Gründe: In ihnen wird die vorausgehende in 16 Kapiteln zusammenhängend dargelegte konziliare Rechtfertigungslehre gebündelt. Und an ausführlicher zusammenhängender Lehrdarbietung stehen die lutherischen Bekenntnisschriften dem Trienter Konzil keineswegs nach. Vor allem aber: Bei näherem Zusehen schrumpft die Zahl der Streitpunkte. Es waren vier Kernpunkte der reformatorischen Lehre, die von den Trienter Vätern als nicht verhandelbar erachtet wurden. Deren Zurückweisung zog sich darum durch alle Stadien der Debatte um das Rechtfertigungsdekret hindurch, und so wurden sie zu Stolpersteinen des gegenseitigen Verstehens und blieben es, wie die jüngste Debatte beweist, im Grunde bis heute. Es sind die folgenden: 1. Die Ablehnung jeglicher »Mitwirkung« des Menschen bei seiner Rechtfertigung; 2. der Empfang der Rechtfertigung »allein durch den Glauben«; 3. die Ablehnung des Gedankens, daß Gnade und Liebe (auch) eine Wirklichkeit *im Menschen selbst* seien; 4. die reformatorische Lehre von der Heilsgewißheit.

Dies haben wir nun darzulegen – und dabei natürlich zu fragen, wer oder welche Lehre damit wirklich oder nur vermeintlich getroffen ist. Wie es darum im heutigen ökumenischen Gespräch steht, ist nicht mehr Gegenstand dieses Beitrags.[22]

### *3.1 »Mitwirkung«*

Um zunächst die härtesten Sätze des Trienter Konzils wörtlich zu zitieren:

> »Wer sagt, alle Werke, die vor der Rechtfertigung geschehen, gleichgültig, auf welche Weise sie geschehen sind, seien in Wahrheit Sünden beziehungsweise verdienten den Haß Gottes; oder je angestrengter sich einer bemühe, sich auf die Gnade vorzubereiten, desto schwerer sündige er: der sei mit dem Anathema belegt. Wer sagt, die Furcht vor der Hölle, durch die wir unsere Zuflucht zur Barmherzigkeit Gottes nehmen, indem wir über die Sünde Schmerz empfinden, oder uns vom Sündigen enthalten, sei [selber] Sünde oder mache die Sünder noch schlechter: der sei mit dem Anathema belegt.«[23]

Sich anstrengen, um bei Gott Gnade zu erlangen, aus Furcht vor der Hölle, also der ewigen Trennung von Gott, Zuflucht zu Gottes Barmherzigkeit nehmen – das also soll Sünde sein, ja die Sünde noch ärger machen? Soll man den Reformatoren, soll man insbesondere Luther solche Thesen zutrauen? Oder ergibt sich hier der Gegensatz, weil man Spitzensätze aus dem Zusammenhang gerissen hat?

Nun, die Trienter Väter haben die reformatorische Lehre keineswegs nur mißverstanden. Der zweite der zitierten Canones spielt auf ein echtes Lutherzitat an, das in der Bannandrohungsbulle vom 15. Juni 1520 unter den »Irrtümern Martin Luthers« aufgeführt ist[24] – die Sachfrage ist tatsächlich Thema der Auseinandersetzung von Anfang an.

Und doch: Man hat aneinander vorbeigeredet. Die Konzilsväter versuchen, sich den Weg eines Menschen – eines Sünders! – zu Gott, zum Gerechtsein vor ihm, konkret vorzustellen. Es ist das Bild eines Prozesses, und man sucht diesen zu studieren am damals in Europa gewiß seltenen, aber nicht bloß erdachten Fall der Bekehrung eines Ungläubigen.[25] Hinter diesem psychologischen Interesse wiederum steckt ein seelsorglicher Impuls, auch den schon Getauften und schweren Sündern klarmachen zu können, worauf es ankommt. Wie überhaupt der seelsorgliche Impuls in den Aussagen des Konzils ausweislich der jüngeren Trientforschung auf keinen Fall unterschätzt werden darf: Die Fastenpredigten des Jahres 1547 sollten das Rechtfertigungsdekret bereits »auswerten« können.[26] Setzt man so an, dann ergibt sich eine Reihenfolge von Schritten: Gottes weckende und unterstützende Gnade – Annahme der gehörten Glaubensbotschaft – freie Hinwendung zu Gott und Glaube an die Verheißung der Gerechtigkeit aus Gnade aufgrund der Erlösung durch Christus – Erkenntnis der eigenen Sünde (jetzt erst!) – Furcht vor der Gerechtigkeit Gottes – Besinnung auf die Barmherzigkeit Gottes – Bekehrung – Hoffnung auf Gottes Gnade um Christi willen – beginnende Liebe zu Gott und Abscheu gegen die Sünde – Buße und Taufvorsatz – Taufe – Beginn eines neuen Lebens unter den Geboten Gottes.[27] Wie man sieht, die Gnade Gottes steht am Anfang und am Ende (Taufe!). Und sieht man *nicht* genau hin, so könnte man meinen: Erst in der Taufe wird die »wirkliche« Rechtfertigungsgnade mitgeteilt – womit dann nebenbei auch noch die konstitutive Funktion der Kirche zugleich festgeschrieben wäre, denn die Taufe vollzieht ja die Kirche. Bei allem vorausgehenden Tun des Menschen wäre zwar die Gnade Gottes schon »irgendwie« dabei, aber es blieben doch vor allem Schritte des *Menschen*. Damals mögen manche Konzilsväter so gedacht haben – wie ja die zitierte Bemerkung Seripandos belegt. Und wie schon angedeutet sehen katholische Kritiker der Reformation auch heute noch die Taufe als das eigentliche Rechtfertigungsgeschehen an, erkennen darin den Zusammenhang von Rechtfertigung und Kirche und sprechen so, in kritischem Einspruch gegen den behaupteten Konsens in der Rechtfertigungslehre, von einer spezifisch »katholischen« Rechtfertigungslehre.

Aber es empfiehlt sich dennoch, genauer hinzusehen! Die Unterscheidung zwischen einer »weckenden« und einer am Ende »rechtfertigenden« Gnade kann ja nur eine *in unseren Gedanken* sein – *von Gott her* ist es ein und dieselbe Gnade, die den Menschen auf den Weg bringt und ihn ins Ziel trägt. »Zwischen« beiden Wirkungen der Gnade liegen nun alle »Werke«, Buße, »Mitwirkung« in Freiheit usw. Daher können sie, als Wirkung der göttlichen Gnade, nicht gut als Sünde angesehen werden – und die darin aktive menschliche Freiheit nicht als »autonome«, aus eigener Initiative erste Schritte tuende Freiheit.

Luther dagegen hat bestimmte Thesen der spätmittelalterlichen Theologie vor Augen, die im Ergebnis tatsächlich auf die Vorstellung hinauskommen, der Mensch könne bestimmte Werke der Buße, ja der Gottesliebe tun, um sich die Gnade Gottes zumindest in einem abgeschwächten Sinne zu verdienen – und darum müsse er das auch. Er wendet sich mit den genannten und ähnlichen Spitzenthesen also gegen Werke, die als *vor* der Gnade und *auf die Gnade hin* getan angesehen werden – also als in *einer bestimmten Weise* und gerade nicht »auf irgendeine Weise« getan. Ähnliches gilt für die vom Konzil in Schutz genommene Höllenfurcht als Motiv für die Zuflucht zur Barmherzigkeit Gottes. Luther meint in dem vom Konzil verurteilten Satz nicht jene Furcht vor der Verdammnis, die selber schon Frucht der Gnade ist und somit Teil echter Buße, er meint vielmehr jene Art von »Buße«, die fromme Selbstanalyse und angestrengte Bußübungen an die Stelle des bedingungslosen Vertrauens auf Gott setzt. Und auch damit schießt Luther nicht auf einen Popanz, wie er nur zu gut aus seinen eigenen frühen Erfahrungen mit Theorie und Praxis des Bußsakramentes weiß. Die *richtige* Furcht vor Gottes Gericht aber gehört nach Luther gerade zu den unerläßlichen Elementen des Rechtfertigungsglaubens – sie ist ihm Werk des Gesetzes, das den Menschen anklagt und überführt, wie wenig er den Willen Gottes wirklich erfüllt hat.

Das Konzil trifft also Luther nicht wirklich. Aber auch Luther steht nicht in wirklichem Gegensatz zum Konzil. Das können wir nicht nur durch die Überlegung beweisen, daß wir in Gott selbst nicht zweierlei Gnade unterscheiden können. Vielmehr belegen das auch die Texte selbst. Schon in den ersten Canones des Dekretes wird eindeutig klargestellt: Es gibt keine Schritte auf Gott hin, die nicht Gott in seiner Gnade schon selbst ausgelöst hätte.[28] Ausdrücklich will das Konzil damit bei den Ergebnissen und Entscheidungen bleiben, die tausend Jahre zuvor Augustinus und seine Nachfolger im Streit mit den Pelagianern und Semipelagianern erreicht hatten und die seitdem zum festen Bestand der westkirchlichen Tradition der Gnaden- und Rechtfertigungslehre gehörten.[29] Stillschweigend hat das Konzil damit die angedeuteten spätmittelalterlichen Theorien von der Möglichkeit reiner Gottesliebe allein aus den natürlichen Kräften des Menschen fallen gelassen. Es hat einem beginnenden falschen humanistischen Autonomie-Pathos widerstanden. Das wiederum haben die reformatorischen Kritiker des Konzils nur unzureichend bemerkt. Heute kommt uns späte Klarsicht im ökumenischen Gespräch zugute.

### *3.2 »Allein aus Glauben«*

Wiederum der härteste Text des Konzils vorab:

> »Wer sagt, der Gottlose werde allein durch den Glauben gerechtfertigt, so daß er [darunter] versteht, es werde nichts anderes erfordert, wodurch er zur Erlangung der Rechtfertigungsgnade mitwirke, und es sei keineswegs notwendig, daß er sich durch seine eigene Willensregung vorbereite und zurüste: der sei mit dem Anathema belegt.«[30]

Nur glauben also und die Hände in den Schoß legen – das weist man mit Entrüstung zurück. Auch die verständigsten Augustinisten auf dem Konzil, ein Pole, ein Seripando, finden das *Sola fide* absurd. Aber sollte Luther das so gemeint haben?

Nun, dem Wortlaut nach kann Luther so reden: »Allein der Glaube« empfängt von Gott die Gerechtigkeit, und da fehlt nichts, schon gar nicht eine »Mitwirkung« des Menschen, die Gottes Handeln am Sünder erst vollständig machte. Aber wir haben ja gerade klären können: Die »Mitwirkung«, die das Konzil hier gegen ein nach Meinung der Väter absurdes *Sola fide* verteidigt, ist ja immer schon die von Gottes Gnade buchstäblich »erweckte« Aktivität des Menschen. Bei einem wirklichen Gegensatz zu Luther müßte dieser also die Meinung vertreten haben, ein Glaube, der auf Gottes »weckende und rufende Gnade« nicht angewiesen sei, empfange die Rechtfertigung. Das nun wäre für Luther absurd. Der rechtfertigende Glaube ist nach Luther ganz und gar Geschenk der Gnade Gottes. Wie hat er gegen einen selbstgemachten Glauben polemisiert – das ist nichts als »erdichteter«, »gefärbter« Glaube![31] Es müßte also am Begriff von »Glauben« selbst liegen, wenn dennoch ein Gegensatz bestünde.

Das ist in der Tat so. Die Väter denken mit der mittelalterlichen Tradition beim Wort »Glaube« an einen Akt des Verstandes: an die

Zustimmung zum geoffenbarten Wort Gottes einerseits und zur »objektiven« Lehre der Kirche anderseits, niedergelegt in Bekenntnis und Lehrverkündigung. So ist der Glaube einleuchtend gegen Hoffnung und Liebe abgegrenzt, und dies ist unerläßlich im Blick auf einen Text wie 1 Kor 13,13: »Jetzt aber bleiben Glaube, Hoffnung und Liebe.« Zugleich ist klar, daß ein *so*, als bloßer Verstandesakt, verstandener Glaube nicht »allein« vor Gott gerecht macht, und das sieht auch Luther so, wenn er immer wieder betont, daß ein bloßes Für-Wahr-Halten von Heilstatsachen mit dem Verstand nur ein »historischer«, nicht der rechtfertigende Glaube sei. Dieser ist jedoch nach reformatorischem Verständnis der Grundakt und die Grundhaltung reinen Empfangens[32], das von Gott selbst gewirkte feste Vertrauen des ganzen Herzens auf das Verheißungswort Gottes, das Vergebung der Sünde zusagt und Gemeinschaft mit Christus begründet. Damit ist allerdings das ganze Gottesverhältnis des Menschen umschrieben. Was soll denn diesem felsenfesten Vertrauen und reinem Empfangen noch hinzugefügt werden? Soll man sich gleichzeitig noch auf etwas anderes verlassen als auf Gott und sein Wort allein? Kein Gedanke daran, daß damit etwa gute Werke, Sakramente, Bekenntnis überflüssig würden. Aber sie sind gewissermaßen alle eingeschlossen in dem Grundakt des empfangenden Vertrauens, sind dessen Ausdrucksform oder Konsequenz. Darum: *Allein* der Glaube – wenn nach dem gefragt wird, was unser Heil vor Gott begründet. Bei *diesem* Glaubensbegriff ist es dann ein Mißverständnis, Luther zu unterstellen, »nichts anderes werde erfordert« als allein der Glaube, um gerechtfertigt zu werden. Der Glaube, über den hinaus »nichts anderes erfordert« ist zur Rechtfertigung, ist unendlich viel mehr als nur das verstandesmäßige Ja zur Wahrheit von Gottes Offenbarung.

Wieder löst sich ein Gegensatz auf. Man kann sich so oder so ausdrücken, und unter bestimmten gedanklichen Bedingungen gerät man dabei nicht in Widerspruch. Aber ist es denn gleichgültig, *wie* man sich ausdrückt? Tatsache ist jedenfalls, daß Lutherforschung, lutherische, ja überhaupt evangelische Theologie bis heute bei der Ausdrucksweise und dem Sachverständnis Luthers bleiben. Schärfste Kritik bei den Gegnern der geplanten »Gemeinsamen

Erklärung zur Rechtfertigungslehre« richtet sich gegen die Tatsache, daß das »Allein aus Glauben« nur bei der Beschreibung der lutherischen »Entfaltung« auftaucht, aber bei der Formulierung dessen, was man gemeinsam bekennt, vermieden wird.[33] Umgekehrt sieht die katholische Kirche und Theologie, wie unlängst erst wieder im »Katechismus der Katholischen Kirche« aktenkundig wurde[34], keinen zwingenden Anlaß, die reformatorische Ausdrucksweise zu übernehmen. Im Gegenteil, nachweislich befürchtet man weiterhin eben das Mißverständnis, das Luther selbst nicht zu verantworten hat. Darum wird in der »Erklärung« der Einklang, besser: der Nicht-Widerspruch zwischen Trient und Luther dadurch zum Ausdruck gebracht, daß der »allein« rechtfertigende Glaube durchaus lutherisch beschrieben wird als reines Sich-beschenken-Lassen, als Ausschluß jeglichen Verdienstes noch im abgeschwächtesten Sinne.[35] Das hieße also: Katholische und Evangelische Kirche und Theologie könnten im Sinne einer legitimen Vielfalt von Ausdrucksweisen jeweils bei ihrer Sprach- und Verstehenstradition *bleiben* und dennoch auf frühere Verurteilungen verzichten – undenkbar im 16. Jahrhundert! Ist das eine ökumenische Perspektive? Es gibt zu denken, daß sowohl auf evangelischer wie auf katholischer Seite Theologen und auch Theologinnen auf der je eigenen Ausdrucksweise *als der einzig evangeliumsgemäßen* bestehen.[36] Für die einen bedeutet die Anerkennung mehrer Möglichkeiten, dasselbe zu sagen, den Ausverkauf des »reformatorischen Erbes«, für die anderen die »Protestantisierung der katholischen Kirche«. Es ist noch viel Überzeugungsarbeit zu leisten, bis dieser Kernpunkt der Kontroverse aus der Welt geschafft ist. Das gilt auch für den nächsten Streitpunkt.

### *3.3 »Gnade und Liebe«*

Soweit es dabei um Mißverständnisse über eine Beteiligung des Menschen in der Rechtfertigung geht, sind sie schon ausgeräumt durch das, was wir zum Stichwort »Mitwirkung« sagen konnten. Doch hier geht es darum, wie überhaupt der Vorgang der Rechtfertigung in sich selbst zu verstehen ist. Und die dafür beiderseits zur Diskussion stehenden Formulierungen sind nicht auf einen Nenner zu bringen.

Hören wir zunächst wieder den Wortlaut des Konzils:

> »Wer sagt, die Menschen würden entweder allein durch die Anrechnung der Gerechtigkeit Christi oder allein durch die Vergebung der Sünden ohne die Gnade und Liebe [*exclusa gratia et caritate*] gerechtfertigt, die in ihren Herzen durch den Heiligen Geist ausgegossen wird [Anspielung auf Röm 5,5] und ihnen einwohnt [*inhaeret,* wörtlich: anhaftet, einhängt]; oder auch, die Gnade, durch die wir gerechtfertigt werden, sei nur die Gunst Gottes: der sei mit dem Anathema belegt.«[37]

Man darf also, will man katholisch sein, die »Gnade und Liebe« nicht »ausschließen«, so daß Rechtfertigung nur Anrechnung der Gerechtigkeit Christi und Vergebung der Sünden wäre; und man muß festhalten, daß »Gnade und Liebe« dem Menschen innerlich »anhaften«, weil sie durch den Heiligen Geist in die Herzen ausgegossen werden und also nicht bloße Gunst, eine gnädige Gesinnung auf seiten Gottes sind.

Zweifellos sind damit Formulierungen Luthers getroffen, die dieser sogar mit Vorzug gebraucht. Nun ist allerdings deutlich, daß Luther doch nicht daran denkt, »Gnade und Liebe« aus der Rechtfertigung »auszuschließen«. Der rechtfertigende Glaube ist ja Geschenk der Gnade Gottes, und die Liebe zu Gott und dem Nächsten gehört nach zahllosen Worten Luthers zum Glauben wie die Frucht zum Baum. Auch zeigt die Identität von »Anrechnung der Gerechtigkeit Christi« und »Vergebung der Sünde«, daß diese nicht, wie das Konzil es befürchtet, nur etwas Negatives, die Beseitigung eines Hindernisses der Gemeinschaft mit Gott ist, sondern gerade deren Begründung. Es geht also nur um die Frage: Ist der Vorgang der Rechtfertigung etwas im Inneren des Menschen selbst, oder verbleibt er ganz auf seiten Gottes? Ja, streng genommen ist nicht einmal dies strittig, daß die Rechtfertigung mit einem Geschehen, einem wirklichen Neuwerden im Inneren des Menschen verbunden ist – das betont Luther auf seine Weise auch.[38] Strittig ist, wie dieses innere Geschehen genauer zu denken und ob es mit dem rechtfertigenden Handeln Gottes identisch oder von ihm zu unterscheiden ist. Auf die Spur bringt uns der merkwürdige Ausdruck »anhaftet«, wörtlich: »einhängt« (*inhaeret*). Was haftet da wo an?

Ältere Katholiken werden sich mit mir erinnern, daß wir im Katechismusunterricht noch die Redeweise vom »Kleid der heiligmachenden Gnade« gelernt haben – das ist dasselbe wie die »rechtfertigende Gnade«. Und dieses Kleid ist natürlich weiß und wird durch jede Sünde schmutzig, bis es in der Beichte wieder reingewaschen wird. In diesem Bildwort hat man uns Kindern klargemacht, was aufgrund der Lehraussagen des Konzils von Trient die unumstößliche Lehre der Kirche vom Wesen der göttlichen Gnade sei: Sie ist eine neue, geheimnisvolle, unsichtbare, aber der Seele innerlich mitgeteilte Wirklichkeit, aus der sich dann alles andere ergibt: der Glaube, die Hoffnung, die Liebe zu Gott und dem Nächsten, die guten Werke. In der Fachtheologie nannte und nennt man diese Wirklichkeit einen »Habitus« oder eine »Qualität«. Es würde uns in eine schweißtreibende Fachsimpelei stürzen, wollten wir hier erörtern, daß diese Vorstellung von der Gnade als »Qualität« in der Seele *vor* all unserem Handeln genau deshalb entwickelt wurde, um die reine Gnadenhaftigkeit des Handelns Gottes an uns auszusagen. Und es würde noch einmal eine Fachsimpelei erfordern, zu zeigen, wie verformt diese Theorie im Spätmittelalter war, so daß Luther und viele andere ihren ursprünglichen Sinn nicht mehr verstehen und akzeptieren konnten.[39]

So lehnt Luther diese Vorstellung von der *Gnade selbst* als innermenschlicher Realität ab und *unterscheidet* daher zwischen Rechtfertigung und der nachfolgenden Heiligung, zwischen der Gunst Gottes und unserem Neuwerden, zwischen der Anrechnung der Gerechtigkeit Christi und deren Auswirkung in einem neuen Leben.[40] Er ahnt nicht, daß er die alte Vorstellung aus demselben Grunde ablehnt, aus dem sie einst gebildet wurde: um einen unüberwindlichen Damm gegen jede Vorstellung einer Mitwirkung des Menschen an seiner Rechtfertigung aus seiner eigenen Macht aufzurichten. Umgekehrt waren die Trienter Väter gefangen in der Befürchtung, wer die alte Vorstellung ablehne, erkläre Gott zum Stümper, der keine Macht habe, den Menschen innerlich durch seine Gnade zu verändern. Seripando hat vergeblich dagegen

gekämpft, die Aussage der christlichen Heilswahrheit so an eine bestimmte philosophische Ausdrucksweise zu binden.[41]
So wurde die Lehre von der innerlichen Gnadenwirklichkeit in der Seele zum Gegenbegriff gegen das lutherische *extra nos*, gegen ein Verständnis vom rechtfertigenden Handeln Gottes, das als solches streng »außerhalb von uns« bleibt und erst in seinen Folgen auch verändernd auf den Menschen übergreift.[42] Erst heute sieht jedenfalls die katholische Theologie hier keinen ausschließenden Gegensatz mehr. Die Berührungsängste der Trienter Väter sind geschwunden. Wer will, dürfte durchaus unter »Gnade« die Liebe Gottes selbst verstehen und unter »Rechtfertigung« die Zuwendung dieser Liebe Gottes zum Sünder – und alle Veränderungen, die daraufhin im Menschen beginnen, als Folge ansehen. Niemand würde dann sagen: Hüte dich vor lutherischem Zungenschlag!
Und dafür haben wir Katholiken nun noch zwei gewichtige Kronzeugnisse. Das Zweite Vatikanische Konzil spielt nur sehr selten und eher beiläufig auf die Terminologie der Trienter Rechtfertigungslehre an. Kein Glaube »ohne die zuvorkommende und helfende Gnade Gottes«, lesen wir etwa in der Offenbarungskonstitution (Art. 5). Von »… Antriebe[n] zur Sünde, die nur durch angestrengte Bemühung mit Hilfe der Gnade überwunden werden können«, ist in der Pastoralkonstitution die Rede (Art. 25, 3. Abschnitt). Und in der Enzyklika *Redemptor hominis*, seiner Antritts-Enzyklika, zitiert Johannes Paul II. in den Abschnitten 7–10 und 13 – wo es, wenn überhaupt, sein müßte – kein einziges Mal das Trienter Konzil, vielmehr die Bibel und das Zweite Vatikanum und drückt sich zur Deutung des Erlösungsgeheimnisses in deren Sprachfeld aus.[43] Auch der neue »Katechismus der katholischen Kirche«, der, wie vermerkt, die Rechtfertigungslehre ganz in der Sprache von Trient ausdrückt, ohne jeden Hinweis auf die Fortschritte im ökumenischen Gespräch, verlangt gleichwohl nicht, daß man *nur* so reden dürfe. Und das neugefaßte »Ökumenische Direktorium« betont in Nr. 2 und 3 ausdrücklich, der Katechismus sei im Sinne des heutigen Standes des ökumenischen Gesprächs auszulegen und zu verstehen. Wir müssen also nicht päpstlicher sein als der Papst. Ich weiß nicht, wer da in Rom über seinen eigenen Schatten springen mußte. Jedenfalls hat niemand

daran gedacht, den evangelischen Gesprächspartnern die Rede von der »inhärierenden« Gnade im gemeinsamen Text aufzuzwingen. Aus katholischer Sicht ist der Streitpunkt keiner mehr. Doch es bleibt das Grundproblem der unterschiedlichen Sprache. In Sachen von »Glaube und Liebe« scheinen mir manche evangelische Theologen die gewohnte lutherische Sprachregelung nach wie vor für die *einzig* evangeliumsgemäße zu halten. Dann allerdings wären wir auch in diesem Punkt noch nicht über den Berg.

### *3.4 »Heilsgewißheit«*

Mit vergleichsweise kühler Sachlichkeit formuliert das Konzil die Abweisung der vierten, nach Meinung der Väter nicht verhandelbaren reformatorischen Lehre:

> »Wer sagt, um Vergebung der Sünden zu erlangen, sei es für jeden Menschen notwendig, fest und ohne jeden Zweifel wegen der eigenen Schwachheit und Unzulänglichkeit zu glauben, daß ihm die Sünden vergeben sind: der sei mit dem Anathema belegt. Wer sagt, der Mensch werde deshalb von seinen Sünden losgesprochen und gerechtfertigt, *weil* er fest glaube, er werde losgesprochen und gerechtfertigt; oder in Wahrheit sei nur der gerechtfertigt, der glaubt, er sei gerechtfertigt, und allein durch diesen Glauben werde die Lossprechung und Rechtfertigung vollendet: der sei mit dem Anathema belegt.«[44]

Im Kommentar zu diesen Canones im Caput 9 des Dekretes werden die Verfasser – seltener Fall – regelrecht polemisch und wenden sich laut Überschrift »Wider den eitlen Vertrauensglauben der Häretiker«.[45]

Die Konzilsväter verstehen also den *Glauben* an die Rechtfertigung als *Grund* der Rechtfertigung – und diese Auffassung unterstellen sie den Reformatoren. Es beginnt damit der bis zur Stunde – konkret: bis in die römischen Abänderungswünsche zur »Gemeinsamen Erklärung« in diesem Punkt[46] – schier unausrottbare Verdacht und Vorwurf des »Subjektivismus« an die Adresse Luthers und der lutherischen Theologie.

Nun ist hier ohne Zweifel Luthers Lehre von der »Heilsgewißheit« nicht nur gemeint, sondern auch getroffen. Das zeigen die charakteristischen Stichworte: Glaube als Vertrauensglaube (*fiducia*), Glaube an die Sündenvergebung ohne Verunsicherung durch die mangelnde eigene Vorbereitung und die eigene subjektive Labilität im Glauben, Glaube überhaupt als Vergebungsgewißheit. Sogar in den hier unvermeidlichen zugespitzten Formulierungen kann man das bei Luther lesen – und die Väter hatten solche Sätze aus Luther Schriften in den »Irrtümern Martin Luthers« in der Bannandrohungsbulle sogar vor sich.[47] Aber haben sie wirklich auch verstanden, was mit den verworfenen Lehren gesagt sein soll?

Nein, die Väter haben trotz korrekter Zitate *nicht* verstanden. Die vier wichtigsten Gründe seien angeführt.

a) Der Glaube wird in dem Trienter Einspruch verstanden als der *zeitliche* Beginn des Heils und in diesem Sinne als dessen *bleibendes* Fundament und Wurzel, nicht aber als das Ganze der Existenz des Menschen vor Gott. Darin wirkt sich die schon dargestellte[48] »Psychologie« der Rechtfertigung als eines Prozesses aus. Für Luther aber, und auch das wurde schon deutlich, ist der Glaube in jedem Fall das Ganze und Umfassende des Gottesverhältnisses auf der Grundlage des rechtfertigenden Vergebungszuspruches Gottes, an dem der Glaube hängt und auf den er sich verläßt.

b) Im zugehörigen Lehrkapitel zeigt eine verräterische Formulierung, daß überhaupt nicht herübergekommen ist, was die Reformatoren wirklich meinten. Ihnen wird nämlich unterstellt, sie hätten behauptet, der Gerechtfertigte könne »mit der Gewißheit *des Glaubens, dem kein Irrtum unterlaufen kann,* wissen, daß er die Gnade Gottes erlangt habe«.[49] Die Kirche kann doch nicht als Inhalt irrtumsloser Glaubenslehre erklären, daß *dieser* bestimmte einzelne Mensch gerechtfertigt ist – denkt man in der Konzilsaula. In der Tat, wenn man unter »Glaube« die feste Zustimmung zu einem Dossier von unbezweifelbar irrtumsfreien kirchlichen Glaubenslehren versteht, dann muß man die reformatorischen Äußerungen für blanken Unsinn halten, über den man vernünftigerweise nicht verhandeln kann. Aber ich kann doch nicht glaubend mein Heil von Gott empfangen und *zugleich* sagen: ich bin meines Heiles *nicht* gewiß – denkt Luther und kann die Vorbehalte der Gegner nur als Zweifel an der Verläßlichkeit der Verheißungen

Gottes ansehen. Man sieht, man redet aneinander vorbei. Hören die Väter das Wort »Glaube«, dann denken sie an die objektive und zur Zustimmung verpflichtende Wahrheit der Offenbarung Gottes in der kirchlichen Lehre. Wenn Luther das Wort »Glaube« ausspricht, fragt er nach dem, worauf sich das geängstigte Gewissen verlassen kann. Es ist wieder die unterschiedliche Fassung des Glaubensbegriffes, von der wir schon gesprochen haben.

c) Luther bindet die Vergebungsgewißheit an sein Verständnis von Mt 16,19. In zahllosen Texten aus der Frühzeit des Konfliktes und des Streites um das richtige Verständnis des Bußsakramentes – aus diesem Kontext stammt nämlich die Fragestellung! – betont Luther: Weil Christus verheißen hat, im Himmel sei gelöst, was auf Erden gelöst wird, macht man Christus zum Lügner, wenn man daraufhin, aus welchem Grund auch immer, in Zweifel zieht, daß Gottes Vergebungszusage, konkret also: die »Lossprechung« im Bußsakrament, *unbedingt* gilt, auch gegen alle subjektive Labilität.[50] Die Väter haben diesen Zusammenhang im Blick durch die Zitate in den »Irrtümern«[51] und spielen auf ihn an im oben zitierten Wortlaut von Canon 13. Um so bedauerlicher ist, daß die Väter auf dieses zentrale Argument Luthers nicht eingegangen sind. Es hätte den Subjektivismusverdacht gegenstandslos gemacht. Denn Luther will sich ja, ganz im Gegenteil, in der Anfechtung an das »Objektivste« halten, was es in der Kirche gibt: das Wort Gottes in der Heiligen Schrift.[52]

d) Das wichtigste Argument gegen das Mißverständnis des Konzils ist aber der Sachgehalt der Trienter Lehraussage selbst, wie er vor allem im Rückblick von den zitierten Canones auf das Lehrkapitel 9 heraustritt. Das Konzil weist zurück, was auch Luther als Mißverständnis seiner Lehre auszuschalten sich bemüht: Sicherheit und Selbstüberschätzung in bezug auf das eigene Stehen in der Gnade (»sich brüsten«, »sich beruhigen«, heißt es ablehnend im Cap.9), Übersehen der eigenen Schwäche, fehlende Furcht vor dem Verlust der empfangenen Gnade, Trostgefühle als Kriterium der Gewißheit, sittliche Ungebundenheit unter Berufung auf die Heilsgewißheit. Das Konzil betont andererseits die Punkte, die auch Luther wichtig sind: die Verläßlichkeit und Allgenugsamkeit der Gnade Gottes in Christus, die menschliche Labilität und Unzuverlässigkeit in der Annahme der Gnade und die damit lebenslang gegebene Bedrohung des Glaubens und des Heils.[53] Gewiß konnten auch Luthers Äußerungen zur Sache Mißverständnisse hervorrufen, die er nicht hinreichend abgewehrt hat. Nicht einmal der intelligenteste seiner Gegner, Kardinal Cajetan, hat ihn hier verstanden und gemeint, Luthers These von der Heilsgewißheit »heißt eine neue Kirche bauen«.[54] Dennoch trifft der Vorwurf der größeren Unzulänglichkeit die Konzilsväter. Sie haben hier – das ist ein typischer Fall – Luthers Lehre in das Raster der ihnen vertrauten Lehre von der »Ungewißheit des Gnadenstandes« – die etwas ganz anderes meinte[55] – eingerechnet, sie als deren Gegenteil angesehen und sie *dann* allerdings nur ablehnen können.

Die wirkliche Nähe Luthers zur Tradition liegt nämlich an einer ganz anderen Stelle: bei der mittelalterlichen Lehre von der Unbedingtheit der christlichen *Hoffnung*, die sich auf nichts anderes verläßt als auf Gottes allmächtiges Erbarmen.[56] Dieses Kronzeugnis aber haben die Trienter Väter, die sonst scholastisch so gebildet waren, nicht aufgerufen. Erst das jüngere ökumenische Gespräch hat dieses Kronzeugnis wiederentdeckt. Wie man sieht: bis heute noch nicht mit durchschlagendem Erfolg. Doch hat diese Entdeckung immerhin zu der Einsicht beigetragen, daß sich die alte Frage heute in veränderter Situation der katholischen wie der evangelischen Theologie in gleicher Weise stellt: nicht mehr als Frage nach der Gewißheit der Gnade eines Gottes, dessen Wirklichkeit unangefochten gewiß ist, sondern als Frage nach Gottesgewißheit und Erfahrung Gottes überhaupt. Und klar ist, daß diese bedrängendste aller modernen Glaubensfragen nicht entschieden werden kann durch den Hinweis auf eine kirchliche Lehre, sondern durch Reflexion auf die eigentümliche und unvergleichliche Weise, wie *Glaube* Gewißheit schafft.[57]

## 4. Die Folgen: Von Trient über Genf nach Rom

### *4.1 Das historische Ergebnis*

Es gab – und gibt! – noch andere »Kernpunkte der Kontroverse«: das Verständnis von der Sünde, von der Freiheit, vom Gebotehalten (darin eingeschlossen auch das Thema »Gesetz und Evangelium«), vom »Verdienst« ... Aber sie waren nie so der rote Faden in den Verhandlungen. Das Konzil betrachtet sie als Implikationen oder Folgeprobleme, und das heißt: Können die vier genannten Kernprobleme gelöst werden, dann erst recht die anderen. So können wir das historische Ergebnis unserer Überlegungen wie folgt zusammenfassen:

Es hat, objektiv nachweisbar, eine Chance der Verständigung gegeben, jedenfalls zur Frage der Rechtfertigung. Dazu hätte freilich das Konzil früher kommen müssen. Die Augustinisten vor und auf dem Konzil hätten ihre Denkvoraussetzungen und religiösen Erfahrungen als Basis für das Gespräch mit der ursprünglich ebenfalls von Augustinus inspirierten reformatorischen Theologie durchsetzen müssen. Die deutschen Kontroverstheologen hätten auf dem Konzil mehr präsent sein müssen – und die nicht-deutschen Väter sachkundiger. Noch 1530, in den Ausschußverhandlungen nach dem Augsburger Reichstag, lag eine Einigungsformel auf dem Tisch. Aber 1541 nach den Regensburger Religionsgesprächen war es zu spät: Luther gab der Formel von der »doppelten Gerechtigkeit«, auf die Contarini so stolz war, keine Chance mehr. Die Verurteilung auf dem Konzil war beschlossene Sache. Konsequent gerieten Contarini und seine Freunde bei der Inquisition unter den Verdacht, lutherische Positionen zu vertreten.

So formulierte das Konzil in der *Absicht*, die reformatorische Lehre zu verurteilen. Die reformatorische Kritik zwang allerdings dazu, pelagianischen und semipelagianischen Schein der vorkonziliaren Tradition – konkret: der spätscholastischen Theologie des Ockhamismus – zu beseitigen. So steckt im öffentlichen Nein des Konzils manch ein heimliches Ja. Aber erst heute, 450 Jahre später, vermögen wir das wieder zu sehen. Damit sind wir beim nächsten Punkt:

### *4.2. Die Wirkungsgeschichte*[58]

Entgegen der Absicht des Konzils, nur in den strittigen Punkten die katholische Lehre klarzustellen, nicht aber eine umfassende Lehre vom Heil des Menschen auszuarbeiten, hat die Folgezeit, verführt durch die in der Tat beeindruckende Geschlossenheit des Rechtfertigungsdekretes, den Text so verstanden, wie er nicht verstanden werden wollte. Der Kompromisse, die selbst in diesem »dogmatischsten« aller Trienter Texte stecken, hat man gleich gar nicht geachtet. Bald darauf, 1566, erschien der *Catechismus Romanus*, auch *Catechismus Tridentinus* genannt, »Katechismus des Trienter Konzils«.[59] In ihm werden die antireformatorischen Lehrentscheidungen des Konzils in die Form einer positiven Lehrdarstellung gegossen. Dabei muß es naturgemäß dann zu Engführungen einerseits, zu Überdehnungen der Texte anderseits kommen. Dafür nur ein Beispiel unter mehreren:

In der Schlußphase der Debatte um das Rechtfertigungsdekret ist tatsächlich kurz diskutiert worden, ob man die beiden einschlägigen Lehrkapitel 6 und 7 nicht mit den Überschriften »Über die Akte« (*De actibus*) und »Über die Habitus« (*De habitibus*) versehen sollte.[60] Der Inhalt der Texte hätte das nahegelegt. Aber der Vorschlag wurde abgelehnt. Hier wie auch sonst – ich erspare mir fachsimpelnde Einzelheiten – wollte man alles vermeiden, um einzelne mittelalterliche theologische Schulen, in diesem Fall die thomistische, zu begünstigen. Daraus folgert der belgische Konzilshistoriker Piet Fransen mit Recht: »Damit ist klar erwiesen, daß in der römisch-katholischen Kirche kein offizielles lehramtliches Dekret einen katholischen Theologen verpflichtet, den Gnadenstand als eingegossenen geschaffenen habitus zu definieren.«[61] Trient hat tatsächlich nur in einem ganz allgemeinen Sinne von den scholastischen Theorien Gebrauch gemacht, um eine innermenschliche Wirklichkeit der »geschaffenen« Gnade festzuschreiben. Erst der *Catechismus Romanus* meint hier, das Trienter Konzil »präzisieren« zu sollen und nennt die Gnade »eine göttliche Qualität, die der Seele anhaftet« (*divina qualitas in anima inhaerens*).[62] In Wahrheit hat der *Catechismus* die Aussageabsicht des Konzils über-

zogen, und das ist kein Einzelfall. *So* wurde es dann prägend für die katholische Dogmatik der Folgezeit, und so kann man in den älteren Handbüchern lesen, das sei »ohne Zweifel«[63] die Lehre des Konzils. Die ökumenischen Folgen sowohl der alten Interpretation wie der neuen historischen Entdeckungen lassen sich unschwer ausmalen.
Umgekehrt hat auch die evangelische Kritik das Trienter Konzil als Magna Charta katholischer Identität genommen und entsprechend gnadenlos verrissen.[64] So ist es kein Wunder, wenn in der sich konsolidierenden römisch-katholischen Kirche vor allem seit Beginn der Neuscholastik im 19. Jahrhundert das Trienter Konzil als das Konzil aller Konzilien erschien, auf dem die katholische Lehre in Abgrenzung von der evangelischen auf das genaueste festgelegt worden sein soll.
Den Umschwung leitete ausgerechnet der Papst ein, der die Neuscholastik – in ihrer thomistischen Ausprägung – zur Normaltheologie der katholischen Kirche zu machen trachtete: Leo XIII. Er öffnete 1881 die Vatikanischen Archive und ermöglichte so das Studium der Akten des Trienter Konzils, die dann ab 1901 von der Görresgesellschaft ediert wurden – das Unternehmen ist bis heute nicht abgeschlossen. Den Historikern gingen dabei die Augen auf. Man erkannte die vielen Kompromisse selbst in den dogmatischen Dekreten, von den Reformdekreten zu schweigen – und mithin die vielen Offenheiten der Formulierungen, die die Vorstellung der »genauesten« Abgrenzung gegen die evangelische Lehre ad absurdum führten. Im Verein mit der beginnenden Neuorientierung der katholischen Beurteilung Martin Luthers (Joseph Lortz)[65] kam es zu einer Stimmung, als müsse das Konzil von Trient noch einmal neu abgehalten werden, da es Luther nicht gerecht geworden war, ja nicht gerecht werden konnte. Zwei Jahrzehnte lang erschien das Trienter Konzil als Konzil der Unzulänglichkeiten, von dem man sich verabschieden müsse, wenn man im ökumenischen Gespräch weiterkommen wolle – ein Ergebnis, das nun gerade nicht von den Historikern wie Hubert Jedin erwartet und gebilligt wurde, die doch die Grundlage für solche Tendenzen erst gelegt hatten. Heute nun ist wieder Augenmaß eingekehrt. Man kann die erstaunliche Leistung wieder würdigen, die das Konzil unter den obwaltenden

Pressuren erbracht hat. Damit stellt sich abschließend die Frage nach der Zukunft des Trienter Konzils und der Kernpunkte der Kontroverse um die Rechtfertigungslehre. Denn von Trient hat der Weg nach Genf und Rom geführt – übrigens über die USA, wie die Entstehungsgeschichte der »Gemeinsamen Erklärung« zeigt.

### *4.3 Die Zukunft*

Man kann das Trienter Konzil genauso zu einem Bekenntnisfundamentalismus mißbrauchen wie die reformatorischen Bekenntnisschriften. An der vordersten Front der ökumenischen Forschung tut die katholische Theologie das nicht mehr. Sie hat Wege gefunden, die *Intention* der Trienter Antworten auf die Kernpunkte der Kontroverse teilweise besser zu verstehen, als das damals möglich war. Das Konzil wird um so fruchtbarer für das ökumenische Gespräch, je weniger es als Arsenal von unverrückbaren dogmatischen Sätzen gelesen, sondern im doppelten Sinne des Wortes »relativiert« wird: als zeitbedingte und vielfältig eingeschränkte, aber geschichtlich verantwortete Antwort auf die Reformation – eine Antwort, die zu spät kam, mit vielen Menschlichkeiten und Unzulänglichkeiten belastet war und daher unter bereits zu sehr verhärteten Umständen gegeben wurde, als daß sie noch Versöhnung hätte bewirken können.

Schon 1965, als das ökumenische Gespräch über Trient erste Höhepunkte erreichte, schrieb der italienische Kirchenhistoriker Giuseppe Alberigo einen heute noch lesenswerten kleinen Bericht über »Das Konzil von Trient in neuer Sicht«.[66] Alberigo beleuchtet darin scharf den aktuellen Zusammenbruch eines Umgangs mit Trient, der die historischen Grenzen des Konzils verkennt und statt dessen ein Kirchensystem errichtet hat, das von dem wirklichen Trienter Konzil nicht legitimiert ist. Wenn dieses System jetzt zusammenbricht, dann ist das kein Verrat, sondern in Wahrheit die Chance einer Rückkehr zu den offenen Möglichkeiten, die das Konzil für Kirche und Theologie hinterlassen hat. »Von nun an sind Ruhm und Weiterleben des Tridentinums davon bedingt, daß sein eigener Beitrag in das große Flußbett der christlichen Tradition mündet …; von nun an werden Kenntnis und Bedeutung des

Tridentinums von seiner Assimilierung durch das christliche Bewußtsein abhängen.«[67]

»Das große Flußbett der Tradition«! So ist das Konzil auch für evangelische Theologie interessant geworden – bis ins Dokument »Lehrverurteilungen – kirchentrennend?« und in die »Gemeinsame Erklärung zur Rechtfertigungslehre«. In dieser Debatte begegnet immer wieder die evangelische Anfrage: Ist denn das Konzil so richtig interpretiert? Wenn ja, dann trifft die Trienter Lehre nicht die reformatorische Überzeugung, zumindest heute nicht mehr. Und immer wieder ist die katholische Antwort: Ja, so darf, ja so muß Trient verstanden werden.

Aus den »Kernpunkten der Kontroverse« ist das Angebot neuer Möglichkeiten geworden, auf unterschiedliche Weise sachgemäß von dem einen und selben Evangelium zu reden. Niemand verliert dabei seine kirchliche »Identität«.

### *4.4 Nachbemerkung*

Zwischen der Tagung und der Endredaktion dieses Bandes erfolgte am 25. Juni 1998 die römische Antwort auf die »Gemeinsame Erklärung«. Unter den vielen Rätseln, die die Interpretation dieser Antwort aufgibt und die zum gegenwärtigen Zeitpunkt eine Prognose über das Schicksal der »Gemeinsamen Erklärung« unmöglich macht, ist dieses das sachlich bedrängendste: Die katholischen Gesprächspartner durften mit Fug und Recht davon ausgehen, daß durch die vorangegangenen und vollinhaltlich berücksichtigten Änderungswünsche Roms die in der »Gemeinsamen Erklärung« dargelegte Interpretation der Trienter Lehrentscheidungen auch die römische Zustimmung gefunden hatte. In der römischen Antwort wird aber nun in wesentlichen Punkten – darunter auch in den oben erörterten Fragen der »Mitwirkung«, und der innerlich verwandelnden Gnade – auf den Trienter Formulierungen bestanden, und zwar als Bedingung dafür, von einem Konsens sprechen zu können. Hat Rom damit zumindest den katholischen Mitarbeitern an der Erklärung bescheinigen wollen, sie hätten trotz aller ständigen Rückkopplung eine schlechte

Seminararbeit abgeliefert? Dazu sei vorläufig nur dies gesagt – und dies auch als Blick in die Zukunft:

1. Rückschläge in ökumenischen Bemühungen sind nichts Neues, sind darum auch nicht als Katastrophe zu fürchten, sondern im Vertrauen auf die gute Sache tapfer mit Weiterarbeit zu beantworten.

2. Argumente werden nicht dadurch entkräftet, daß bestimmte Entscheidungsträger sie nicht auf Anhieb sich zu eigen machen können. Wenn die oben vorgetragenen Gründe – die ja nur einen Ausschnitt aus jahrzehntelanger ökumenisch-theologischer Arbeit bieten – sachlich tragfähig sind, dann sind sie es auch nach dem 25. Juni 1998, und dann darf man weiter auf ihre langfristige Überzeugunskraft vertrauen.

3. Nicht wir »machen« die Einheit und neue Gemeinschaft der Kirchen, sondern Gottes Geist. Alle ökumenische Theologie ist nur Instrument, dessen *Er* sich bedient, »wo und wie es ihm gefällt«. Ihm haben wir darum den immer armseligen Dienst unseres theologischen Nachdenkens anheimzustellen – und dürfen dann, wenn wir alles getan haben, als unütze Knechte (Lk 17,10) in heiterer Gelassenheit auf seine Stunde warten.

## Anmerkungen

1 Vgl. *K. Ganzer,* Das Konzil von Trient und die theologische Dimension der katholischen Konfessionalisierung, in: *W. Reinhard/H. Schilling* (Hg.), Die katholische Konfessionalisierung, Münster 1995, 50–69: 54f. Dort dazu und zum folgenden Belege und Literatur.

2 Vgl. *H. Jedin,* Ein »Turmerlebnis« des jungen Contarini (1951), abgedruckt in *ders.,* Kirche des Glaubens – Kirche der Geschichte, 2 Bde., Freiburg i. Br. 1966, I, 167–180.

3 Vgl. das symptomatische Urteil bei *W. Löser,* Was gilt in der Kirche? Katholische Fragen an die evangelische Kirche, in: Jahrbuch des Evangelischen Bundes 30 (1987) 49–67. Bericht und Stellungnahme dazu sowie zu ähnlichen Stimmen aus dem katholischen Raum bei *B. Brenner,* Evangelische Konfessionalität und römische Katholizität, Materialdienst des Konfessionskundlichen Institutes 37 (1986) 85f. Vgl. jüngst *L. Scheffczyk,* »Die Gemeinsame Erklärung zur Rechtfertigungslehre« und die Norm des Glaubens. Theologisches 28 (1998) Nr. 2, Sp. 61–68 und Nr. 3 Sp. 125–132.

4 Vgl. auch dazu Texte, Material und Literatur bei *Ganzer,* a.a.O. 52f.; 58f.

5 Vgl. *Ganzer,* a.a.O. 60–65. Jede Darstellung des Konzils von Trient widmet den

Initiativen Seripandos naturgemäß erhöhte Aufmerksamkeit. Vgl. die Hinweise in Anm. 7.

6 Dort Nr. 8; vgl. *L. Kaufmann/N. Klein*, Johannes XXIII. Prophetie im Vermächtnis, Fribourg/Brig 1990, 125. Die Entstehungsgeschichte, den italienischen Originaltext, die offizielle (und gegenüber dem Original veränderte!) Fassung nebst einer Übersetzung des Originals a.a.O. 107–150.

7 Zum folgenden vgl. die umfassende, nach wie vor grundlegende und höchstens in Einzelheiten weitergeführte historische Information in dem Standardwerk von *H. Jedin*, Geschichte des Konzils von Trient, 4 Bde. in 5, Freiburg i. Br. 1950–1975 (teilw. Neuauflagen), hier vor allem Bde.I und II; zusammenfassend ders., in: *ders.* (Hg.), Handbuch der Kirchengeschichte, Bd. IV, Freiburg i. Br. 1967, 476–520; noch kürzer in *ders.*, Kleine Konziliengeschichte, Neuausgabe der 8. Auflage, Freiburg i. Br. 1978, [6]1990, 81–103; viele Einzelbeiträge auch in *ders.*, Kirche des Glaubens – Kirche der Geschichte (s. Anm. 2). Eine jüngere Darstellung: *O. de la Brosse/J. Lecler/H. Holstein/Ch. Lefebvre*, Lateran V und Trient (1. Teil) (= Geschichte der ökumenischen Konzilien, X), Mainz 1978; *dies.*, Trient II (a.a.O. XI), Mainz 1987. Speziell zum Rechtfertigungsdekret *P. Fransen*, Dogmengeschichtliche Entfaltung der Gnadenlehre, in: *J. Feiner/M. Löhrer*, Mysterium Salutis. Grundriß heilsgeschichtlicher Dogmatik, IV/2, Zürich 1973, 631–763: 712–727; Forschungsbericht, Dokumentation wichtiger Beiträge, Bibliographie bei *R. Bäumer* (Hg.), Concilium Tridentinum, Darmstadt 1979. Vgl. auch w. u. Anm. 22.

8 Trotz der persönlichen Integrität und des Reformeifers des späteren Papstes ist dieses Urteil nicht zu hart. Vgl. *F. X. Seppelt/G. Schwaiger*, Geschichte der Päpste. Von den Anfängen bis zur Gegenwart, München 1964, 296–300; *H. Jedin*, Kirchenrefom und Konzilsgedanke 1550–1559, in: ders., Kirche des Glaubens (s. Anm. 2), II, 237–263: 252–263; *ders.*, Handbuch der Kirchengeschichte IV (s. Anm. 7), 505–510; Kurzinformation und die neueste, meist italienische Literatur jetzt bei *K. Ganzer*, Artikel »Paul IV.« in: Lexikon für Theologie und Kirche[3], Bd. 7, Freiburg i. Br. 1998, 1522f.

9 Vgl. *Ganzer*, Das Konzil von Trient (s. Anm. 1), 56f.; Luther in WA Br 9, 406f.

10 Ausführliche Belege und Literatur bei *T. Brockmann*, Il concilio di Trento nella pubblicistica dell'area di lingua tedesca 1545–1563, in: *G. Alberigo/I. Rogger* (Hg.), Il concilio di Trento nella prospettiva del terzo millennio. Atti del convegno tenuto a Trento il 25–28 settembre 1995, Brescia 1997, 185–221; und schon *H. Oelke*, Die Konfessionsbildung des 16. Jahrhunderts im Spiegel illustrierter Flugblätter, Berlin–New York 1992.

11 Gründlich und als Basisliteratur immer wieder zitiert: *T. Freudenberger*, Zur Benutzung des reformatorischen Schrifttums am Konzil von Trient, in: *R. Bäumer* (Hg.), Von Konstanz nach Trient. Beiträge zur Kirchengeschichte in den Reformkonzilien bis zum Tridentinum, Paderborn 1972, 577–601; ferner *V. Pfnür*, Verwirft das Konzil von Trient in der Lehre von den Sakramenten die reformatorische Bekenntnisposition? Zur Frage der Kenntnis der reformatorischen Theologie auf dem Konzil von Trient. Untersuchung der Irrtumslisten über die Sakramente, in: LV III (s. Anm. 13), 159–186; zusammenfassend bei *Fransen*, a.a.O. (s. Anm. 7), 712–716.

12 Brief des Kardinals Farnese an die Konzilsväter vom 25. Februar 1547: Concilium Tridentinum X, 826, 38ff.

13 Dies war die Ausgangsfrage – bei der Rechtfertigungslehre wie bei den anderen

Lehrentscheidungen des Konzils – in der Lehrverurteilungsstudie, der Grundlage des Textes der »Gemeinsamen Erklärung zur Rechtfertigungslehre«. Vgl. *K. Lehmann/W. Pannenberg* (Hg.), Lehrverurteilungen – kirchentrennend? Rechtfertigung, Sakramente und Amt im Zeitalter der Reformation und heute [= LV I], Freiburg–Göttingen 1986. Dazu die Materialbände: *K. Lehmann* (Hg.), Lehrverurteilungen – kirchentrennend? II: Materialien zu den Lehrverurteilungen und zur Theologie der Rechtfertigung [= LV II], Freiburg–Göttingen 1989 (mit Bibliographie zum Rechtfertigungsdekret); *W. Pannenberg* (Hg.), Lehrverurteilungen – kirchentrennend? III: Materialien zur Lehre von den Sakramenten und vom kirchlichen Amt [= LV III], Freiburg–Göttingen 1990; *W. Pannenberg/ T. Schneider* (Hg.), Lehrverurteilungen – kirchentrennend? IV: Antwort auf kirchliche Stellungnahmen [= LV IV], Göttingen–Freiburg 1994 (mit Bibliographie der Diskussion). Zur Entstehungsgeschichte dieses Dokumentes, die nicht ohne kleine Ironien ist, vgl. jetzt *O. H. Pesch,* Weiterhin gegenseitige Verurteilung? Die heutigen Kirchen und die Lehrverurteilungen des 16. Jahrhunderts, in: *J. Brosseder* (Hg.), Dialogfähige Theologie, Katholische Akademie Hamburg und Neukirchen 1998, 73–118. Zur evangelischen Urteilsbildung vgl. *D. Sattler,* Neue Urteile zu den Lehrverurteilungen. Die evangelischen Kirchen und die Studie des Ökumenischen Arbeitskreises, Catholica 49 (1995) 98–113. – Die Evangelische Kirche in Deutschland hat, wie von der Gemeinsamen Ökumenischen Kommission, der Auftraggeberein des Dokumentes, erbeten, ihre (zustimmende) Antwort in Rom übergeben. Die Entwicklung wurde dann von der Arbeit an der »Gemeinsamen Erklärung« und den Kontroversen um sie gleichsam überrollt. Doch wie auch immer deren weiteres Schicksal sein wird, es ist nachdrücklich daran zu erinnern, daß nach der evangelischen Kirche Rom auch noch eine Antwort auf die Lehrverurteilungsstudie schuldig ist.

14 Vgl. *G. Maron,* Das Konzil von Trient in evangelischer Sicht. Ein Überblick, Materialdienst des Konfessionskundlichen Institutes 46 (1995) 107–114; *B. Lohse,* Die Haltung der Protestanten zum Trienter Konzil, in: *Katholische Akademie Hamburg* (Hg.), Das Konzil von Trient im ökumenischen Gespräch, Kath. Akademie Hamburg 1996, 37–70.

15 Vgl. zur Sache *O. H. Pesch,* Die Canones des Trienter Rechtfertigungsdekretes. Wen trafen sie? Wen treffen sie heute?, in: LV II (s. Anm. 13), 243–282. Siehe auch w. u. IV.2.

16 Vgl. *Denzinger–Hünermann* (Hg.), Kompendium der Glaubensbekenntnisse und kirchlichen Lehrentscheidungen. Lateinisch-Deutsch [im folgenden: DH, in der Numerierung identisch mit der vorausgehenden lateinischen Ausgabe von Denzinger–Schönmetzer], Freiburg i. Br. 1991, Nr. 1445.

17 Diese stehende Redewendung geht auf eine Bemerkung Luthers in der Vorlesung über die 15 »Gradualpsalmen« von 1532/33 zurück (zu Ps 130,4): »Steht dieser Artikel, so steht die Kirche, fällt er, so fällt die Kirche« (WA 40 III, 352,3). Damit ist von Luther selbst die kriteriologische Bedeutung der Rechtfertigungslehre für das Kirchenverständnis benannt, die in der aktuellen Diskussion bekanntlich eine bedeutsame Rolle bei der Bewertung des erreichten oder eben nicht erreichten Konsenses spielt. Zur Sache vgl. weitere Hinweise und Lit. bei *O. H. Pesch,* Theologie der Rechtfertigung bei Martin Luther und Thomas von Aquin. Versuch eines systematisch-theologischen Dialogs, Mainz 1967, unverändert $^{2}$1985, 152–159; *ders.,* Rechtfertigung und Kirche. Die kriteriologische

Bedeutung der Rechtfertigungslehre für die Ekklesiologie, Ökumenische Rundschau 37 (1988) 22–46.

18 Mit *K. Ganzer,* L'ecclesiologia del concilio di Trento, in: *Alberigo/Rogger* (Hg.), Il concilio di Trento (s. Anm. 10), 155–172, gegen *D. Wendebourg,* Die Ekklesiologie des Konzils von Trient, in: *Reinhard/Schilling* (Hg.), Die Katholische Konfessionalisierung (s. Anm. 1) 70–87.

19 DH 1524; 1526; 1529; 1531; 1542f.; 1564; 1579.

20 Vgl. w. o. I. zu *Löser* (bei Anm. 3).

21 Vgl. die Stellungnahme von *A. Klein, H. Meyer, H. Pöhlmann, H. Schütte, F. Untergaßmair:* Die Rechtfertigungslehre trennt die Kirchen heute nicht mehr, in: epd-Ausgabe für die kirchliche Presse, Nr. 43 vom 22. 10. 1997, wieder abgedruckt in der verdienstvollen epd-Dokumentation der gesamten Kontroverse um die »Gemeinsame Erklärung« (Hg.: *Gemeinschaftswerk der Evang. Publizistik e. V.,* Postfach 50 05 50, 60394 Frankfurt am Main), bisher insgesamt 15 Hefte, hier: Nr. 46/97, 27. 10. 1997, S. 66–68: 67. Zur historischen Sachfrage vgl. *G. Wenz,* Damnamus? Die Verwerfungssätze in den Bekenntnisschriften der evangelisch-lutherischen Kirche als Problem des ökumenischen Dialogs zwischen der evangelisch-lutherischen und der römisch-katholischen Kirche, in: LV II (s. Anm. 13), 68–127. Es ist gewiß in der Sache überzogen, wenn hinsichtlich der Verwerfungen mit einer »Schieflage« zwischen den BSLK und dem Trienter Konzil argumentiert wird und die 33 Anathematismen des Rechtfertigungsdekretes gegen die nur eine formell gegen Trient gerichtete Verwerfung in der Konkordienformel ausgespielt werden (Solida Declaratio IV, 35: BSLK 949, 10–22) – die dann auch nur für die lutherischen Kirchen gelte, die die Konkordienformel zu den Bekenntnisschriften zählen.

22 Im folgenden knüpfe ich an meine ausführlichere Interpretation des Rechtfertigungsdekretes an in: *O. H. Pesch/A. Peters,* Einführung in die Lehre von Gnade und Rechtfertigung, Darmstadt 1981, unverändert [3]1994, 169–209; *ders.,* Die Canones (s. Anm. 15); *ders.,* Trient und das ökumenische Gespräch heute. Eine katholische Perspektive, in: *Kath. Akademie Hamburg* (Hg.), Das Konzil von Trient (s. Anm. 14), 71–118; und gegebenenfalls *ders.,* »Ut omnes sciant, non solum quid tenere et sequi, sed etiam quid vitare et fugere debeant« [Damit alle wissen, nicht nur, was sie festhalten und befolgen, sondern auch, was sie meiden und fliehen müssen: DH 1550]. Le decisione dottrinali controriformiste del concilio di Trento e l'attuale dogmatica cattolica, in: *Alberigo/Roggers* (Hg.), Il concilio di Trento (s. Anm. 10), 77–130. Dort jeweils die weitere Fachliteratur.

23 Canon 7 und 8 des Rechtfertigungsdekretes, DH 1557f.

24 DH 1456; das Zitat stammt aus Luthers »Ein Sermon von Ablaß und Gnade« (1517/18), WA 1, 243,4–11.

25 So vermerkt es ausdrücklich der päpstliche Legat Del Monte in der Generalkongregation am 30. Juni 1547; vgl. *Jedin,* Geschichte (s. Anm. 7), II, 152.

26 Man hat darum, wenn auch vergeblich, beim Papst eine Vorabveröffentlichung des Rechtfertigungsdekretes zu erwirken gesucht.

27 DH 1526.

28 Vgl. DH 1521f.; 1551–1553.

29 Vgl. *Pesch/Peters,* a.a.O. (s. Anm. 22), 15–42.

30 Canon 9, DH 1559.

31 Zum Beispiel WA 2, 140,30; 689,30; 12, 518,11; 39 I, 45,13ff.; 46,7; 40 I, 285,20f.; 286,12ff.; 47, 789,29; Deutsche Bibel 7, 9,30ff. Sachdarstellung zu Luthers Glau-

bensverständnis und Literatur bei *Pesch,* Theol. der Rechtfertigung (s. Anm. 17), 198–283; vgl. auch *ders.,* Hinführung zu Luther, Mainz ²1983, 116–175.

32 Vgl. *P. Althaus,* Die Theologie Martin Luthers, Gütersloh 1963 u.ö., 202; 374 u.ö.

33 Vgl. Nr. 15 und Nr. 25. Das »allein« steht allerdings in bezeichnendem Zusammenhang, nämlich dem der Heilsgewißheit, als *katholische* Auffassung: Nr. 36. Das haben die Kritiker übersehen.

34 Vgl. dort Nr. 1987–2011 und dazu *O. H. Pesch,* Der Katechismus und die Ökumene, in: *E. Schulz* (Hg.), Ein Katechismus für die Welt. Informationen und Anfragen, Düsseldorf 1994, 141–165, bes. 152–156.

35 Vgl. Nr. 17 und Nr. 25.

36 Die Diskussion um LV I (s. Anm. 13) lieferte dazu reichlich Belege. Vgl. dazu zusammenfassend in LV IV, 25–34; ebendort die Bibliographie; vgl. ferner den dort genannten Aufsatz von *D. Sattler.*

37 Canon 11, DH 1561.

38 Oft sogar mehr als seine Anhänger; vgl. der Kürze halber Stellen, Darstellung und Literatur bei *Pesch,* Theol. der Rechtfertigung (s. Anm. 17), 283–322; *ders.,* Hinführung zu Luther (s. Anm. 31), 154–175.

39 Wer es dennoch nicht lassen mag, sei verwiesen auf *Pesch/Peters,* Einführung (s. Anm. 22), 42–52; 84–96; 110–118; und auf *O. H. Pesch,* Martin Luther, Thomas von Aquin und die reformatorische Kritik an der Scholastik. Zur Geschichte und Wirkungsgeschichte eines Mißverständnisses mit weltgeschichtlichen Folgen, Göttingen 1994, bes. 21–25; dort jeweils Literaturangaben.

40 Siehe die Hinweise in Anm. 38.

41 Vgl. *Jedin,* Geschichte (s. Anm. 7), II 238f.; 250, wo Seripando mit dem Satz zitiert wird: »Diese ganze Not bereitet uns die Philosophie, wenn wir über die göttlichen Geheimnisse mit ihren Worten reden wollen.« Vgl. auch w.o., I., bei Anm. 5.

42 Vgl. die Gegenüberstellungen in LV I (s. Anm. 13), 39, und 53–55.

43 Wer es überprüfen will: Die Würde des Menschen in Christus. Die Antrittsenzyklika »Redemptor hominis« Papst Johannes Pauls II. Mit einem Kommentar von Bernhard Häring CSsR, Freiburg i.Br. 1979, 24–35; 45–48.

44 Canon 13 und 14, DH 1563f.

45 DH 1533.

46 Vgl. dort Nr. 36. Der ursprünglich sich dort findende und im Sinne Luthers richtige Satz: »Glaube *ist* Heilsgewißheit« – entnommen aus LV I, 62 Zeile 29 – mußte gestrichen und durch den jetzigen Schlußsatz der Nummer ersetzt werden. Wer freilich genau liest, bemerkt, daß *in der Sache* wirklich Übereinstimmung im Sinne der *richtig* verstandenen reformatorischen Lehre herrscht, die Streichung also nur notorische (katholische) Mißverständnisse verhindern soll. Vgl. das Folgende.

47 Vgl. DH 1460–1462 = WA 1, 543,14f. 22–24 (Resolutiones disputationum de indulgentiarum virtute, 1518, Conclusio VII); 323,23–28. 32–34 (Sermon von der Buße, 1518).

48 Vgl. oben III. 1, bei Anm. 23.

49 Ende von Caput 9, DH 1534.

50 Dieses entscheidende Argument für die Heilsgewißheit im Kontext der Theologie des Bußsakramentes ist herausgearbeitet bei *O. Bayer,* Promissio. Geschichte der reformatorischen Wende in Luthers Theologie, Göttingen 1971, 164–202; und

bei *W. Schwab*, Entwicklung und Gestalt der Sakramententheologie bei Martin Luther, Frankfurt am Main–Bern 1977, 77–144.

51 Vgl. DH 1461.

52 Vgl. dazu *O. H. Pesch*, Theologische Überlegungen zum »Subjektivismus« Luthers. Zur Frage: Über Lortz hinaus?, in: *R. Decot/R. Vinke* (Hg.), Zum Gedenken an Joseph Lortz (1887–1975). Beiträge zur Reformationsgeschichte und Ökumene, Stuttgart 1988, 106–140; dort Literatur zum Forschungsstand.

53 Zu Luther vgl. der Kürze halber *Pesch*, Hinführung zu Luther (s. Anm. 31), 116–133. Dort Stellenmaterial und Literatur.

54 Diesen Satz notiert sich Cajetan im zweiten der Traktate (26. September 1518), die er für sich persönlich zur Vorbereitung auf das Gespräch mit Luther in Augsburg in der Form von Thomas-Artikeln ausarbeitete, hier als Reaktion auf Luthers These von der bedingungslosen Gewißheit der Absolution im Bußsakrament. Die Traktate waren bis vor kurzem nur in einer alten Edition (Lyon 1575) zugänglich. Inzwischen liegen sie in einer französischen Edition vor: *Ch. Morerod*, Cajetan et Luther en 1518. Edition, traduction et commentaire des opuscules d'Augsbourg de Cajetan, 2 Bde., Fribourg 1994, hier: I, 336 (Ad 5). – Zu Cajetan und Luther vgl. am besten *B. Lohse*, Cajetan und Luther. Zur Begegnung von Thomismus und Reformation (1986), in: *ders.*, Evangelium in der Geschichte [I]. Studien zu Luther und der Reformation, Göttingen 1988, 44–63; dort auch die jüngste Fachliteratur; und jetzt *ders.*, Luthers Theologie in ihrer historischen Entwicklung und in ihrem systematischen Zusammenhang, Göttingen 1995, 125–134.

55 Vgl. *Th. v. Aquin*, Summa Theologiae, I–II 112,5; dazu *Pesch*, Theol. der Rechtfertigung (s. Anm. 17), 748–757.

56 Vgl. dazu *S. Pfürtner*, Luther und Thomas im Gespräch. Unser Heil zwischen Gewißheit und Gefährdung, Heidelberg 1961; und *Pesch*, ebd.

57 Worüber es keinen kontroverstheologischen Streit mehr gibt. Vgl. dazu *O. H. Pesch*, Glaube als Lebensweisheit. Zum Glaubensbegriff in der gegenwärtigen katholischen und evangelischen Theologie, in: *W. Baier u. a.* (Hg.), Weisheit Gottes – Weisheit der Welt (Festschrift Joseph Kardinal Ratzinger), 2 Bde., St. Ottilien 1987, I, 453–492.

58 Vgl ausführlicher in meinen in Anm. 22 erwähnten Darstellungen.

59 Der volle Titel lautet: *Catechismus ex decreto Concilii Tridentini ad parochos Pii V. Pont. Max. iussu editus* [Katechismus nach dem Beschluß des Trienter Konzils für die Pfarrer im Auftrag des Papstes Pius V. herausgegeben], Rom 1566.

60 Vgl. *Jedin*, Geschichte, II, 246 f.

61 *Fransen*, Dogmengeschichtliche Entfaltung (s. Anm. 7), 717.

62 *P. II*, De Baptismi sacramento, N. 50.

63 So *Diekamp-Jüssen*, Katholische Dogmatik, II, Münster [10]1952, 10.

64 Vgl. die Untersuchungen von *Maron* und *Lohse* (s. Anm. 14).

65 Vgl. die entsprechenden Beiträge in dem in Anm. 52 genannten Gedenkband.

66 Concilium 1 (1965) 574–583.

67 A.a.O. 582.

# Die Rechtfertigungsproblematik im ökumenischen Dialog

## Vom Malta-Papier bis zur Gemeinsamen Erklärung

HARALD WAGNER

### 1. Allgemeine Hinführung: »Der Maltabericht«

Viele und vielfältige Gründe haben im 16. Jahrhundert zur Spaltung der Kirche des Westens geführt. Sie umfassen auch wirtschaftliche, politische und soziale Dimensionen. Zentral und entscheidend war aber das je unterschiedliche Verständnis des Evangeliums, das die Rechtfertigung des Sünders aus Gnade allein im Glauben an die Heilstat Christi mitteilt. Zwar wollten die Reformatoren keine Spaltung der Kirche, aber schließlich ist sie doch eingetreten. Bemühungen, die Einheit schon im 16. Jahrhundert wieder herzustellen, blieben ohne Erfolg. Nach Jahrhunderten der Trennung und der Gegensätze waren die Kirchen erst im 20. Jahrhundert in der Lage, neue Schritte aufeinander hin zu tun. Dabei mußte natürlich jenem Punkt ganz besondere Aufmerksamkeit geschenkt werden, der theologisch von so großer Bedeutung für das Geschehen der Kirchenspaltung gewesen war, nämlich dem Verständnis von der Rechtfertigung und von ihrem Stellenwert im Ganzen der christlichen Botschaft, dem Verständnis der Rechtfertigungslehre. Daß sich dies noch einmal in besonderem Maße zuspitzen mußte in jenen ökumenischen Gesprächsgängen, bei denen gewissermaßen die Nachfolger und Sachwalter der Hauptmatadoren aus der Reformationszeit im Gespräch waren, also in den Dialogen zwischen dem Lutherischen Weltbund und der römisch-katholischen Kirche (kurz: im katholisch-lutherischen Dialog), versteht sich fast von selbst.

Zunächst – ohne Einzelheiten dieses Dialogs in Erinnerung zu rufen – ist es doch wichtig, sich vorab klar zu machen, daß die »Gemeinsame Erklärung« (GE), um die es hier geht, nicht eigentlich ein »neues« Dokument ist. Sie ist aus dem offiziellen Dialog zwischen Katholiken und Lutheranern erwachsen. Theologisch vorbereitet und flankiert durch wissenschaftliche Untersuchungen wie die von *Hans Küng* (über die Rechtfertigungslehre von Karl Barth im Vergleich mit der des Konzils von Trient) von *Otto Hermann Pesch* (über die Rechtfertigungslehre von Thomas von Aquin und Martin Luther), von *Ulrich Kühn, Stephanus Pfürtner* und anderen, konnte bereits das Ergebnis der ersten Dialogphase zwischen Lutheranern und Katholiken (1966–1972) – der sogenannte »Maltabericht« von 1972 – einen »weitreichenden Konsens« in der Rechtfertigungslehre konstatieren. Deshalb macht es Sinn, den Weg hin zur GE eben mit dem »Maltabericht« beginnen zu lassen. Der »Maltabericht«, der den bezeichnenden Titel trägt: »Das Evangelium und die Kirche«, konstatiert also eine Verständigung in dem Punkt, wo »die traditionellen kontroverstheologischen Auseinandersetzungen besonders ausgeprägt waren« (Nr. 26). Die Fragen der Rechtfertigungsproblematik selber hatte man freilich im Dialog nicht wirklich durchdiskutiert, war man doch der Ansicht, die theologisch-ökumenische Forschung der Jahre zuvor hätte diese Thematik im wesentlichen aufgearbeitet. Trotzdem dachte man am Ende des Gesprächsgangs an einen Fortgang bzw. eine Vertiefung der Sachdiskussion, z. B. hinsichtlich der »ekklesiologischen Implikationen« der Rechtfertigungslehre. Zu einer Vertiefung der Diskussion um die Rechtfertigung selbst ist es zunächst nicht gekommen, wohl aber waren diesbezügliche Fragen präsent und auch indirekt bestimmend, z. B. bei den Gesprächen über das Herrenmahl, über das kirchliche Amt, über die Ehe.
Im Anhang der offiziellen Ausgaben der GE von 1997 sind in den Quellen Hinweise auf verschiedene Schriften enthalten, die sozusagen die wichtigsten Vorarbeiten darstellen. In den Teilen 3 und 4 der GE wird auf Formulierungen aus verschiedenen katholisch-lutherischen Dialogen zurückgegriffen. Es handelt sich vor allem um folgende Dokumente:

– »Alle unter einem Christus«. Stellungnahme der Gemeinsamen

Römisch-katholischen / Evangelisch-lutherischen Kommission zum Augsburgerischen Bekenntnis, 1980.

- »Justification by Faith«. Lutherisch-katholischer Dialog in den USA, 1983.
- »Lehrverurteilungen – Kirchentrennend«? 1986.

Dazu kommen noch einige andere Texte, wie z. B. das »Gutachten des Päpstlichen Rates zur Förderung der Einheit der Christen zur Studie: Lehrverurteilungen – Kirchentrennend?« (1992).

## 2. »Justification by Faith«; »Lehrverurteilungen«

(1) Im *lutherisch-katholischen Dialog in den USA* waren seit 1965 folgende Themen behandelt worden: »Der Status des Nizänischen Glaubensbekenntnisses als Dogma der Kirche«, »Eine Taufe zur Vergebung der Sünden«, »Die Eucharistie als Opfer«, »Eucharistie und Amt«, »Päpstlicher Primat und universale Kirche« und »Lehrautorität und Unfehlbarkeit der Kirche«. Man kam relativ spät zur Rechtfertigungsproblematik, wohl deshalb, weil man (wie bei den Verfassern des »Maltaberichtes«) der Meinung war, die Kontroverse sei bereits ökumenisch-theologisch aufgearbeitet. Die Studie von 1983[1] bringt den gemeinsamen Glauben an bzw. die gemeinsame Hoffnung auf »Gottes Erlösungswerk und Verheißung in Jesus Christus« (Nr. 4) zum Ausdruck. Der gemeinsame Glaube besagt, »daß es Gott in Christus allein ist, auf den die Gläubigen letztlich ihr Vertrauen setzen« (Nr. 158). Interessanterweise wird die Übereinstimmung (»agreement«) von der christologisch-soteriologischen Basis ausgesagt, hinsichtlich der Entfaltung im einzelnen gäbe es aber – bei allen Konvergenzen – Unterschiede, u. a. in der Terminologie. So heißt es z. B. hinsichtlich des »sola fide«: Wir kommen darin überein, daß wir Glaube und Hoffnung auf Jesus Christus setzen, aber: »Die Übereinstimmung in dieser christologischen Aussage beinhaltet nicht notwendigerweise eine volle Übereinstimmung zwischen Katholiken und Lutheranern im Blick auf die Rechtfertigung durch den Glauben, doch sie wirft ... die Frage auf, ob die noch verbleibenden Unterschiede in dieser Lehre kirchentrennend sein müssen« (Nr. 4). Eine wichtige ökumenische

Einsicht bricht sich hier Bahn, die sich erst heute in ihrer ganzen Tragweite entfaltet: Es muß im Blick auf Kircheneinheit Übereinstimmung in dem erzielt werden, was zum Grundlegenden einer bestimmten Glaubensaussage gehört. Verbleibende Differenzen bzw. die Entfaltung des Grundlegenden in den einzelnen Theologien und theologischen Traditionen muß keinen kirchentrennenden Charakter haben. Es kann sich, so wird man später sagen, um komplementäre Aussagen handeln, die in der einen Kirche Jesu Christi nicht nur nebeneinander Platz haben, sondern sich sogar (wie das Wort »komplementär« ja besagt) als wechselseitige Ergänzungen erweisen könnten.

(2) In der deutschen Studie *»Lehrverurteilungen – kirchentrennend«?* (1986)[2] heißt es dann in der Tat: »Was ursprünglich gegensätzlich exklusiv angesagt war, kann sich heute nicht selten als komplementär erweisen« (S. 16f.). Ich rufe in Erinnerung: Die Studie war entstanden in Folge des ersten Papstbesuchs in Deutschland (1980). Man hatte erkannt, daß bestimmte Wünsche, die von evangelischer Seite dem Papst vorgetragen worden waren (z. B. Eucharistiegemeinschaft) wohl nur dann grundsätzlich angegangen werden könnten, wenn man sie bei den geschichtlichen Wurzeln packte, sprich: bei den wechselseitigen Verwerfungen des 16. Jahrhunderts. War z. B. in den evangelischen Bekenntnisschriften die Messe nicht eine »vermaledeite Abgötterei« genannt? Legte sich da nicht die Frage nahe, gegen wen sich eine solche Verurteilung damals überhaupt richtete, ob sie die gemeinte Position korrekt getroffen hatte, ob sie auch heute noch die Position des Partners treffe; welche Bedeutung etwa heute noch bestehende Differenzen zwischen den Konfessionen haben könnten. Diese Fragen wurden in der Studie gestellt und beantwortet im Blick auf die Rechtfertigungslehre, die Sakramentenlehre im allgemeinen, auf einige Sakramente im besonderen (Eucharistie, Amt) – also im Blick auf die Komplexe, auf welche sich vor allem die wechselseitigen Verwerfungen der Reformationszeit beziehen. Die Studie stellt nicht nur fest, daß die damaligen Verwerfungen den Gegner nicht getroffen haben, sondern konstatiert auch für heute »ein hohes Maß an wechselseitiger Verständigung … nicht nur im fundamen-

talen Bekenntnis zu dem einen Herrn Jesus Christus, sondern auch in zentralen Themen christlicher Lehre« (S. 32). Das betrifft vor allem die Rechtfertigungslehre. Es geht nicht um die Feststellung eines vollen Konsenses, sondern letztlich darum, durch sachgerechte Bearbeitung der Vergangenheit den Weg für weitere Annäherung zu bereiten. Die Arbeit an den Lehrverurteilungen des 16. Jahrhunderts sollte also nicht so etwas wie ein Schlußstrich sein, sondern der Beginn eines umfassenden gesamtchristlichen Prozesses, der in die Lage versetzt, aufgrund der Erkenntnis, daß die geschichtlichen Fundamente nicht das Spaltungspotential enthalten, wie einst geglaubt, einen gemeinsamen Weg in die Zukunft einzuschlagen.

In sieben Schritten bzw. Arbeitsgängen zeigt dann die Studie das Gegenstandslose der früheren Verwerfungen bzw. die bestehenden Konvergenzen auf (menschliche Natur; Konkupiszenz; Mitwirkung des Menschen; Gnade als Qualität; »sola fide«; Heilsgewißheit; gute Werke).

Zu dem Dokument über die Lehrverurteilungen gab es später noch eine *Stellungnahme des römischen Einheitsrates.*

Dieses Gutachten ist nicht offiziell publiziert, es ging u. a. den Vorsitzenden der »Gemeinsamen Ökumenischen Kommission« zu. Jedoch ist der Text allgemein bekannt und unterliegt natürlich keinerlei Geheimhaltung, schon gar nicht durch Personen, die hier selbst produktiv beteiligt waren.

So mahnt das Gutachten aus Rom, die Differenz zwischen *Offenbarung* und *Offenbarungszeugnis* zu beachten. Offenbarung ist keine Summe von Satzwahrheiten, sondern die geschichtliche, in Christus kulminierende personale Selbstoffenbarung und Selbstmitteilung Gottes. Selbst die Hl. Schrift ist nicht identisch mit der Offenbarung, sondern »nur« Zeugnis von der Offenbarung, wenn auch normatives Zeugnis, das für alle weitere Bezeugung und Weitergabe dieser Bezeugungen maßgeblich ist. Diese Bezeugungen bedürfen wegen der Geschichtlichkeit der Offenbarung und der Offenbarungszeugnisse selbst der stets aktualisierenden Auslegung, der »auslegenden Aneignung«, wie Joseph Ratzinger einmal in einem Beitrag über das Problem der Dogmengeschichte formulierte.[3] In dieser Differenz gründet die nie einholbare Tran-

szendenz der Offenbarungswirklichkeit und -wahrheit gegenüber jeder Versprachlichung. Der Glaubensakt, so hatte schon Thomas von Aquin erkannt, richtet sich nicht auf irgendwelche dogmatischen Formulierungen, sondern auf die Sache selbst. In jedem Dogma gibt es eine gewisse Inkongruenz zwischen der sprachlichen Formulierung und der Sache, die angesprochen ist. »Jeder dogmatischen Formel«, so fährt das Gutachten des Einheitsrates mit Ratzinger fort, wohnt damit ein doppeltes Ungenügen inne: Auf der einen Seite ihr Abstand von der Wirklichkeit, die sie auszudrücken versucht; auf der anderen Seite ihre Teilhabe an der geschichtlich bestimmten und geschichtlich relativen Welt der Menschen, die in dieser Formel ihre Glaubenserkenntnis ausgedrückt haben. Das mindert die totale Endgültigkeit der Formel, ohne die Endgültigkeit der in ihr gemeinten Sache ... aufzuheben« (S. 25). Aus der geschichtlichen Bedingtheit und Begrenztheit aller, also auch dogmatischer Aussagen folgt nicht nur die Legitimität und Notwendigkeit ständiger Interpretationsbemühungen entsprechend gewandelter Kontexte, sondern auch die Korrekturfähigkeit und unter Umständen Korrekturbedürftigkeit lehramtlicher Aussagen. Zitat weiter: »Die geschichtliche Bedingtheit begründet auch die legitime Pluralität komplementärer theologischer Modelle«.
Daß in diesem Zusammenhang auch die Rede des Zweiten Vatikanums von der »Hierarchie der Wahrheiten« (UR 11) in Erinnerung zu bringen ist, versteht sich fast von selbst. Im Sinn des Konzils handelt es sich bei der Rede von der »Hierarchie der Wahrheiten« nicht um ein Prinzip der Reduktion, sondern der Interpretation. Die christliche Lehre bildet ein differenziertes Strukturganzes, dessen Grund und Mitte das Christusgeheimnis ist. Die dogmatische Entfaltung bzw. Illustrierung dieser Grundwahrheit ist nicht diese selbst.
Ebenso bringt Rom die Bedeutung von theologischem Erkenntnisfortschritt ins Spiel, von neuen Sacheinsichten usw.

(3) Mit diesem Dokument sind wir schon relativ nahe an der GE. Ein wichtiges Zwischenglied ist noch das Dokument »*Kirche und Rechtfertigung: Das Verständnis von Kirche im Licht der Rechtferti-*

*gungslehre«* (1994). Zum ersten Mal nach der Arbeit am »Maltabericht« war Rechtfertigung im lutherisch-katholischen Dialog (jetzt in der dritten offiziellen Dialogphase, 1986–1993) das explizite Thema (»Justification by Faith« und »Lehrverurteilungen« waren ja »nur« Studien auf jeweils nationaler Ebene gewesen). Auch hier wird ein weitreichender Konsens in puncto Rechtfertigung (in ihrem Bezug zur Kirche, bzw. hinsichtlich des wechselseitigen Verhältnisses von Kirche und Rechtfertigung) festgestellt.

Zu einigen Schwerpunkten und Details: Auch nach den Annäherungen bezüglich der Rechtfertigungslehre in den genannten Dokumenten, in noch weiteren als in den genannten und in wissenschaftlichen Studien wurde immer wieder darauf hingewiesen, daß damit das so wichtige Verhältnis zwischen Rechtfertigung und Kirche (genauer: zwischen Rechtfertigung und der von der Kirche beanspruchten Heilsvermittlung) noch nicht hinreichend geklärt sei. Bis heute haben katholische Autoren oft die Meinung vertreten, lutherische Rechtfertigungslehre mache kirchliche Heilsvermittlung überflüssig, die Exklusivität des Rechtfertigungsglaubens fördere eine individualistische christliche Frömmigkeit. In der Tat ist für den Lutheraner der Rechtfertigungsglaube der Kern christlicher Existenz – aber dieser Kern aktualisiert sich in der Gemeinde, die Jesus Christus mit seinem eigenen Blut erkauft und der er die Heilsmittel von Wort und Sakrament anvertraut hat. Jedoch schon am Beginn der Reformation meinte Kardinal Cajetan im Blick auf Luthers siebte Ablaßthese (dort geht es um die Unterwerfung des Sünders unter das vom Priester verwaltete Beichtsakrament): »Das heißt eine neue Kirche bauen«, weil er offensichtlich eine Abwertung von Kirche im Vergleich mit dem bestehenden Kirchenbild befürchtete. Luther seinerseits wurde nie müde, auf den Rechtfertigungsglauben als den »articulus stantis et cadentis ecclesiae« hinzuweisen. Kirche und Rechtfertigung in ihrem Verhältnis zueinander, das war von Anfang an ein Thema der Kontroverse zwischen Lutheranern und Katholiken. Das Dokument »Kirche und Rechtfertigung«, darf auch nicht isoliert gesehen werden. Es ist Ergebnis der dritten Dialogphase zwischen dem Lutherischen Weltbund und dem Päpstlichen Einheitsrat von

1986 bis 1993, wurde auf der letzten Sitzung am 11.9. 1993 verabschiedet und Anfang 1994 in Deutsch und Englisch veröffentlicht. Daß das Thema »Kirche« in der dritten Phase des Dialogs virulent wurde, hängt auch mit den Dokumenten der zweiten Dialogphase (1984–1993) zusammen, die hindrängten auf das Problem der Heilsvermittlung durch die Kirche. Da hatte es ja das Dokument *»Das Herrenmahl«* gegeben (1978), *»Das Geistliche Amt in der Kirche«* (1981) sowie zwei Dokumente über konkrete Kirchengemeinschaft. Nun sollte gefragt werden, in welchem Sinne der Rechtfertigungsglaube Kriterium für das Kirchenverständnis ist, und das katholische sowie das lutherische Kirchenverständnis sollten dann diesem »Test« unterzogen werden. In diesem Kontext gab es mehrere Aufträge für Arbeitsgruppen, von denen eine sich mit der Feststellung des weitreichenden Konsenses in der Rechtfertigungslehre befassen sollte. Ein wichtiger Entwurf dazu, verabschiedet 1988 in Versailles, wurde – wie Dialogteilnehmer (Harding Meyer, Lothar Ullrich) bedauernd festgestellt haben – nicht publiziert. Man konzentierte sich im übrigen auf den Entwurf eines Dialogdokuments direkt zum Verhältnis »Rechtfertigung und Kirche« (und stellte die Arbeit zum Thema »Kontextuelle Ekklesiologie« ein).
Entscheidend ist die Feststellung, daß *beide* Kirchen die Kirche als »congregatio fidelium« verstehen (was man bisher fast exklusiv lutherisch deutete), *beide* Kirchen von der Kirche als »Sakrament des Heils« reden können (was man bisher fast exklusiv katholisch verstand). Lutherisches Kirchenverständnis deutet die Kirche nur als Empfängerin des Heils, katholisches Kirchenverständnis betont vor allem die Heilsvermittlung durch die Kirche. Damit wird die zentrale Stellung der Rechtfertigung gewahrt (auch die Heilsvermittlung durch Kirche geschieht »sola gratia«, »sola fide«), zugleich ist die Inanspruchnahme der Kirche als Werkzeug der Heilsvermittlung angesagt. Diese Grundaussage wird dann noch einmal an vier besonders kritischen Fragen durchbuchstabiert: Institutionelle Kontinuität der Kirche; ordinationsgebundenes Amt; verbindliche kirchliche Lehre; jurisdiktionelle Funktion des Amtes.
Das Ergebnis ist, global gesagt, daß die genannten Wirklichkeiten

nicht im Gegensatz zur Rechtfertigungslehre stehen, sondern daß es eigentlich nur in kritischen Grenzsituationen zu Konflikten kommen kann.

Es müßte nun eigentlich ohne Umschweife unmittelbar vom Werden der »Gemeinsamen Erklärung« die Rede sein. Ich möchte aber wenigstens noch eine relativ stabile Arbeitsgruppe ansprechen, die zwar nicht eigentlich eine offiziell bestellte Dialoggruppe war, deren Mitglieder aber teilweise in den Dialoggruppen arbeiten. Die Arbeit dieser Gruppe hat den ökumenischen Dialog in Deutschland und darüber hinaus ungemein befruchtet und gefördert. Ich meine den 1946 ins Leben gerufenen *»Ökumenischen Arbeitskreis evangelischer und katholischer Theologen«*.

Am Anfang stehen Namen wie die vom Erzbischof – dem späteren Kardinal – Lorenz Jaeger von Paderborn sowie von dem Oldenburgischen Landesbischof Wilhelm Stählin. Dazu kamen Theologen wie Karl Bernhard Ritter und Edmund Schlink auf evangelischer, Josef Höfer und Hermann Volk auf katholischer Seite. Karl Lehmann und Wolfhart Pannenberg, die ich hier weiter nicht vorzustellen brauche, waren später die Zentralfiguren im Arbeitskreis. Eine von Barbara Schwahn bei Wolfhart Pannenberg erarbeitete Dissertation gibt detaillierten Einblick in die Umstände der Gründung dieses Kreises, seine Zielsetzung und seine Arbeitsweise, in Krisenzeiten und Umbrüche.[4] Der Arbeitskreis hat sich schon vor 1975 – wie könnte es auch anders sein? – mit der Rechtfertigungsproblematik befaßt. Bereits hinsichtlich der Fragen, die sich aus der Beteiligung des Menschen am Vorgang seiner Rechtfertigung ergeben (z. B. bezüglich der Freiheit des Menschen, oder der Folgen für das ethische Verhalten), kam man zur Erkenntnis vieler Gemeinsamkeiten. Gemeinsamkeiten waren auch festzustellen bei der Übertragung dieser Probleme auf institutioneller Ebene, also hinsichtlich der Frage, inwieweit die Kirche (als menschliche Institution) bei der Heilsvermittlung eine Rolle spielte. Hier geht es schon in den Vierziger, Fünfziger und Sechziger Jahren um Annäherung in Positionen, die man dann etwa im Kontext des Dokumentes »Kirche und Rechtfertigung« bedachte – etwa im Blick auf die Heiligkeit bzw. Sündhaftigkeit der Kirche, auf das Rechtliche in der Kirche, auf das kirchliche Amt unter vielen Aspekten. Bekanntlich wurde die frühere Arbeit des Arbeitskreises dann im Projekt der Aufarbeitung der Lehrverteilungen des 16. Jahrhunderts fortgeführt, wobei interessant ist, daß der Arbeitskreis schon bei seiner frühen Beschäftigung mit den Lehrverurteilungen glaubte sagen zu können, daß bestimmte tridentinische Verwerfungen der lutherischen Partner nicht mehr treffen. Die Arbeit von Schwahne weist im einzelnen nach, daß das Dokument »Lehrverurteilungen-Kirchentrennend«? nicht einfach eine Schlußfolgerung aus den konkreten Vorarbeiten der 80er Jahre ist, sondern der gesamten, langjährigen Arbeit des Ökumenischen Arbeitskreises. Damit schließt sich der Kreis, es zeigt sich, auf welchen Voraussetzungen die verschiedenen Ergebnisse der neueren Dialoge aufruhten.

## 3. Das Werden von GE

Da nun die Ergebnisse der internationalen Dialoge und der genannten nationalen Dialoge konvergierten und die offiziellen Stellungnahmen zur Lehrverurteilungsstudie differenziert, aber weitgehend positiv ausgefallen waren, entschloß man sich 1993 von seiten des Lutherischen Weltbundes und des Päpstlichen Rates für die Einheit der Christen, Bilanz zu ziehen und die Fülle des vorliegenden Materials in einem kurzen Dokument zusammenzufassen und den Kirchen zur offiziellen Rezeption vorzulegen. Vom 1.–5. März 1994 tagte in Genf eine kleine Expertenkommission von sechs Personen, um einen ersten Entwurf zu erarbeiten (katholisch: Dr. Raem, Rom; Prof. George Tavard, USA; Prof. Lothar Ullrich, Erfurt; lutherisch: Dr. Brand, Genf; Dr. Reumann, USA; Prof. Harding Meyer, Deutschland). Nach Austausch von Modi unter den Autoren, Beratungen beim Einheitsrat in Rom und beim Lutherischen Weltbund in Genf erarbeitete eine Redaktionskommission in Rom, fast identisch mit der »Erstkommission«, eine erste Fassung der vorgesehenen Erklärung, die – nach nochmaligen Beratungen auf verschiedener Ebene – Anfang Februar 1995 (mit dem Zusatz »strictly confidential«) vorlag. Diese Fassung wurde nochmals (jetzt auf breiterer Basis, z. B. durch kath.

Bischofskonferenzen und lutherische Synoden) beraten und vom 3.–7 Juni 1996 in Würzburg zu einer Textfassung verarbeitet, die als »Würzburg I« bekannt ist. Eigentlich sollte dieser Text offiziell verabschiedet werden, und zwar im Hinblick auf bestimmte Jubiläen (Gründung des LWB 1947; Rechtfertigungsdekret von Trient 1547). Der Zeitraum erwies sich aber als zu knapp, vor allem wegen der vom LWB erwünschten Stellungnahme der Mitgliedskirchen. Die Voten dieser Kirchen sowie (katholischerseits) die Beratungen zwischen Einheitsrat und Glaubenskongregation (sowie die Berücksichtigung von Rückäußerungen einiger Bischofskonferenzen) führte nochmals zu Änderungen, die zum Text »Würzburg II« führten (Tagung der Arbeitsgruppe vom 16.–18. 1. 1997 in Würzburg). Strukturierend für diesen Text (»Würzburg II«) waren also Voten aus Gesprächen im Einheitsrat, in der Glaubenskongregation und in Bischofskonferenzen einerseits und verschiedenen lutherischen Stellen andererseits. Die katholischen Änderungswünsche bezogen sich vor allem auf die Punkte 18, 20, 24, 30, 37. Inzwischen berühmt wurde in erster Linie die Änderung in Nr. 18.[5] Dort heißt es von der Rechtfertigungslehre, sie sei ein »Kriterium, das die gesamte Lehre und Praxis der Kirche unablässig auf Christus hin orientieren will«. Sie sei nicht nur ein Teilstück der christlichen Glaubenslehre. Endgültig heißt es sinngemäß, es handle sich zwar in lutherischer Sicht um das entscheidende Kriterium, in katholischer Sicht aber sei die Rechtfertigungslehre im Gesamtverbund der fundamentalen Heilswahrheit und der Vermittlung des Heils zu sehen. In Nr. 20 wird die katholische Position hinsichtlich der Mitwirkung des Menschen dahingehend präzisiert, daß »der Mensch bei der Vorbereitung auf die Rechtfertigung und deren Annahme durch seine Zustimmung zu Gottes rechtfertigenden Handeln ›mitwirke‹«. Ebenso wird in Nr. 24 die Aktivität des menschlichen Willens betont (wenn natürlich auch die Wirkung der göttlichen Gnade unbestritten bleibt)! Nr. 30 versucht, das katholische Verständnis der Konkupiszenz in größere Nähe zum Konzil von Trient zu umschreiben. Ähnliches gilt von der Frage der Heilsgewißheit in Nr. 37. Besonders umfangreich war eine Modi-Liste des Deutschen Nationalkommitees des LWB. Steht am Anfang des von mir vorzustellenden Gesprächszeitraums ein »weitreichender« Konsens in der Rechtfertigungsproblematik, so zeigt das endgültige Dokument (»Würzburg II«), einen »differenzierten Konsens« an – inzwischen ein Schlüsselbegriff zum Verständnis des Dokumentes.

## Anmerkungen

1 Der Text des Dokuments »Rechtfertigung durch den Glauben« findet sich in: *H. Meyer/G. Gaßmann* (Hrsg.), Rechtfertigung im ökumenischen Dialog (=Ökumenische Perspektiven Nr. 12), Frankfurt/M. 1987, 107–200.

2 *Ökumenischer Arbeitskreis evangelischer und katholischer Theologen*, Lehrverurteilungen kirchentrennend? (hrsg. v. *K. Lehmann, W. Pannenberg*, Freiburg/Br. 1986, 32.

3 *J. Ratzinger*, Das Problem der Dogmengeschichte in der Sicht der katholischen Theologie, Köln und Opladen 1966, 27.

4 *B. Schwahn*, Der ökumenische Arbeitskreis evangelischer und katholischer Theologen von 1946 bis 1975, Göttingen 1996.

5 Vgl. den Text der GE im Anhang dieses Buches, 164–184.

# Die Gemeinsame Erklärung zur Rechtfertigungslehre aus evangelischer Sicht

WOLFHART PANNENBERG

Die Gemeinsame Erklärung zur Rechtfertigungslehre ist in den beiden letzten Jahren Gegenstand eines Streits zwischen evangelischen Theologen geworden, jedenfalls in Deutschland. In anderen Teilen des Weltluthertums, etwa in den USA, blicken theologische Beobachter mit einiger Verwunderung auf diesen Streit, der sich ihnen als Ausdruck einer typisch deutschen Neigung zu Überspitzungen darstellt. Das Votum der 160 deutschen Theologieprofessoren vom Januar 1997 wendet sich denn auch nicht nur gegen die Behauptung eines Konsenses in »den« Grundwahrheiten der Rechtfertigungslehre (also in allen), sondern bestreitet in seinem zweiten Artikel jeden solchen Konsens mit Ausnahme eines Teilkonsenses zum Verhältnis von Gesetz und Evangelium. Solche überscharfe Kritik wird dem Text der Gemeinsamen Erklärung nicht gerecht, obwohl dieser Text eine Reihe von Formulierungen enthält, die durchaus als kritikbedürftig erscheinen. In zentralen Punkten der Rechtfertigungslehre hat die Gemeinsame Erklärung ein bemerkenswert hohes Maß an Übereinstimmung zum Ausdruck gebracht.

## 1. Glaube und Rechtfertigung: Übereinstimmungen

*Der Streitpunkt*

Das ist vor allem in bezug auf das Verhältnis von *Glaube und Rechtfertigung* der Fall. Dieses Thema stand in der Reformationszeit im Zentrum des Streits über die Rechtfertigung. Denn nach Paulus sind wir vor Gott gerecht durch den Glauben an das Evangelium von Jesus Christus, weil wir nur durch den Glauben an Christus den Erweis der Bundesgerechtigkeit Gottes in Tod und Auferweckung Jesus Christi für uns anerkennen und gelten lassen. »So halten wir dafür, daß der Mensch durch den Glauben gerechtfertigt werde ohne des Gesetzes Werke« (Röm 8,28). Luther übersetzte diesen Satz, indem er das Wort »allein« hinzufügte: Der Mensch wird gerecht »ohne des Gesetzes Werke, allein durch den Glauben«. Diese Formel »allein durch den Glauben« löste das hartnäckige Mißverständnis aus, als ob nach lutherischer Lehre der Glaubende ohne gute Werke, ohne Gehorsam gegen die Gebote Gottes, selig werde. Luther hat sich von Anfang an, besonders in seinem Sermon von den guten Werken (1520), aber auch in seiner Schrift von der Freiheit eines Christenmenschen aus demselben Jahr, gegen diese Mißdeutung gewehrt, indem er die Zusammengehörigkeit von Glaube und guten Werken betonte. Die guten Werke folgen notwendig aus dem rechtfertigenden Glauben. Aber sie sind keine Bedingung der Gerechtigkeit des Menschen vor Gott, die zum Glauben an das Evangelium von Jesus Christus noch hinzukäme.

Diese Position ist in den damaligen Streitigkeiten nicht richtig verstanden worden. Noch das Konzil von Trient hat 1547 in seinem Dekret über die Rechtfertigung die Formel von der Rechtfertigung durch den Glauben allein verworfen (DH 1559, can. 9), weil die Konzilsväter den Begriff Glaube in einem engeren Sinne als die Reformatoren auffaßten, nämlich als Zustimmung zur Kirchenlehre (DH 1526). Daher galt ihnen der Glaube zwar als Anfang des Prozesses der Rechtfertigung, der im Empfang des Taufsakraments kulminiert, und als Anfang dieses Prozesses heißt der Glaube bei ihnen auch »Fundament und Wurzel der ganzen Rechtfertigung« (*fundamentum et radix omnis iustificationis,* DH 1532), aber zum Glauben müssen doch Hoffnung und Liebe noch hinzutreten, weil sonst der Glaube nicht völlig *(perfecte)* mit Christus vereint (DH 1531). Der Glaube gehört hier also zur Disposition oder Vorbereitung auf die Rechtfertigung (DH 1526), und die Rechtfertigung selbst *(iustificatio ipsa)* folgt erst darauf mit dem Akt der Taufe (DH 1528f.).

*Die Übereinstimmung*

Man muß diesen Lehrgegensatz zwischen der reformatorischen Lehre von der Rechtfertigung allein durch den Glauben und der Lehre des Trienter Konzils vor Augen haben, um zu ermessen, was es bedeutet, daß in der Gemeinsamen Erklärung zur Rechtfertigungslehre Lutheraner und römische Katholiken heute gemeinsam sagen können: »Wir bekennen gemeinsam, daß der Sünder durch den Glauben an das Heilshandeln Gottes in Christus gerechtfertigt wird« (GE 25). Der Glaube ist hier ohne Einschränkung als Gegenstand der Rechtfertigung genannt. Diese gemeinsame Aussage wurde möglich, weil beide Seiten jetzt den umfassenden paulinischen Begriff des Glaubens teilen, der »auf Gottes gnädige Verheißung vertraut« (ebd.). Würde man auf katholischer Seite weiter mit dem engen Begriff des Glaubens als Zustimmung zur Kirchenlehre arbeiten, dann müßte auch weiterhin mit dem Konzil von Trient gesagt werden, daß solcher Glaube nur Anfang der Rechtfertigung sein kann. Mit dem umfassenden paulinischen Begriff des Glaubens als Vertrauen auf Gottes Verheißung aber können nun beide Seiten gemeinsam erklären, »daß der Mensch im Glauben mit Christus vereinigt wird, der in seiner Person unsere Gerechtigkeit ist (1. Kor 1,30)« (GE 22); und darum kann nun auch gemeinsam gesagt werden: »... alles, was im Menschen dem freien Geschenk des Glaubens vorausgeht und nachfolgt, ist nicht Grund der Rechtfertigung und verdient sie nicht« (GE 25).

Das ist der Sache nach das reformatorische *sola fide.* Wenn nichts, was im Menschen dem Glauben vorausgeht oder nachfolgt, Grund der Rechtfertigung ist oder sie verdient, dann heißt das doch, daß der Mensch allein durch den Glauben vor Gott gerecht ist; immer vorausgesetzt, daß der Begriff des Glaubens dabei weder dem Sakrament der Taufe, noch auch der »Erneuerung der Lebensführung« durch den Heiligen Geist entgegengesetzt wird. Beides aber wäre unreformatorisch. Von der Erneuerung der Lebensführung wird in der Erklärung mit Recht gesagt, daß sie »aus der Rechtfertigung notwendig folgt« und daß ohne sie »kein Glaube sein kann« (GE 26). Das Verhältnis der Abfolge ist hier entscheidend. Die guten Werke gehen der Rechtfertigung nicht voraus, sondern folgen aus dem rechtfertigenden Glauben. Der Rechtfertigung geht zwar etwas voraus, was sie begründet. Aber das sind nicht irgendwelche menschlichen Bemühungen, sondern das ist das Heilswerk Gottes in Jesus Christus und die Taufe als Handeln des Heiligen Geistes am einzelnen Menschen, durch die jedem Einzelnen das Heil Christi »als Fundament seines ganzen christlichen Lebens geschenkt« wird (GE 25). Diese Betonung der Taufe ist dem *sola fide* nicht entgegengesetzt. Denn das Heil, das uns durch die Taufe zugeeignet wird, muß das ganze Leben hindurch vom Getauften angeeignet werden, und das geschieht durch den Glauben. Diese Neubestimmung des Verhältnisses von Taufe und Glaube im Lebensvollzug des Christen bringt wieder einen neuen Gesichtspunkt gegenüber der Darstellung des Konzils von Trient, in welcher die Taufe am Ende des Prozesses stand, der mit dem Glauben begann. Jetzt ist die Taufe als Fundament des ganzen christlichen Lebens als eines Lebens im Glauben gesehen. So bleibt es dabei: Was auch immer »im Menschen dem freien Geschenk des Glaubens vorausgeht und nachfolgt, ist nicht Grund der Rechtfertigung und verdient sie nicht« (GE 25).

Der Vorsitzende der VELKD, Landesbischof Horst Hirschler, hat mit Recht an die Verfasser des gegen die Gemeinsame Erklärung gerichteten Votums geschrieben: »Wenn ›alles‹ andere der Grund der Rechtfertigung nicht sein kann, sondern nur das ›freie Geschenk des Glaubens‹ der Grund ist, dann ist dies das lutherische ›allein aus Glauben‹.[1] Wenn das aber der Sache nach so ist, warum wird dann die Formel *sola fide* im Text der Erklärung nicht in der gemeinsamen Aussage von Art. 25, sondern erst im nächsten Artikel des Dokuments genannt als spezifisch für das lutherische Verständnis? Das entspricht dem auch in anderen neueren ökumenischen Dokumenten zur Anwendung kommenden Verfahren des sog. »differenzierten Konsenses.« Dabei wird unter Absehung von der strittigen Terminologie der entgegengesetzten Positionen der Vergangenheit eine Verständigung in der Sache zu formulieren versucht, von der her sich die ehemals entgegengesetzten Auffassungen in einem neuen Licht darstellen. Dieses Verfahren machte erforderlich, bei den gemeinsamen Aussagen auf die ehemals einander ausschließenden konfessionellen Spitzenformeln zu verzichten, zu denen eben auch das *sola fide* gehört. Keine Seite sollte im ökumenischen Dialog der anderen Seite eine Bekehrung zu den eigenen konfessionellen Formeln zumuten. Das schließt nicht aus, daß man sich über die Sache selbst soweit verständigt, daß jede Seite ihren Glauben darin wiedererkennen kann. Der Apostel Paulus hat schließlich auch das Wort »allein« nicht benutzt, obwohl er der Sache nach genau das damit Gemeinte sagte. Dasselbe gilt für den vierten Artikel des Augsburger Bekenntnisses. Es ist allerdings nicht hilfreich, sondern wirkt als Verharmlosung, wenn die früher gegensätzlichen konfessionellen Positionen nun als unterschiedliche »Entfaltungen« (GE 14 u. ö.) des gemeinsam Bekannten hingestellt werden. Bestenfalls werden die alten Lehrgegensätze entschärft im Lichte der jetzt gewonnenen Übereinstimmung.

Das ist auch der Fall bei der Frage der Heilsgewißheit des Glaubens, die eng mit dem Verhältnis von Glaube und Rechtfertigung zusammenhängt. Gemeinsam wird bekannt, daß die Gläubigen sich trotz eigener Schwachheit »auf die Barmherzigkeit und die

Verheißungen Gottes verlassen und so seiner Gnade gewiß sein« können (GE 34). Auch für die katholische Seite heißt es nun, man könne nicht im Glauben sich ganz Gott anvertrauen »und zugleich dessen Verheißungswort für nicht verläßlich halten« (GE 36). Mit diesen Aussagen ist das alte Mißverständnis der reformatorischen Lehre von der Heilsgewißheit des Glaubens, so als ob es sich dabei um eine Überschätzung der Sicherheit des eigenen Gnadenstandes des Menschen handle, behoben. Dabei ist auch hier das vertiefte Verständnis des Glaubensbegriffs entscheidend für die heute möglich gewordene Verständigung.

## 2. Grenzen der Übereinstimmung

Im Hinblick auf das Verhältnis von Glaube und Rechtfertigung und auch in bezug auf die Heilsgewißheit des Glaubens ist in der Gemeinsamen Erklärung ein voller Konsens erzielt worden. Dabei handelt es sich um die zentralen Themen der Rechtfertigungslehre, so daß die Erklärung mit Recht von einem »Konsens in Grundwahrheiten der Rechtfertigungslehre« sprechen kann (GE 40).

*Glaube und Werke*

Das gilt allerdings nicht für einige andere in der Erklärung behandelte Themen, so daß nicht in allen, also nicht in »den« Grundwahrheiten der Rechtfertigungslehre ein voller Konsens erreicht worden ist. In bezug auf das Verhältnis von Glaube und Werken wird zwar mit Recht gemeinsam gesagt, »daß gute Werke ... der Rechtfertigung folgen und Früchte der Rechtfertigung sind« (GE 37). Daß aber dadurch die empfangene Gerechtigkeit vor Gott »bewahrt« wird (GE 38f.), ist eine Formulierung, die im Widerspruch steht zu einer Lehrverurteilung der Konkordienformel (SD IV,35, BS 949). Nach lutherischer Lehre ist für die Bewahrung ebenso wie für den Empfang der Gerechtigkeit vor Gott allein der Glaube maßgeblich, der aber nicht ohne Gehorsam gegen Gottes Gebote sein kann. Letzteres zu betonen, ist wohl die Intention der Gemeinsamen Erklärung in Art. 37–39. Doch das hätte sorgfältiger formuliert werden müssen, um nicht in Gegensatz zu der in der Konkordienformel ausgesprochenen Lehrverurteilung zu geraten. Die lutherischen Mitglieder der für den Text der »Gemeinsamen Erklärung« verantwortlichen Kommission haben es hier an der gebotenen Sorgfalt der Formulierung fehlen lassen.

*»simul iustus et peccator«*

Während es sich an dieser Stelle doch wohl mehr um eine Schwäche der Formulierung handelt als um einen sachlichen Gegensatz, ist es in den Ausführungen der Gemeinsamen Erklärung über das »Sündersein des Gerechtfertigten« (GE 28–30) leider nicht gelungen, eine Übereinstimmung in der Sache zu formulieren, die die an dieser Stelle bestehenden konfessionellen Differenzen behebt. Zwar wird mit Recht gemeinsam erklärt, auch der Gerechtfertigte sei der »Macht und dem Zugriff der Sünde nicht entzogen« (28). Aber es wird auf lutherischer Seite nicht genügend deutlich, wieso der getaufte Christ »trotz der Sünde in Christus von Gott ungetrennt« und dennoch Sünder im Sinne der lutherischen Formel *simul iustus et peccator* sein soll (29), während für die katholische Seite zwar mit Paulus darauf verwiesen wird, daß in dem durch Taufe und Glaube mit Christus Verbundenen nichts ist, was »verdammungswürdig« ist (Röm 8,1), aber daraus die verharmlosende Deutung der im Getauften weiterhin wirksamen Konkupiszenz als einer bloßen »Neigung« zur Sünde gefolgert wird (30), die weder dem paulinischen Begriff der *epithymia* (Röm 7,5 ff. u. ö.), noch auch der darauf begründeten Lehre Augustins über die Konkupiszenz gerecht wird und gegen die schon der Augustinermönch Luther mit gutem Grund protestiert hat. Warum konnten sich nicht beide Seiten darauf verständigen, daß der Getaufte und an Jesus Christus Glaubende in der Tat »in Christus« frei von der Sünde ist, daß das aber nicht zu verwechseln ist mit der empirischen Lebenssituation des Christen im »Fleisch« der Sünde, in der die Christen angefochten bleiben durch die Macht der Sünde und ihrer Begierden, obwohl sie dazu berufen sind, die Sünde nicht wiederum über sich herrschen zu lassen?

Ein dritter Differenzpunkt, der unglücklicherweise durch die abschließende Überarbeitung in den Text der Gemeinsamen Erklärung gekommen ist, betrifft die Funktion der Rechtfertigungslehre als Kriterium für die Orientierung der gesamten Lehre und Praxis der Kirche auf Christus hin. In einer früheren Fassung des Artikels 18 war gemeinsam der Rechtfertigungslehre »eine umfassende kritische und normative Funktion« für Lehre und Praxis der Kirche zugeschrieben worden. An die Stelle dieser guten Formulierung ist in der Schlußfassung des Textes (Würzburg II vom 18. 1. 1997) eine unglücklich formulierte Unterscheidung der konfessionellen Positionen zu dieser Frage getreten. Gemeinsam heißt es zwar, die Rechtfertigungslehre sei »ein unverzichtbares Kriterium«, aber zugleich wird für die Katholiken von »mehreren Kriterien« gesprochen. Dabei ist besonders mißlich, daß nicht gesagt wird, um welche anderen Kriterien es sich handeln soll. Wäre dabei etwa an das Dogma von Nicaea 325 zu denken, das die Wesenseinheit des Sohnes mit dem Vater aussagt, so wäre dagegen schwerlich etwas einzuwenden. Wäre jedoch an das Papstdogma von 1870 als Kriterium für Lehre und Praxis der Kirche neben der Rechtfertigungslehre zu denken, dann würde an dieser Stelle ein tiefer Gegensatz bestehen. Wegen der hier vorhandenen Unklarheit ist die Umformulierung von Art. 18 in der endgültigen Textfassung eine Verschlechterung des Textes, die zu neuen Mißverständnissen, zu neuem Mißtrauen und zur Kritik an der ganzen Erklärung Anlaß gegeben hat.

## 3. Die Bedeutung der »Gemeinsamen Erklärung« für die ökumenische Verständigung

Solche Unvollkommenheiten des Textes dürfen jedoch den Blick dafür nicht trüben, daß mit den gemeinsamen Aussagen über das Verhältnis von Glaube und Rechtfertigung und über die Heilsgewißheit des Glaubens bei den zentralen Themen der Rechtfertigungslehre, die lange zwischen den Konfessionen strittig waren, eine Übereinstimmung erzielt worden ist, ein »Konsens«, der für die weitere Entwicklung der ökumenischen Verständigung zwischen unseren Kirchen wegweisende Bedeutung hat. Sicherlich darf man die unmittelbaren Wirkungen und Folgen dieser Erklärung nicht überschätzen. Kein einigermaßen Informierter kann erwarten, daß damit nun sofort die volle Kirchengemeinschaft hergestellt werden kann, die ihren Ausdruck in der Abendmahlsgemeinschaft findet. Dazu sind weitere Vereinbarungen nötig, vor allem über die Abendmahlslehre und über das geistliche Amt, aber auch über die übrigen Sakramente und andere Themen wie die Mariendogmen der römischen Kirche und die Stellung des römischen Bischofs in der Gesamtchristenheit. Es ist noch ein weiter Weg bis zur Wiederaufnahme der vollen Kirchengemeinschaft. Aber die Gemeinsame Erklärung über die Rechtfertigungslehre öffnet den Weg dahin. Sie räumt die Barriere beiseite, die bisher diesen Weg versperrte, nämlich die offiziellen Verurteilungen der reformatorischen Kernlehre durch die römisch-katholische Kirche. Jeder ökumenisch gesonnene, für die Einheit der Kirche Christi engagierte evangelische Christ muß froh und dankbar sein, daß das möglich geworden ist, und zwar unter voller Anerkennung der Kernaussagen der lutherischen Lehre durch Rom. Es ist nicht wahr, daß auf den Kern der reformatorischen Lehre, die Rechtfertigung durch den Glauben allein, in Zukunft verzichtet werden müßte. Und es ist auch nicht wahr, daß am Ende des damit eröffneten Weges die heutigen evangelischen Kirchen in der römisch-katholischen Kirche aufgehen müßten. Rom selbst hat diese Zielsetzung längst korrigiert: Kirchen bleiben, und eine Kirche werden – das ist die von Joseph Ratzinger formulierte Losung für die Zukunft der Ökumene. Kirchen bleiben, das heißt Fortbestand selbständiger Kirchenorganisationen, die aber untereinander Kirchengemeinschaft haben, volle gegenseitige Teilhabe am gottesdienstlichen Leben, und das heißt: *eine Kirche werden.*

### Anmerkung

1 Zit. nach epd-Dokumentation 11/98 vom 9. 3. 1998, 3.

# Die Gemeinsame Erklärung zur Rechtfertigung aus römisch-katholischer Sicht

BERND JOCHEN HILBERATH

## 1. Einleitung

Was kann ein katholischer, wenn Sie so wollen: ein römisch-katholischer Theologe, der Dogmatische Theologie in ökumenischer Verantwortung betreibt, zur Frage der Annahme oder Nichtannahme der Gemeinsamen Erklärung bzw. zur Bewertung des jeweiligen Vorgangs beitragen? Ich denke, daß sich die Antwort der Kirchen aus mehreren Teil-Antworten ergibt bzw. ergeben hat. Eine davon betrifft den Charakter des Textes: Was bedeutet das Diktum von Eberhard Jüngel und Ingolf Dalferth: »Kirchenleitungen dürften Kompromisse machen, die Theologie nicht«, im Hinblick auf die Gattung dieses Textes?[1] Weiter: Welchen Kriterien muß ein Text genügen, der keinen neuen inhaltlichen Beitrag leisten, sondern den ökumenischen Dialog auf eine »neue Stufe« stellen will, indem er an die Kirchen die Frage richtet, ob sie bereit sind, die bereits erreichten Dialogergebnisse »offiziell zu rezipieren«[2]? Hier ist nicht nur das Verhältnis der Gemeinsamen Erklärung zu anderen Texten zu berücksichtigen, sondern auch in Rechnung zu stellen, daß in einem gewissen Sinne die Gemeinsame Erklärung das erreichen will, was anderen Papieren, vor allem dem Projekt »Lehrverurteilungen – kirchentrennend ?« bislang versagt blieb, nämlich eine offizielle »römische« Antwort zu erhalten.[3]

Im Kontext der Beiträge dieses Buches habe ich mich der Frage zu widmen, ob meiner Ansicht nach die römisch-katholische Kirche von ihrer eigenen Lehrtradition her und im Blick auf die heutige Situation der Kirchen der Gemeinsamen Erklärung zumindest in ihrer Grundtendenz zustimmen kann. Die mir so gestellte Aufgabe verlangt einige methodische Hinweise:

(1) Die beiden genannten Aspekte – Zustimmung von der eigenen Lehrtradition her, Blick auf die heutige Situation – sind nicht säuberlich voneinander zu trennen. Gerade die Diskussionen der letzten Wochen haben gezeigt, daß es notwendig ist, die Aussage der Reformationszeit zugleich in ihrem historischen Kontext zu erheben und im heutigen Kontext zur Sprache zu bringen. So wenig wie die offizielle römisch-katholische Lehre einfach aus den Lehrstücken und Canones des Konzils von Trient zusammengesetzt werden kann, so wenig kann sich wohl die lutherische Seite damit begnügen, heutigen Texten möglichst die Sprachgestalt des 16. Jahrhunderts zu geben. Meines Erachtens stehen beide Seiten vor der Aufgabe, gerade an diesem Punkt zu erproben, was es heißt, den überlieferten Glauben der Väter und Mütter an die kommende Generation weiterzugeben.

(2) Die Identität des Glaubens – als von Gott geschenkte Lebensoption ebenso wie als deren Ausdruck – stellt sich dann ein, wenn es gelingt, die Gestalt des Glaubens in den Maßstäben, die nach seinem *eigenen* Verständnis für *alle* Zeiten gelten, *heute* zur Geltung zu bringen. Das impliziert – im zeitgenössischen Kontext um so mehr – von vornherein die Möglichkeit, ja die Tatsächlichkeit pluraler Ausdrucksweisen und pluraler Muster von Identität. Dies erschwert und erleichtert zugleich auch die ökumenische Situation. Es gilt, die Pluralität des Glaubenslebens der Schwesterkirchen wahrzunehmen und im Blick auf den Fortgang der ökumenischen Bewegung einzukalkulieren. Immer wieder mußte ich meinen Gesprächspartnerinnen und Gesprächspartnern in den letzten Wochen zweierlei versichern: Ihre Orientierung an dem, was die römisch-katholische Kirche offiziell sagt, bewahrt vor Illusionen. Vor Depressionen wird bewahrt, wer die Augen vor der Vielfalt des Katholizismus nicht verschließt.

(3) Zur ökumenischen Situation von heute gehört, daß keine Seite ihre Identität definieren kann, ohne die andere jeweils im Blick zu behalten. Dogmatische Theologie in ökumenischer Verantwortung

besagt genau dies: Die überlieferte Lehre der eigenen Tradition im Heute so zu formulieren, daß sie auf die Anliegen der nichtkatholischen Seite hin jeweils transparent ist. Ich hoffe, daß mir dies in einem begrenzten Ausschnitt hier gelingt.
(4) Schließlich sei im Blick auf die Diskussion der letzten Monate noch angemerkt, daß katholische Theologie nicht daran interessiert ist, lutherische Theologinnen und Theologen zu einem Konsens zu zwingen, bei dem sie ihre eigene Identität aufgeben müßten. Dies nützt auch einem katholischen Selbstverständnis und selbstredend einer ökumenischen Verständigung nichts.

## 2. Kann die römisch-katholische Kirche den Grundaussagen zustimmen?

In meinen Ausführungen will ich und muß ich mich beschränken. Ich tue dies, indem ich besonders auf den neuralgischen Punkt der Erklärung und der Debatten um sie achte, nämlich auf die Funktion der Rechtfertigungslehre als Kriterium der gesamten Theologie bzw. auf die aus einem Grundkonsens zu ziehenden ekklesiologischen Konsequenzen. Schlagwortartig formuliert: Sola fide aut etiam ecclesia (Romana-) catholica?[4]
Leider wurden in der Gemeinsamen Erklärung die Folgerungen für das Verständnis von Kirche und Amt nicht ausformuliert. Mit einem gewissen Recht wird aber genau dies erwartet – auf der Basis und in Fortführung etwa des Dokumentes *Lehrverurteilungen – kirchentrennend?*.[5] So unterstrich die Stellungnahme der *VELKD und des Deutschen Nationalkomitees des Lutherischen Weltbundes* das Herausheben der Bedeutung der Rechtfertigungslehre als kritischer Maßstab für Lehre und Praxis der Kirche im Dokument »Lehrverurteilungen – kirchentrennend?« und fügte dem einen entsprechenden Fragekatalog an, der als nach wie vor unbeantwortet gelten muß. Die Prüfung kann hier also nur indirekt erfolgen, indem ich mein Interesse auf die Textpassagen richte, in denen von der *Mitwirkung* im Rechtfertigungsgeschehen die Rede ist. Wenn, dann ist ja hier der Ansatzpunkt, um nicht zu sagen: der neuralgische Punkt zu suchen.

Entsprechend meiner Vorgabe, dogmatische Theologie in ökumenischer Verantwortung zu treiben, achte ich also im folgenden auf 4 Abschnitte in der Gemeinsamen Erklärung, in denen von der Mitwirkung des Menschen bzw. seiner Nichtmitwirkung die Rede ist. Es handelt sich um die Abschnitte 4.1, 4.2, 4.3 und 4.7. Ich frage dann jedesmal, welche Einschätzung in der zur Debatte stehenden Frage die Studie *Lehrverurteilungen – kirchentrennend?* gewonnen hat, wie dies einerseits durch die Stellungnahme der *VELKD und des Deutschen Nationalkomitees* und andererseits durch die des *Päpstlichen Rates zur Förderung der Einheit der Christen* kommentiert wird.

### 2.1 *Unvermögen des Sünders angesichts der Rechtfertigung (zu GE 4.1)*

Das in der katholischen Tradition geläufige Reden von der »Mitwirkung« des Menschen bei der Vorbereitung auf die Rechtfertigung und bei ihrer Annahme widerspricht der grundsätzlichen Übereinstimmung im Bekenntnis insofern nicht, als die Katholiken »in solch personaler Zustimmung selbst eine Wirkung der Gnade und kein Tun des Menschen aus eigenen Kräften [sehen]«.[6]

Der folgende Paragraph stellt klar, daß Lutheraner dem nicht widersprechen. Ihre Ablehnung des Redens von Mitwirkung versteht sich als Ablehnung »jeder Möglichkeit eines eigenen Beitrags des Menschen zu seiner Rechtfertigung«, leugnet aber keineswegs »sein volles personales Beteiligtsein im Glauben, da es vom Wort Gottes selbst gewirkt wird«.[7]

Ist das nicht ein Grundkonsens, eine in Sachen Rechtfertigung hinreichende Kurzformel des gemeinsamen Glaubens, wenn von beiden Seiten gesagt werden kann, »daß der Mensch im Blick auf sein Heil völlig auf die rettende Gnade Gottes angewiesen ist«?[8]

Die Studie »*Lehrverurteilungen – kirchentrennend?*« verweist auf auch heute noch mögliche Mißverständnisse sowohl der evangelischen wie der katholischen Position. Mißverständlich sei es anzunehmen, daß nach evangelischer Auffassung Gott »aus reiner Willkür einen Menschen, der davon weder betroffen noch daran beteiligt ist, [rechtfertige]«. Die katholische Sicht wäre mißverstanden, wenn sie »die vorauszusetzende göttliche Gnade nur [als] eine Selbstverständlichkeit« ansähe.[9] Positiv wird dann formuliert: »Die – oft mißverstandene – ›Passivität‹ des Menschen gegenüber Gottes rechtfertigendem Handeln bedeutet nach reformatorischer Lehre, daß der Mensch sich die Gnade Gottes nur voll und ganz schenken lassen kann, nicht aber, daß der Mensch dabei Gott nicht antworte von Person zu Person.« Und weiter heißt es, daß es beiden Seiten darum gehe, »daß der Mensch gegenüber Gott in keiner Weise auf seine eigenen Bemühungen schielen kann – auch nicht ›teilweise‹ und auch nicht nach und aufgrund der Wiedergeburt durch den Heiligen Geist –, nicht aber darum, ein wahrhaftes Beteiligtsein des Menschen zu leugnen!« Ebenfalls, dies betone ich im Hinblick auf die aktuelle Diskussion, gilt als gemeinsame Auffassung: »Die Antwort des Glaubens ist selbst erwirkt durch das unerzwingbare und von außen auf den Menschen zukommende Wort der Verheißung. ›Mitwirkung‹ kann es nur in *dem* Sinne geben, daß das Herz beim Glauben dabei ist, wenn das Wort es trifft und den Glauben schafft. Daß auch die katholische Lehre es so meint, das einzuräumen bittet die katholische Theologie den evangelischen Gesprächspartner. Umgekehrt räumt sie selber ein, daß das Wort ›Mitwirkung‹ Mißverständnissen ausgesetzt ist.«[10]

*VELKD und Deutsches Nationalkomitee des LWB* stimmen dem dann zu, wenn mit Gnade von Anfang an die Rechtfertigungsgnade gemeint ist, sofern also nicht die zuvorkommende Gnade als eine Gnade eigener Art verstanden wird, welche nun wiederum den Menschen instand setzte, der rechtfertigenden Gnade zuzustimmen. Außerdem wird begrüßt, daß die katholische Seite die Mißverständlichkeit des Wortes Mitwirkung einräumt, und in ökumenischer Geschwisterlichkeit hinzugefügt: »Andererseits kann in lutherischer Lehrtradition, recht verstanden, durchaus von Mitwirkung die Rede sein, allerdings im Blick auf den zum Glauben befreiten Menschen.«[11]

Das Gutachen des *Päpstlichen Rates zur Förderung der Einheit der Christen*[12] unterstreicht ebenfalls, daß mit »Mitwirkung keine Aktivität des Sünders unabhängig von der rettenden Gnade, sondern ein Mitwirken unter der Heilsgnade« gemeint ist.[13] Dies wird von

der traditionellen Terminologie her, die wir im nächsten Abschnitt noch einmal hinterfragen müssen, erläutert.
Unsere erste *Zwischenbilanz* lautet also: Wenn mißverständliche Formulierungen vermieden werden, kann von beiden Seiten gemeinsam bekannt werden, daß da, wo es um das Heil des Menschen geht, alles von Gottes Initiative und seiner bleibenden Aktivität abhängt. Die Aktivität des Menschen ist die des reinen Empfangens. Zugleich zeigt sich, daß das Schema der Kausalitäten, in dem scholastisch die Gnadenlehre durchbuchstabiert wurde und dem die Reformatoren ein personales Kategoriensystem entgegenstellten, tatsächlich im Hinblick auf ein interpersonal-relationales Wirklichkeitsverständnis überwunden werden muß.
Was die *ekklesiologischen Konsequenzen* angeht, so wäre in der Verlängerung des hier gnadentheologisch – anthropologisch Gesagten zu formulieren: Wenn von einem Tun und Wirken der Kirche die Rede ist, so muß jedem Mißverständnis von vornherein der Boden entzogen werden, als ob hier der Kirche als Gemeinde oder ihren Amtsträgern eine Aktivität parallel zum Gnadenhandeln Gottes – zusätzlich ergänzend oder auf gleicher Ebene mitwirkend – zukomme.

### *2.2 Sündenvergebung und Gerechtmachung (zu GE 4.2)*

Gemeinsam wird wiederum bekannt, daß »beide Aspekte des Gnadenhandelns Gottes nicht voneinander getrennt werden dürfen«.[14] Wenn Katholiken den Akzent auf »die Erneuerung des inneren Menschen durch den Empfang der Gnade« legen, dann »verneinen [sie] damit aber nicht, daß Gottes Gnadengabe in der Rechtfertigung unabhängig bleibt von menschlicher Mitwirkung«.[15] Das heißt: Auch da, wo die gnädige Zuwendung Gottes (die gratia increata = ungeschaffene Gnade) von ihrer Wirkung (der gratia creata = geschaffenen Gnade) her gesehen wird – als Erneuerung des Menschen und erneute Befähigung zur Aktivität –, muß jeder Anschein vermieden werden, als handele es sich hier um ein aktives Mitwirken des Menschen, womöglich gar auf gleicher Ebene.
Die Argumentation in *Lehrverurteilungen – kirchentrennend?* geht in

dieselbe Richtung, aber auf der Basis der Ergebnisse neutestamentlicher Exegese sowie im Kontext der traditionellen Redeweisen von gratia creata und gratia increata. Festgehalten wird unter Inanspruchnahme des exegetischen Befundes, daß zwischen forensischer und effektiver Rechtfertigung (zwischen Freisprechen und Freimachen) kein Gegensatz, sondern ein »unlösbarer Zusammenhang« gesehen werden muß. Und auch hier folgt eine Kostprobe ökumenischer Geschwisterlichkeit, wenn es dann im Blick auf die heutige Situation heißt: »Daß die katholische Lehre nicht übersieht, was die evangelische Theologie hervorhebt: den personalen und worthaften Charakter der Gnade; und nicht behauptet, was die evangelische Theologie befürchtet: die Gnade als dinghaften, verfügbaren ›Besitz‹ des Menschen, und wäre er auch geschenkter Besitz; daß die reformatorische Theologie nicht übersieht, was die katholische Lehre hervorhebt: den schöpferischen und erneuernden Charakter der Liebe Gottes; und nicht behauptet, was die katholische Theologie befürchtet: die Ohnmacht Gottes gegenüber einer Sünde, die bei der Rechtfertigung ›nur‹ vergeben, nicht aber in ihrer von Gott trennenden Macht wahrhaft aufgehoben werde.«[16]
*VELKD und Deutsches Nationalkomitee des LWB* zeigen hinsichtlich dieser Passagen eine größere Zurückhaltung und insistieren auf einer weiteren Klärung des Verhältnisses von Wort und Glaube.[17]
Das Gutachten des *Päpstlichen Rates* formuliert deutlich: »Daher kann man behaupten, daß die Eingießung oder das Geschenk der Rechtfertigungsgnade selbst die Bereitung für die Rechtfertigung ist.«[18]

Unsere *Zwischenbilanz*: Das Bemühen um eine unmißverständliche Gemeinsamkeit ist hier noch nicht ganz ans Ziel gelangt, der Weg ist aber eindeutig gewiesen. Daß das Verhältnis von Wort und Glaube noch der Klärung bedarf, zeigte ja gerade die Diskussion um die Gemeinsame Erklärung, besonders in den Beiträgen von Dalferth und Jüngel. Gewiß kann man im Blick auf den vorliegenden Text sagen, daß das eine oder andere deutlicher hätte formuliert werden können. Auf der anderen Seite komme ich nicht zu dem Schluß, daß die Gemeinsame Erklärung in dieser Hinsicht unannehmbar sein muß. Was die ekklesiologischen Konsequenzen angeht, so werden wir hier erneut auf den Weg gewiesen, das Reden von der Kirche und ihrem Handeln, zu dem sie sich durch den Heiligen Geist aufgrund einer inneren Umwandlung instandgesetzt weiß, vorsichtig immer so zu formulieren, daß die bleibende Initiative Gottes im Heilsgeschehen durch die Zeiten hindurch nicht beeinträchtigt wird.[19]

### *2.3 Glaube und Gnade (zu GE 4.3)*

Weniger das sola gratia als vielmehr das sola fide ist Anlaß heftiger Diskussionen um die Gemeinsame Erklärung. Angemahnt wurde vor allem, daß das sola fide wörtlich nur im Abschnitt 26, der das lutherische Verständnis wiedergibt, steht. Aus meiner Sicht liegt das Problem weniger im dargelegten Inhalt. Denn das, was in Abschnitt 27 über das katholische Verständnis gesagt wird, entspricht meiner Wahrnehmung nach dem, was aus lutherischer Perspektive mit Rechtfertigung allein durch den Glauben gemeint ist. Das Problem liegt also eher darin, daß der Ausdruck sola fide nicht in einer gemeinsamen Aussage auftaucht. Mit Recht ist von evangelischer Seite angemahnt worden, daß anderswo ja durchaus römisch-katholische Formulierungen dem lutherischen Partner zugemutet werden.[20]

Ich werde im abschließenden Teil noch einmal auf diese Frage ökumenischer Hermeneutik zurückkommen. An dieser Stelle genügt es, mit der Gemeinsamen Erklärung herauszustellen: »Auch nach katholischem Verständnis ist der Glaube für die Rechtfertigung fundamental; denn ohne ihn kann es keine Rechtfertigung geben.«[21]

Eigens hinweisen möchte ich auch darauf, daß in diesem Zusammenhang der Mensch ein Hörer des Wortes genannt wird. Aufgenommen wird ebenfalls das reformatorische Anliegen, von Gnade und Glaube in personalen Kategorien zu reden: »Dieses neue personale Verhältnis zu Gott gründet ganz und gar in der Gnädigkeit Gottes und bleibt stets vom heilsschöpferischen Wirken des gnädigen Gottes abhängig, der sich selbst treu bleibt und auf den der

Mensch sich darum verlassen kann. Deshalb wird die Rechtfertigungsgnade nie Besitz des Menschen, auf den er sich Gott gegenüber berufen könnte.«[22]

Erwähnt sei nur, daß in *Lehrverurteilungen – kirchentrennend?* darauf hingewiesen wird, daß es bereits in Augsburg 1530 »durch die Zuordnung des scholastischen Gnadenbegriffs zum reformatorischen Glaubensbegriff« zu einer Einigung in der Rechtfertigungslehre kam, ausgedrückt in der Formel: »Die Vergebung der Sünden geschieht formell durch die heiligmachende Gnade und den Glauben.«[23] So lautet denn auch das Fazit: »Beherzigt man dies alles, dann darf man sagen: Übersetzt von einer Sprache in die andere, dann entspricht einerseits die reformatorische Rede von der Rechtfertigung durch den Glauben der katholischen Lehre von der Rechtfertigung durch die Gnade, und dann begreift andererseits die reformatorische Lehre unter dem einen Wort ›Glaube‹ der Sache nach, was die katholische Lehre im Anschluß an 1 Kor 13,13 in der Dreiheit von ›Glaube, Hoffnung und Liebe‹ zusammenfaßt.«[24]

*VELKD und Deutsches Nationalkomitee des LWB* wollen zwar an gewissen Unterscheidungen festhalten, sehen aber die Möglichkeit einer Verständigung oder jedenfalls eines Nichtgetroffenseins durch Lehrverurteilungen, »sofern die katholische Lehre betont,

- daß die Gnade personal und worthaft zu verstehen ist …,
- daß die Erneuerung nichts als von Gottes Wort selbst erwirkte … Antwort … ist und
- daß die Erneuerung des Menschen keinen Beitrag zur Rechtfertigung leistet, schon gar nicht einen, auf den wir uns vor Gott berufen könnten.«[25]

Das Gutachten für den *Päpstlichen Rat* stellt klar, daß die zwei Möglichkeiten, Rechtfertigung als sola fide geschehend zu verstehen, von denen der Canon 9 des Konzils von Trient spricht, nicht die lutherische Lehre treffen.[26]

Im Hinblick auf die gesuchten *ekklesiologischen Konsequenzen* wird hier das bereits Gesagte mit einem neuen Aspekt versehen und werden wir vor eine neue Aufgabe gestellt. Denn der Glaubensbegriff spielt gerade bei der Frage nach dem Verhältnis von Kirche und Rechtfertigung, bei der Frage nach einem möglichen oder unmöglichen »heilsmittlerischen« Wirken der Kirche und ihrer Heilsmittel, eine entscheidende Rolle. Es geht eben nicht nur darum, die Glaubens- und Gnadenlehre mit personal-relationalen Kategorien neu zu artikulieren, sondern dies auch etwa im Sinne einer Communio-Ekklesiologie im Hinblick auf das Reden von der Kirche zu tun und die entsprechenden Konsequenzen für die Ekklesiopraxis zu ziehen.[27]

### *2.4 Gute Werke (zu GE 4.7)*

Wir kommen hier zu einer letzten Nagelprobe, was die Funktion der Rechtfertigungslehre als Kriterium und die damit zusammenhängenden ekklesiologischen Konsequenzen angeht. Dieser Punkt ist in der Debatte um die Gemeinsame Erklärung besonders umstritten, da unter anderem Dalferth auf einen Widerspruch zwischen Konkordienformel und Trient insistiert, während etwa Dieter hier eine Interpretationsmöglichkeit sieht.[28] Das Anliegen der Gemeinsamen Erklärung liegt vor allem darin aufzuzeigen, daß die Katholiken beim Reden von den guten Werken »die Verantwortung des Menschen für sein Handeln herausstellen [wollen], damit aber nicht den Geschenkcharakter der guten Werke bestreiten, geschweige denn verneinen, daß die Rechtfertigung selbst stets unverdientes Gnadengeschenk bleibt«. Und weiterhin wird darauf hingewiesen, daß auch die Lutheraner den Gedanken »eines Bewahrens der Gnade und eines Wachstums in Gnade und Glauben« kennen, daß sie allerdings betonen, »daß die Gerechtigkeit als Annahme durch Gott und als Teilhabe an der Gerechtigkeit Christi immer vollkommen ist.«[29]

Unter einem traditionellen kontroversen Stichwort, dem des Verdienstes, hat *Lehrverurteilungen – kirchentrennend?* zur Sachproblematik Stellung genommen. Wichtig ist mir daran vor allem die folgende Passage: »Ausdrücklich muß aber die katholische Theologie einräumen, daß der Begriff ›Verdienst‹ vielfach unbiblisch und unverkürzt in Theologie, Seelsorge und Frömmigkeit gebraucht worden ist. Die Reformatoren kritisieren mit Recht die Lohnrechnerei und das Anspruchsdenken.«[30]

*VELKD und Deutsches Nationalkomitee des LWB* signalisieren mögliche Zustimmung zum behaupteten Nichtzutreffen der Lehrverurteilung »unter der Voraussetzung, daß der mißverständliche Verdienstbegriff nichts anderes als die personale Verantwortlichkeit des Christen im von uns o. g. Sinn aussagen soll … und vom biblischen Lohngedanken in seinem eschatologischen Horizont her verstanden wird.«[31] Der o. g. Sinn ist, »daß der Gerechtfertigte dafür verantwortlich ist, die empfangene Gnade nicht zu verspielen, sondern in ihr zu leben.«[32]

Das Gutachten für den *Päpstlichen Rat* stellt zunächst heraus, daß es sich hierbei um den »pointiertesten antilutherischen Canon von Trient in der Rechtfertigungsfrage« handelt. Es ist allerdings der Auffassung, daß die beiden Positionen sich »nicht notwendigerweise gegenseitig ausschließen.« Im Anschluß daran fällt eine Bemerkung zur Terminologie, die als Überleitung zu meinem nächsten und letzten Abschnitt dienen soll: »Im Kontext der katholischen Lehre ist zu fragen, ob die Sprache der Kausalität, die weithin von verschiedenen Schulen diskutiert wurde, heute geeignet ist, das Herzstück der katholischen Lehre im Hinblick auf den Beitrag eines christlichen Lebens (›gute Werke‹) zur Erfahrung der Rechtfertigung und zum Wachstum in der Heiligkeit auszudrücken.«[33]

Auch hier ist wiederum im Blick auf die Fragen nach der Rechtfertigung als Kriterium und nach den *ekklesiologischen Konsequenzen* zu unterstreichen und in einem gewissen Sinn fortzuführen, was bereits gesagt wurde: In der Ekklesiologie, aber hier denke ich um so mehr in der Ekklesiopraxie, d. h. im konkreten Glaubensleben, vor allem auch in dem liturgischen und asketischen Leben ist besonders in der römisch-katholischen Kirche darauf zu achten, daß die theologische Neubesinnung auf die biblische Basis bzw. – inhaltlich formuliert – auf die bleibende Priorität des Gnadenhandelns Gottes nicht durch Redeweisen vom Verdienst, vom Opfer, vom Mitwirken, vom Miterlösen usw. wiederum um ihr »Verdienst« gebracht wird!

## 3. Desiderata für den weiteren gemeinsamen Weg

### *3.1 Das Verhältnis von Gottesvolk, Lehramt und wissenschaftlicher Theologie*

Die Diskussion um die Gemeinsame Erklärung hat mir deutlich gemacht, daß in beiden Kirchen das Verhältnis zwischen der Kommunikationsgemeinschaft aller Glaubenden und der in ihr noch einmal eine eigene Kommunikationsgemeinschaft bildenden wissenschaftlichen Theologie auf der einen und dem kirchlichen (bischöflichen) Lehramt auf der anderen Seite jeweils eine charakteristische Ausprägung zeigt und daß jeweils auch eine charakteristische Schieflage dieses Kommunikationsdreiecks präsentiert wird. Wie auf römisch-katholischer Seite das bischöfliche und das päpstliche Lehramt dominieren, so kommt auf lutherischer Seite vor allem der wissenschaftlichen Theologie ein Schwerpunkt zu. Beide Schwerpunktverlagerungen gehen nach meiner Beobachtung auf Kosten der Glaubenskommunikation im Gottesvolk, wenn ich auch nicht damit zurückhalten will zu sagen, daß mir diese Bedrohung auf römisch-katholischer Seite stärker zu sein scheint. Dies hängt damit zusammen, daß – auch eine Beobachtung in diesem Zusammenhang – es offenbar genügt, daß auf römisch-katholischer Seite eine vatikanische Kongregation eine Stellungnahme zu einer ökumenischen Erklärung formuliert, während diese in den lutherischen Kirchen in vielfältigen komplizierten synodalen Prozessen heranreifen muß. Auch hier stehe ich wiederum nicht an zu sagen, es sei durchaus mit einer katholischen Communio-Ekklesiologie nicht nur vereinbar, sondern von ihr gefordert, daß auch auf katholischer Seite der Prozeß der Konsensfindung in dieser Weise oder in modifizierter, aber strukturell ähnlicher Weise vonstatten gehen muß. Immerhin ist auch schon im Gutachten für den *Päpstlichen Rat* darauf hingewiesen worden; gleichwohl werden wir aufgrund immer neuer Vorgänge in der Institution Kirche zugleich vorsichtig mit solchen Äußerungen sein müssen. Aber immerhin heißt es – und wir wollen guten Willen unterstellen –: »Auch die Überwindung von Lehrgegensätzen, wenigstens in dem Sinne, daß sie ihren kirchentrennenden

Charakter verlieren, kann nicht nur auf dem Wege theoretischer Reflexion erfolgen, sondern letztlich aus erfahrener geistlicher (spiritueller) Gemeinschaft erwachsen.«[34]

### 3.2 *Konsequenzen für die ökumenische Hermeneutik*

Wenn dies nicht wiederum heißt, daß nun das bischöfliche oder vatikanische Lehramt den Glauben der einfachen Leute vor dem Lehramt der Theologen schützen muß, sondern wenn wirklich damit Ernst gemacht wird, daß gefragt wird, in welcher Weise ganz konkret Rechtfertigung aus Glaube allein heute das Leben der Menschen explizit oder eher implizit bestimmt, dann hat das Konsequenzen für die ökumenische Hermeneutik. Diese Konsequenzen zu ziehen, bedeutet zugleich, zumindest im Rahmen der römisch-katholischen Kirche, auch schon ekklesiologische Konsequenzen aus einem möglichen Grundkonsens in Sachen Rechtfertigung zu ziehen.

Eine erste Konsequenz sehe ich darin, daß wir zwar Verständigung auch im Rahmen des Sprachspiels traditioneller Terminologie suchen müssen, aber daß es genau so wichtig ist zu versuchen, diese Fragen und die gegebenen Antworten in den heutigen Sprachhorizont zu transportieren, besser noch: die Fragen als heutige zu artikulieren (oder zu modifizieren) und Antworten im Heute zu formulieren. Dabei können wir Katholiken durchaus das beherzigen, was Otto Hermann Pesch schon vor längerer Zeit empfohlen hat, nämlich bestimmte theologische Termini auf »eine ›schwarze Liste‹ verhängnisvoller theologischer Begriffe« zu setzen.[35] Dazu gehört neben den von ihm genannten (Kirche als Ur- oder Grund-Sakrament; Verdienst!) durchaus auch das Reden von der Mitwirkung. Wir sind tatsächlich nicht gezwungen, unsere (römisch-)katholische Überzeugung in Sachen Rechtfertigung und dem In-Anspruch-Genommensein des Menschen durch sie mit dem Begriff der Mitwirkung zum Ausdruck zu bringen. Die im Dokument *Lehrverurteilungen – kirchentrennend?* ausgedrückte Bitte[36] an die evangelische Seite könnte katholischerseits zur Konsequenz haben, auf die Verwendung dieses Begriffs zu verzichten.

Natürlich darf die Frage gestellt werden, ob bestimmte Begriffe zwar nicht deshalb beibehalten werden sollten, weil es um die Identität der katholischen Glaubensgestalt geht, wohl aber weil es darum geht, in der theologischen Debatte den Finger auf einen wichtigen Punkt zu legen. Es mag sein, daß es dies gibt. So sollte neben der aktuellen Fassung des Glaubensbekenntnisses »Auferweckung der *Toten*« auch die Rede von der »Auferweckung des *Fleisches*« geläufig bleiben; sie hat ihren ursprünglichen Sitz im Leben in der Abwehr eines dualistischen Menschenbildes, das eine Unsterblichkeit der Seele kannte, den Leib jedoch aus der Vollendung ausschloß. Freilich: Was in diesem Kontext zur Abwehr von Mißverständnissen diente, konnte selbst in anderem Kontext Anlaß zu Mißverstehen sein (wenn z. B. »Leib« mit »körperlicher Materie« schlichtweg gleichgesetzt wird). Daraus folgt: Von »Mitwirkung« kann gesprochen werden, wenn der Kontext die Abwehr eines völligen Passivismus notwendig macht. Freilich ist zu bedenken, daß im gleichen (!) Kontext »Mitwirkung« selbst ein fundamentales Mißverständnis fördern kann. Fazit: Wenn schon am Text des Glaubensbekenntnisses selbst Änderungen vorgenommen werden können, sollte um so mehr der – so und so – anstößige Begriff der Mitwirkung vermieden werden.

### *3.3 Kategorienwechsel*

Damit kommen wir noch einmal an den Punkt, der durch das Zitat aus dem Gutachten schon angesprochen wurde: Das traditionelle scholastische Kausalschema muß in der Gnadenlehre wie in der Ekklesiologie und Sakramentenlehre zugunsten eines personalen bzw. interpersonal-relationalen Kategoriensystems verlassen werden. Dann lassen sich auch die Fragestellungen, die mit der Unterscheidung von gratia creata und increata verbunden sind, anders formulieren. In diesem Zusammenhang ist zu betonen, daß in der Gemeinsamen Erklärung der Begriff der geschaffenen Gnade gar nicht gebraucht wird. Ja, es wird ausdrücklich klargestellt, daß es eben um ein neues personales Verhältnis zu Gott geht und nicht um etwas Dinghaftes, nicht um eine gnadenhafte Erhöhung eines Individuums usw. Dies ist wiederum, was die ekklesiologischen Konsequenzen angeht, vor allem in der Amtsfrage einzuholen.

In *Lehrverurteilungen – kirchentrennend?* ist diese Problematik ausdrücklich angesprochen: »Unter hermeneutischem und sprachtheologischem Aspekt verkennt heute kaum jemand noch, daß die Scholastik sich der Denk- und Sprachkategorien der aristotelischen Metaphysik bedient, um den Wirklichkeitsbezug des Glaubens zu reflektieren. Umgekehrt ist erkannt, daß Luther und die anderen Reformatoren diese Sprechweise ablehnten, weil sie der Bibel zu neuem Recht verhelfen wollten. Daß hier kein ausschließender Gegensatz entstehen muß, beweist die Tatsache, daß schon Melanchthon und erst recht die spätere lutherische und reformierte Theologie sich ohne Verrat an der reformatorischen Sache auch wieder – wenngleich unter Modifikationen – der scholastisch-aristotelischen Ausdrucksweise bedienen konnten. Die katholische Kirche und ihre Theologie anerkennen heute rückhaltlos die Unvertretbarkeit und Personalität des Glaubens, auf der alles beruht, was zwischen Gott und Mensch geschieht, und damit alle Gewißheit und Freude des Christseins.«[37] Dieser letzte Satz steht zwar nicht in unmittelbarem Zusammenhang mit dem vorherigen Abschnitt, was den Inhalt, sondern nur was die Textabfolge angeht, aber dies ist doch dann deutlich: Es wird unmittelbar Anwendung gemacht von der Erkenntnis, daß die Sprachspiele der Vergangenheit relativ sind. Ja, es wird mehr getan als gesagt wird, es wird im Grunde eine neue Sprache gewählt.

### *3.4 Ein neues Paradigma*

Den Hinweis auf das Übersteigen traditioneller Kategorienmuster will ich noch etwas grundsätzlicher formulieren. Ich knüpfe dabei an eine Hypothese an, die Laley Dabney kürzlich auf einem internationalen Kongreß zur Pneumatologie in Milwaukee vorgetragen hat.[38] Dabney identifizierte das traditionelle katholische Denkmuster (Gnade – Natur) als eine Theologie des 1. Artikels. Demgegenüber ist die reformatorische Lehre (Sünder und Gerechtfertigter zugleich) als eine Theologie des 2. Artikels zu charakterisieren. Im Hinblick auf die heutige Glaubenssituation ist nun festzustellen, daß keines der beiden Paradigmen geeignet ist, die heutige Situation einigermaßen adäquat zu erfassen. Weder erleben die Menschen eine letztlich ungebrochene Möglichkeit des Geschöpfes, zu seinem Schöpfer aufzusteigen mit Hilfe der Gnade, welche sich die Natur voraussetzt und diese vollendet. Noch ist es Dabney zufolge angebracht, in dieser pluralistisch zerrissenen postmodernen Welt protestantischerseits die bestehenden Diskontinuitäten noch theologisch zu überhöhen und zu verstärken. Dabney sieht die Lösung – wie könnte es anders sein? – in der Ausarbeitung einer Theologie des 3. Artikels: Von einer Theologie des Heiligen Geistes her könnte es möglich sein, Kontinuität und Diskontinuität, Partikularität und Universitalität wieder in ein lebendiges Verhältnis zueinander zu bringen. Bereits Karl Barth hatte am Ende seines Lebens davon »geträumt«, das Ganze noch einmal in einer Theologie des 3. Artikels zu formulieren.[39] Das Postulat ist also nicht neu, und es ist weiterhin ein Postulat, wenn auch in den letzten Jahren eine Reihe wichtiger Beiträge zur Pneumatologie vorgelegt wurden.

### 3.41 Rechtfertigung im Leben der Menschen

Wenn wir davon ausgehen, daß Gottes Geist überall in der Welt oft auch auf verborgene Weise wirkt, so daß wir die Partikularität des christlich-kirchlichen Ausdrucks mit der universalen Heilshoffnung verbinden können, dann ist in besonderer Weise auf das Wirken des Geistes und eben auf das Rechtfertigen des Geistes im Leben der Menschen zu achten. Und ich denke, daß sowohl das bischöfliche (und päpstliche) Lehramt wie das akademische Lehramt der Theologen stärker darauf achten müßten, wie sich das, was wir mit Rechtfertigung beschreiben, im Leben der Menschen darstellt. Anhaltspunkte gibt es in den von mir herangezogenen Papieren. In der Diskussion um die Gemeinsame Erklärung ist ja schon auf den Unterschied zwischen der Rechtfertigungsbotschaft und der Lehre von der Rechtfertigung hingewiesen worden. *Lehrverurteilungen – kirchentrennend?* verweist darauf, daß in der Reformationszeit der Streit um die Rechtfertigungslehre einen konkreten Sitz im Leben hatte: »Die abstrakt klingenden Formeln der

Rechtfertigungslehre (und der Streit um sie!) haben einen konkreten Hintergrund und einen konkreten Bezugspunkt im christlichen Leben in der Kirche.«[40] Es waren unterschiedliche pastorale Sorgen, welche die Reformatoren auf der einen und die Konzilsväter in Trient auf der anderen Seite leiteten. Im Blick auf heute versucht dann die Studie zu den Verwerfungssätzen mit folgendem Grundsatz die Richtung vorzugeben:

»Niemand kann diejenigen verurteilen und des Abfalls vom christlichen Glauben anklagen, die in der Erfahrung des Elends ihrer Sünde, ihrer Widerwilligkeit gegen Gott, ihres Mangels an Liebe zu Gott und dem Nächsten im Glauben allein auf den rettenden Gott vertrauen, seines Erbarmens gewiß sind und in ihrem Leben diesem Glauben zu entsprechen suchen ... Niemand kann aber auch diejenigen verurteilen und des Abfalls vom christlichen Glauben anklagen, die, tief durchdrungen von der grenzenlosen Macht Gottes, auch im Rechtfertigungsgeschehen vor allem die Ehre Gottes und den Sieg seines gnädigen Handelns an Menschen herausstellen und das Versagen und die Halbherzigkeit des Menschen diesem gnädigen Handeln gegenüber im strengen Sinn für zweitrangig halten.«[41]

Wenn ich recht sehe, sind hier noch einmal die beiden traditionellen Paradigmen genannt. Dann wäre zu fragen, in welcher Weise sie in pneumatologischer Perspektive zusammengeführt werden könnten, ohne daß sie eingeebnet werden. Was ist die Frohe Botschaft, die Gute Nachricht des Artikels, mit dem die Kirche steht und fällt? Wie können wir sie formulieren in der Perspektive des dritten Artikels unseres Glaubensbekenntnisses? Dieser enthält ja kein Sammelsurium von zu glaubenden Wahrheiten, sondern bekennt den heiligen-heilenden Geist: in seinem Wirken als Herr und Lebensspender, der durch Propheten spricht, der wirkt in der Kirche, in der Taufe zur Vergebung der Sünden, in der Gemeinschaft der Heiligen, begründet in den heiligen Gaben, in der Auferstehung der Toten, so daß wir des ewigen Lebens in Fülle teilhaftig werden.

In dieser geistlichen Perspektive kann Rechtfertigung etwa so buchstabiert werden:

Der Mensch kann seinem Leben nicht von sich selbst her Sinn

geben, er kann sich nicht selber von Schuld frei sprechen, sich nicht selbst endgültig aufrichten, die Solidarität mit den Opfern nicht einlösen. Positiv formuliert: Er muß sich, er braucht sich gar nicht Tag für Tag dafür zu rechtfertigen, daß er da ist, daß er zunächst mal so ist, wie er ist. Rechtfertigung meint dieses Angenommensein: daß mein Leben, dein Leben, unser Leben grundsätzlich einen Sinn hat, daß wir das nicht produzieren müssen bzw. darüber verzweifeln sollen, weil wir es nicht können; daß letztlich nicht unsere Leistung zählt, daß es auch einen Ausweg in aller Schuld gibt, daß die Henker nicht über die Opfer triumphieren und daß auch sie gerichtet werden, indem Gott allen gerecht wird und alle aufrichtet, ausrichtet auf ihn, der allein Herr ist und das Leben schenkt.

Ich wage zwei Hypothesen:

(1) Wer heute ernsthaft Christin und Christ sein will, kann dies nicht anders als aus der Überzeugung heraus, daß sie oder er ohne die zuvorkommende und bleibend tragende, korrigierende, erneuernde, aufmunternde Gnade Gottes nicht sein und leben kann. Und wie könnte das anders möglich sein als *um Christi willen*, das heißt: im Blick auf die menschgewordene Solidarität Gottes; *durch Gnade*, das heißt: durch die Zuwendung Gottes; *im Glauben*, das heißt: in der von Gott geschenkten Möglichkeit, diese ausgestreckte Hand zu ergreifen und – ohne eigenes Verdienst – festzuhalten; *allein durch das Wort*, das heißt: dies kann ich nicht erfinden, nicht in Regeln oder Begriffe einschließen, dies muß mir immer wieder und auf den Kopf und das Herz zu gesagt werden.

(2) Die meisten dieser Christen leben auch in der Überzeugung, daß sie trotz allem kirchlichen, auch amtskirchlichen »Zutun« zu ihrem Glaubensleben dieses letztlich Gott allein verdanken und daß sie letztlich auch Gott allein für die Annahme seines Geschenkes verantwortlich sind.

### 3.42 Erste Hinweise im Blick auf ekklesiologische Konsequenzen

Damit bin ich noch einmal zum Thema der ekklesiologischen Konsequenzen zurückgekommen. Es ist deutlich geworden, daß auch für römisch-katholische Theologie das Amt in der Kirche nicht auf der gleichen Stufe steht wie Wort und Sakrament, sondern daß es dienend diesen zugeordnet werden muß. In diesem Sinn kann durchaus die Rechtfertigungslehre als Kriterium schlechthin fungieren. Dies schließt nicht aus, daß man das gleiche Anliegen in einer anderen Terminologie beschreiben kann. Es geht nicht um den Terminus, sondern um die Struktur des Arguments! Die Formulierung, daß sich Katholiken von mehreren Kriterien in Anspruch genommen wissen, ist in dem Fall nicht sehr glücklich, weil der Eindruck erweckt werden kann, als sei dann die Rechtfertigung ein Kriterium unter anderen. Ich bin auch nicht der Meinung, daß man für weitere Kriterien optieren soll, weil sich mit der Rechtfertigungslehre nicht alle Streitfragen inhaltlich entscheiden ließen. Hier ist dann noch einmal die Frage, was die Struktur des mit Rechtfertigung Gemeinten als Artikel, mit dem die Kirche steht und fällt, bedeutet. Ich denke, daß dort hinzugehört, was im Durchgang durch die einschlägigen Texte, auf welche sich die Gemeinsame Erklärung bezieht, wieder deutlich geworden ist: die absolute Priorität des Handelns Gottes auch als Primat in der Kirche.

Das Bekenntnis zu dem Geist, der Herr ist und deshalb allein derjenige ist, der neues Leben auch aus dem Tod heraus schaffen kann, schließt die Erfahrung ein, die selbst zum Bekenntnis werden soll: Wir können uns nicht selbst erlösen, wir müssen uns und die anderen nicht – auch nicht als Gemeinschaft der Kirche – erlösen, weil Gott dies immer schon getan hat und er sein Werk im Geist, den er als erste Gabe für alle, die glauben, und alle darüber hinaus gesendet hat, vollenden wird. Schließlich möchte ich als römisch-katholischer Theologe die nichtkatholischen Kolleginnen und Kollegen, Christinnen und Christen bitten, mit dazu beizutragen, daß aus dem Konsens über die Rechtfertigungslehre, auch wenn er hier und da noch auf einem schwankenden Bein steht, die entsprechenden ekklesiologischen Konsequenzen gezogen werden. Ich kann die Angst vieler Nichtkatholiken verstehen, daß letztlich die Gestalt der Kirche doch nicht zur Disposition stünde. Wenn aber die Botschaft von der Rechtfertigung allein aus Glaube und Gnade das Kriterium schlechthin ist, dann verdeutlicht sie noch einmal, daß auch in einem sakramentalen Verständnis von

Kirche die äußere Gestalt der Kirche gerade um des inneren Zeichens willen zur Disposition gestellt sein muß. Machen wir uns also ans Werk, ernsthaft zu fragen, welche Gestalten von Kirche legitimer Ausdruck des Kircheseins sein können und kritisieren wir jeweils unsere eigenen kirchlichen Gestalten von diesem Anspruch der Rechtfertigungslehre und, wenn sie wollen, des dritten Glaubensartikels her!

## Anmerkungen

1 Vgl. die Beiträge von *Dieter, Dalferth* und *Jüngel* in: epd-Dokumentation 1/98; hier 19 (Dalferth). Kollege Jüngel äußerte sich so auf dem Tübinger Ökumenischen Studientag 1997; s. a. *ders.*, Um Gottes willen – Klarheit!

2 *Straßburg* 9f.

3 Vgl. den Schlußsatz der Stellungnahme der *VELKD* und des *Deutschen Nationalkomitees* Nr. 4.1.5: »Die evangelischen Kirchen erwarten vom römisch-katholischen Lehramt die offizielle Feststellung, daß die Verwerfungssätze von Trient die reformatorische Rechtfertigungslehre, das reformatorische Sakramentsverständnis, insbesondere das Abendmahlsverständnis, und das reformatorische Amtsverständnis nicht treffen, soweit dies nach dem Dokument Lehrverurteilungen und den Stellungnahmen der evangelischen Kirchen dazu möglich ist.«

4 Durch Glauben allein oder auch durch die (römisch-)katholische Kirche?

5 Auch nach Auffassung des *Straßburger* Institutes zeigt die Gemeinsame Erklärung »noch nicht, wie ein gemeinsames Verständnis der Rechtfertigung notwendigerweise Konsequenzen hat in ekklesiologischen Fragen oder im sozialethischen Bereich« (10). Allerdings wird die Auffassung vertreten, daß »das erreichte gemeinsame Verständnis ... eine tragfähige Grundlage für weitergehende Erklärungen [bietet]« (15), wobei auf Nr. 43 der Gemeinsamen Erklärung verwiesen wird. Vgl. den Kommentar zum Schlußteil der Erklärung: ebd. S. 53.

6 *GE* 20.

7 *GE* 21.

8 *GE* 19.

9 *Lehrverurteilungen* 49.

10 Ebd. 53.

11 *VELKD* 31.

12 Es handelt sich um ein – von deutschen Theologen – erstelltes Gutachten für den Päpstlichen Rat zur Förderung der Einheit der Christen, 1992 den Leitern des Ökumenischen Arbeitskreises übersandt als nicht zu veröffentlichendes Studiendokument.

13 *Päpstlicher Rat* 23f.

14 *GE* 22.

15 *GE* 24.

16 *Lehrverurteilungen* 54f.

17 *VELKD* 32f.

18 *Päpstlicher Rat* 25.
19 Daß das Gnaden- und Glaubensverständnis weiterer Klärung bedarf, steht auch in der abschließenden Feststellung *VELKD* 98.
20 *Jüngel,* in: epd-Dokumentation 1/98, 33.
21 *GE* 27.
22 Ebd.
23 *Lehrverurteilungen* 58 (mit Anm.38).
24 Ebd. 59.
25 *VELKD* 35.
26 Vgl. *Päpstlicher Rat* 24.
27 Vgl. zur Diskussion um das sola fide auch die Klarstellungen von *Dieter* gegenüber Dalferth und Jüngel in: epd-Dokumentation 1/98, 3–5.
28 Vgl. *Dalferth,* in: FAZ 224 (26. 9. 1997), 13; *Dieter,* in: epd-Dokumentation 1/98, 7f. und nochmals *Dalferth,* in: ebd. 20f.
29 *GE* 38f.
30 *Lehrverurteilungen* 73.
31 *VELKD* 40.
32 Ebd. 39.
33 *Päpstlicher Rat* 29f.
34 Ebd. 13f.
35 *Pesch,* Dogmatik 359.
36 S.o. 2.1!
37 Lehrverurteilungen 44f.
38 Das Department of Theology der Marquette University hatte vom 17.–19. 4. 1998 eingeladen zum Thema »An advent of the Holy Spirit. Orientations in pneumatology (Publikation in Vorbereitung).
39 Vgl. *Barth,* Nachwort, bes. 311; vgl. *Hilberath,* Pneumatologie.
40 Lehrverurteilungen 45.
41 Ebd. 46f.

# Konsens in Grundwahrheiten?

## Kritische Anfragen an die »Gemeinsame Erklärung«*

CHRISTOPH SCHWÖBEL

### 1. Vom römisch-katholisch lutherischen Konsensvorschlag zum innerlutherischen-innerprotestantischen Dissens

Wie immer spätere Kirchengeschichtsschreibungen das Zustandekommen und die Auseinandersetzungen um die »Gemeinsame Erklärung« beschreiben mögen, schon jetzt bieten sie auf der sonst eher ruhigen und angesichts der Finanznöte der Kirchen und der durch sie ausgelösten Strukturprobleme leicht depressiv gestimmten Szene kirchlichen Lebens in Deutschland eine Reihe von Ungewöhnlichkeiten, die nur mit Überraschung zur Kenntnis genommen werden können. Die Geschichte des Zustandekommens der Erklärung liest sich in Darstellungen von Beteiligten passagenweise wie ein Kriminalroman und fordert zur Anwendung des ganzen Handwerkszeugs exegetisch geschulter Theologie heraus, von der Form- und Traditionsgeschichte zur Redaktionsgeschichte bis hin zur Tendenzkritik.[1] Für die Behandlung theologischer Themen in der publizistischen Öffentlichkeit ist es zudem ein höchst ungewöhnlicher Vorgang, daß eine große Tageszeitung über Monate der Verhandlung der Rechtfertigungslehre ihre Spalten öffnet und in Leserbriefen eine in der Form und gelegentlichen Schärfe der Polemik außergewöhnliche Auseinandersetzung zwischen den Spitzen der evangelischen Theologie in Deutschland geführt wird. Ebenso ungewöhnlich ist es, daß ein Synodenbeschluß einer Lan-

* Der Text des Vortrags bei der gemeinsamen Tagung der Evangelischen Akademie Tutzing und der Katholischen Akademie in Bayern wurde um den Abschnitt 4 erweitert, der auf die Situation am Ende des Jahres 1998 eingeht.

deskirche, der sich nicht mit Fragen der Sexualität und der Lebensformen beschäftigt, überregionale publizistische Aufmerksamkeit auf sich zieht und zu erbitterten und im Ton nicht immer glücklichen Kontroversen führt. Ungewöhnlich ist nicht nur, daß ein ökumenischer Verständigungsprozeß solche Aufmerksamkeit findet. Ungewöhnlich ist auch, daß über dieser ökumenischen Frage kirchenleitende Organe und wissenschaftliche Theologie in den lutherischen Kirchen, die sonst in einem Verhältnis friedlicher Koexistenz oder konstruktiver Kooperation existieren, eine scharfe öffentliche Debatte austragen, bei der von Seiten der akademischen Theologie die theologische Verantwortung gegenüber der Kirchenleitung eingeklagt wird und von Seiten der Kirchenleitungen die kirchliche und ökumenische Verantwortung der Theologie eingefordert wird. Daß zunächst 141, dann über 160 Professoren und Professorinnen der evangelischen Theologie den Weg wählen, in einem öffentlichen Votum kritisch zu einer ökumenischen Erklärung Stellung zu nehmen und sich so an die Synoden und Kirchenleitungen wenden, ist zwar sicher nicht ein »Jahrhundertereignis«, wie Robert Leicht in der »ZEIT« meinte, aber ganz sicher in mehrfacher Hinsicht ein »Ereignis«. Ein »Ereignis«, insofern es gerade evangelischen Theologen in der Regel schwerfällt, in solcher Zahl zu einem theologischen Thema eine Meinung zu vertreten. Ein »Ereignis« auch, weil die Allianz, die sich bei dem Votum der Hochschullehrer gebildet hat, verbindet, was sonst durch theologische Schulgrenzen, Programme und Fächergrenzen getrennt ist. Und schließlich ein »Ereignis« auch deswegen, weil es ein Thema ökumenischer Theologie ist, die sonst eher als Spezialdisziplin einzelner Fachleute am Rande des Normalbetriebs akademischer Theologie existiert, das über die Fächergrenzen hinweg ein weitreichendes und engagiertes theologisches Interesse zu finden scheint.

Ausgerechnet die Rechtfertigungslehre wird zum Gegenstand solcher Auseinandersetzungen, von der schon vor Jahrzehnten viele Stimmen in der evangelischen Theologie meinten, die Fragestellungen des 16. Jahrhunderts seien im 20. Jahrhundert nur unter höchsten hermeneutischen Anstrengungen verständlich zu machen. Ausgerechnet die Rechtfertigungslehre wird zum Thema heißer Debatten bei Studientagen von Synoden, die Rechtfertigungslehre, von der doch viele im Stillen, wenn nicht ausdrücklich, die Meinung hatten, sie sei den Christenmenschen an der Basis gar nicht zu vermitteln. Und schließlich führt ausgerechnet das Thema der Rechtfertigungslehre von einem römisch-katholisch lutherischen Konsensvorschlag zum Dissens in der lutherischen, in der evangelischen Theologie. Eine Erklärung, die beansprucht, einen »Konsens in Grundwahrheiten« für die römisch-katholische und die lutherischen Kirchen feststellen zu können, führt zum Dissens nicht zwischen römisch-katholischer und lutherischer Theologie, sondern zunächst innerhalb der lutherischen Theologie und Kirche. Hier muß ein Nerv getroffen worden sein. Aber welcher?

## 2. Von der klärenden Kraft des Widerspruchs

Es gibt eine ganze Reihe von *Faktoren,* die bei diesem Ereignis mitgewirkt haben, die zum Kontext und nicht strenggenommen zum Text der GE zu rechnen sind, und die bei diesem Widerspruch eine Rolle gespielt haben. Kein Text ist ohne seinen Kontext zu verstehen, und darum sind diese Faktoren wichtig, weil sie bestimmten Aspekten des Textes speziell in der deutschen Situation eine besondere Brisanz verleihen.[2] Dazu gehört der nach dem ersten Besuch Johannes Pauls II. in Deutschland in Gang gebrachte und von der »Gemeinsamen Ökumenischen Kommission« getragene Prozeß der Verständigung über die Frage, ob die Lehrverurteilungen des 16. Jh., wie sie in der Liste von Anathemata des Trienter Konzils (1545–1563) und in vereinzelten expliziten Aussagen evangelischer Lehrdokumente vorliegen, noch kirchentrennende Gültigkeit haben können. Das Ergebnis wurde in einem Schlußbericht 1986 der römisch-katholischen Deutschen Bischofskonferenz und dem Rat der EKD übergeben. Dazu liegt eine differenzierte Stellungnahme der Deutschen Bischofskonferenz vom 21. Juni 1994 und ein von den höchsten für die Beurteilungen von Lehrtexten zuständigen Organen der evangelischen Kirche Deutschlands gefaßter gleichlautender Beschluß mit Begründungen vor, der 1995 in Rom überreicht wurde. Worauf evangelischerseits gewartet wird, ist eine sozusagen »letztinstanzliche« Stellungnahme vom Papst oder von der römischen Glaubenskongregation darüber, daß die von der im Studiendokument des Ökumenischen Arbeitskreises entfaltete Darstellung der Rechtfertigungslehre lehramtlich festgestellt wird. Denn dann gilt die evangelischerseits mit höchster Verbindlichkeit festgestellte Erklärung, daß diese Lehre nicht von den Lehrverurteilungen der evangelischen Bekenntnisschriften getroffen wird. Diese lehramtliche Feststellung steht noch aus. Es hätte auch gar kein Grund zur Ungeduld bestanden, wenn nicht die von der Studienkommission des Päpstlichen Rats für die Einheit der Christen und dem Lutherischen Weltbund erarbeitete »Gemeinsame Erklärung« einen weitergehenden »Konsens in Grundwahrheiten« den Kirchen zur Annahme vorgeschlagen hätte, über den eigentlich nur *nach* einer letztverbindlichen römischen Stellungnahme zum Studienergebnis »Lehrverurteilungen – kirchentrennend?« diskutiert werden könnte. Dieser Kontext, der an einigen Stellen den Eindruck erweckte, als solle der zweite Schritt getan werden, bevor man weiß, ob der Partner den ersten Schritt tut, gibt dem Text in einigen Teilen besondere Brisanz. Dazu macht er auf das schwierige Problem der aus der Ungleichheit der Kirchenverfassungen erwachsenden unterschiedlichen Rezeptionssituation aufmerksam. Das ist gerade für die Vereinigte evangelisch-lutherische Kirche ein Problem, weil ihre Kirchen herausgefordert sind, ihre Lehrentscheidungen im Kontext der VELKD, im Kontext der EKD, im Kontext der Leuenberger Kirchengemeinschaft, im Kontext des Lutherischen Weltbundes und im Kontext des Ökumenischen Rates der Kirchen zu reflektieren und zu vollziehen.

Nun vom Kontext zum Text. Was sind die *Hauptgründe für den wissenschaftlich-theologischen Widerspruch* zur GE und woran knüpfen sie an? In allen kritischen Stellungnahmen – so auch im Votum der Hochschullehrer – werden Anspruch und Inhalt der GE dem Inhalt und Anspruch der reformatorischen Rechtfertigungslehre gegenübergestellt. Aus dieser kritischen Gegenüberstellung resultiert die kritische Stellungnahme. Wie sind Anspruch und Inhalt in der GE aufeinander bezogen?

In der *Präambel* wird die »zentrale Bedeutung« (1) der Rechtfertigungslehre zitiert und auf die Lehrverurteilungen und ihre kirchentrennende Bedeutung hingewiesen. Die römisch-katholisch lutherischen Dialoge werden erwähnt und die GE als Kulminationspunkt dieses Dialogprozesses interpretiert, so daß »die unterzeichneten lutherischen Kirchen und die römisch-katholische Kirche nunmehr imstande sind, ein gemeinsames Verständnis unserer Rechtfertigung ... zu vertreten« (5). Die Präambel weist darauf hin, daß die GE nicht alles enthält, was in den Kirchen über die Rechtfertigung gelehrt wird, aber »einen Konsens in Grundwahrheiten der Rechtfertigungslehre [umfaßt]«, der zeigt, »daß die weiterhin unterschiedlichen Entfaltungen nicht länger Anlaß zu Lehrverurteilungen sind« (5).
Auf diese Präambel erfolgt eine gedrängte Zusammenfassung der *biblische(n) Rechtfertigungsbotschaft* (8–12) und eine Darstellung der Rechtfertigungslehre als *ökumenisches Problem,* die die »gegensätzliche Auslegung und Anwendung« der biblischen Botschaft als »ein(en) Hauptgrund« für die »Spaltung der abendländischen Kirche« identifiziert, seit dem II. Vaticanum aber eine »deutliche Annäherung hinsichtlich der Rechtfertigungslehre« feststellt, so daß »ein Konsens in Grundwahrheiten der Rechtfertigungslehre formuliert werden kann, in dessen Licht die entsprechenden Lehrverurteilungen des 16. Jahrhunderts heute den Partner nicht treffen« (13). Darauf wird »das gemeinsame Verständnis der Rechtfertigung« in vier Abschnitten zusammengefaßt und seine Entfaltung in den Punkten 19–39 vorgelegt. Die Ausführungen aus der Präambel werden in den Ausführungen über *Bedeutung und Tragweite des erreichten Konsenses* (40–44) wieder aufgenommen. Dort wird gesagt, daß das »dargelegte Verständnis der Rechtfertigung zeigt, daß zwischen Lutheranern und Katholiken ein Konsens in Grundwahrheiten der Rechtfertigungslehre besteht«, in dessen Licht die »verbleibenden Unterschiede in der Sprache, der theologischen Ausgestaltung und der Akzentsetzung des Rechtfertigungsverständnisses tragbar sind«. Die unterschiedlichen Entfaltungen heben »den Konsens in den Grundwahrheiten nicht wieder auf« (40). Im Abschnitt 41 wird dann festgestellt, daß die hier vorgelegte Lehre der lutherischen Kirchen von den Lehrverurteilun-

gen des Trienter Konzils nicht getroffen wird und die Verwerfungen der lutherischen Bekenntnisschriften die in dieser Erklärung vorgelegte Lehre der römisch-katholischen Kirche nicht treffen (41). Trotzdem wird gesagt, daß die Lehrverurteilungen nicht einfach gegenstandslos werden, sondern »die Bedeutung von heilsamen Warnungen« behalten. In Abschnitt 43 wird postuliert, daß sich der Konsens in Leben und Lehre auswirken und bewähren muß, es aber noch Fragen gibt, die »weiterer Klärung« bedürfen. Dazu gehören »das Verhältnis von Wort Gottes und kirchlicher Lehre sowie die Lehre von der Kirche, von der Autorität in ihr, von ihrer Einheit, vom Amt und von den Sakramenten, schließlich von der Beziehung zwischen Rechtfertigung und Sozialethik«. Das Dokument schließt mit dem Dank an den Herrn »für diesen entscheidenden Schritt zur Überwindung der Kirchenspaltung« und der Bitte um Weiterführung durch den Heiligen Geist »zu jener sichtbaren Einheit ..., die der Wille Christi ist«. Der Anspruch ist also in der Formulierung »Konsens in Grundwahrheiten« (mal mit unbestimmtem, mal mit bestimmtem Artikel – 40) zusammengefaßt, der als wichtiger Schritt auf das Ziel der sichtbaren Einheit hin interpretiert wird. Angesichts dieses Konsenses seien die verbleibenden Unterschiede solche, die die verba, nicht die res betreffen.

Der Anspruch der GE ruht also auf der Darstellung des Inhalts des gemeinsamen Verständnisses der Rechtfertigungslehre in der GE. Kann dieser Anspruch am Inhalt aufgewiesen werden? Betreffen die Divergenzen nur die Sprache, aber nicht die Sache? An dieser Stelle setzt der Widerspruch ein – übrigens schon in den »Erläuterungen zum Beschluß«, die vom DNK des LWB erarbeitet und von der Generalsynode der VELKD gebilligt worden sind. Ebenso findet er sich in der Stellungnahme der Theologischen Ausschüsse der VELKD und der Arnoldshainer Konferenz. Daran knüpft das Votum der Hochschullehrer an.[3]

*Worin bestehen die Gravamina?*

1. Kein Konsens wurde darin erreicht, daß dem von der GE vertretenen Grundsatz »Rechtfertigung geschieht allein aus Gnade« (18), der in der Tat ein gemeinsames Verständnis mittelalterlichen, reformatorischen und auch tridentinischen Rechtfertigungsver-

ständnisses darstellt (Daran ist nicht zu rütteln!), nicht die vom reformatorischen Verständnis des Evangeliums her unbedingt korrespondierende Einsicht korreliert wurde, daß der Sünder *allein aus Glauben* bzw. allein im Glauben oder durch den Glauben gerechtfertigt wird. Die reformatorische Pointe des Rechtfertigungsverständnisses ist: *Kein sola gratia ohne sola fide!*

2. Kein Konsens wurde darin erreicht, daß die Rechtfertigung des Sünders allein aus Gnade sich *allein durch das Wort* des Evangeliums und die gemäß dem Evangelium gereichten Sakramente vollzieht. Auch hier ist die reformatorische Pointe des Rechtfertigungsverständnisses: *Kein sola gratia ohne das solo verbo!* (wobei das verbum immer die verba visibilia der beiden Sakramente einschließt).

3. Kein Konsens wurde erreicht hinsichtlich der Einsicht, daß der Glaube an Jesus Christus *Heilsgewißheit* ist. Hier wurde vielmehr ein schon erreichter Konsens in der als »Würzburg I« bekannten Fassung der GE wieder zurückgenommen.

4. Kein Konsens wurde erreicht hinsichtlich des Sünderseins des Gerechtfertigten. Die Tatsache, daß nach römisch-katholischer Auffassung, die auch beim Gerechtfertigten bleibende »gottwidrige Neigung nicht als Sünde im eigentlichen Sinn« (30) anzusehen ist, weist auf eine tiefer liegende Differenz im Verständnis der Sünde hin. Auch hier gilt aus reformatorischer Sicht: *Kein sola gratia ohne das simul iustus et peccator!*

5. Kein Konsens wurde erreicht hinsichtlich der guten Werke des Gerechtfertigten. Hier tritt die Divergenz in besonders krasser Form zutage, weil die römisch-katholische Formulierung, nach der die »guten Werke, die von der Gnade und dem Wirken des Heiligen Geistes erfüllt sind, so zu einem Wachstum der Gnade bei(tragen), daß die von Gott empfangene Gerechtigkeit bewahrt wird« (38), gerade die von der Konkordienformel verurteilte Lehre des Trienter Konzils ist, die empfangene Gerechtigkeit könne »durch unsere Werke … erhalten und bewahrt werden« (SD IV, 35).

Nun stellt sich die Frage, ob diese in der GE von den Kritikern festgestellten und inkriminierten Auslassungen, Ergänzungen und Undeutlichkeiten nur »Unterschiede in der Sprache, der theologischen Ausgestaltung und der Akzentsetzung sind« und dann tragbar wären, wie Nr. 40 beansprucht. Das kann nach den »Ergänzungen zum Beschluß« von DNK und VELKD-Generalsynode nicht mehr behauptet werden. Ist es aber der Fall, daß die von den jeweiligen Partnern formulierten Positionen gegenüber den gemeinsamen Formulierungen Divergenzen *in der Sache* formulieren, dann ist der Konsens selbst fragwürdig. Ist die GE dann systematisch ambivalent? Das wäre ein hoher Preis für einen beanspruchten Konsens.

Gibt es – und das ist für den Systematiker die eigentlich interessante Frage – Zusammenhänge zwischen den inkriminierten Mängeln? Meines Erachtens lassen sie sich an zwei Punkten feststellen.

1. Die Unterscheidung und Beziehung zwischen virtus Dei und virtus hominum, zwischen opus Dei und opus hominum, an der nach Luther in De servo arbitrio das Wesen des Christentums hängt, ist systematisch unklar. Diese Unterscheidung und Beziehung, die das Kernstück der reformatorischen Einsicht ist, wird an dem Zusammenhang zwischen der Mittelalter, Reformation und Tridentinum verbindenden Betonung des sola gratia mit dem sola fide und dem solo verbo deutlich. Weil die Rechtfertigung allein aus Gnade geschieht, kann sie nur allein im Glauben angenommen werden. Der Exklusivität der Gnade Gottes in Christus entspricht die reine Passivität der Konstitution des Glaubens. Die Konstitution des Glaubens ist allein Gottes Werk. Sie geschieht solo verbo, allein durch das Wort Gottes, das die menschliche Predigt des Evangeliums in Wort und Sakrament in Anspruch nimmt, tamquam per instrumenta, um in denen, die das Evangelium hören, Glauben zu schaffen – ubi et quando visum est Deo. Angesichts des völligen Gefangenseins des Menschen in der Verblendungsmacht der Sünde, die durch das Gesetz aufgedeckt wird, konstituiert erst das göttliche Werk der Rechtfertigung menschliche Handlungsfähigkeit, die sich auf das durch den Glauben ermöglichte Halten der Gebote, niemals aber auf die Bewahrung der Gnade erstreckt.

2. Ein weiterer systematischer Punkt, der an der Rechtfertigungslehre der GE, an ihren Konsensformulierungen und an ihren Divergenzformulierungen auffällt, ist, daß die eigentliche Pointe

der reformatorischen Rechtfertigungslehre unterbelichtet bleibt. Die reformatorische Rechtfertigungslehre ist nicht mehr und nicht weniger als eine Modifikation der mittelalterlichen Gnadenlehre der römischen Kirche an einem Punkt: Darin, daß sie das Gnadengeschehen der Rechtfertigung konsequent als die Selbstvergegenwärtigung des dreieinigen Gottes denkt. In Wort und Sakrament vergegenwärtigt sich Christus selbst durch den Geist und schafft so den Glauben als reale Beziehung zu dem heilsschaffenden trinitarischen Gott. Deshalb ist der Glaube als die von Gott selbst geschaffene Gewißheit über die Wahrheit des Evangeliums Heilsgewißheit.

An dieser Stelle wird nun die in der Diskussion besonders von Eberhard Jüngel hervorgehobene kriteriologische Funktion des Rechtfertigungsartikels deutlich.[4] Der Rechtfertigungsartikel ist deshalb das Kriterium aller christlichen Theologie und kirchlichen Praxis, weil er das Grundgeschehen zum Ausdruck bringt, dem der christliche Glaube seinen Gegenstand verdankt: der *Selbstvergegenwärtigung des dreieinigen Gottes in Christus durch den Geist in der Verkündigung des Evangeliums in Wort und Sakrament.* Das gilt in den beiden von Jüngel hervorgehobenen Bedeutungen dieses Kriteriums als Identifikationskriterium des Christlichen und als Wahrheitskriterium kirchlicher Rede und kirchlichen Handelns. Es ist von Jüngel zu Recht darauf verwiesen worden, daß diese beiden Bedeutungen des Rechtfertigungsartikels als Kriterium in der Studie »Lehrverurteilungen – kirchentrennend?« mit der wünschenswerten Deutlichkeit zum Ausdruck gebracht worden sind. Die Änderung der Formulierung in dem entscheidenden Passus der GE unter Nr. 18 von der Würdigung der Rechtfertigung als »des Kriteriums« in »Würzburg I« zur Aussage, sie sei »ein unverzichtbares Kriterium« (18), ist darum ein bedauernswerter Rückschritt hinter den in »Lehrverurteilungen – kirchentrennend?« erreichten Stand der Übereinstimmung. Darum hat sich die Kritik von Anfang an auf diesen Punkt konzentriert. Denn hier besteht ein ganz entscheidendes Junktim zwischen dem Verständnis des Inhalts der Rechtfertigungslehre und ihrer kriteriologischen Funktion. Aus der Perspektive reformatorischer Theologie lautet dieses

Junktim: *Wem der Inhalt der Botschaft von der Rechtfertigung deutlich geworden ist, der muß auch ihrer Funktion als Kriterium zustimmen.* Oder: Wo Konsens über den Inhalt der Rechtfertigungslehre erreicht ist, ist Konsens in bezug auf ihre Funktion impliziert. Dann gilt aber auch die Umkehrung: *Wenn kein Konsens über die Funktion der Rechtfertigungslehre erreicht ist,* weil sie – so die GE – für Lutheraner »ein unverzichtbares Kriterium« ist (was immer das heißen mag), während sich Katholiken »von mehreren Kriterien (welchen?) in Pflicht genommen sehen«, *dann ist das ein sicheres Indiz dafür, daß auch hinsichtlich des Inhalts der Rechtfertigungslehre kein Konsens erreicht ist.*

Daß auch in der GE selbst die Rechtfertigungslehre teilweise nicht als Kriterium zur Anwendung kommt, zeigt sich z. B. auch in der Behandlung der biblischen Rechtfertigungsbotschaft. Die zentrale aus der Bibel gewonnene Einsicht der Reformation von der Rechtfertigung des Sünders, wie sie bei Paulus expliziert ist, ging Hand in Hand mit einem Schriftverständnis, das die Bibel als Ganze vom Evangelium von der Gnade Gottes in Jesus Christus her verstehen ließ. Das Schriftprinzip hat seine Gültigkeit durch den Bezug auf das Evangelium und läßt darum eine große Vielfalt der Art und Weise, von der Gnade Gottes zu reden, zu. Diese Aussagen müssen im Bezug auf das, wovon sie Zeugnis ablegen, ihre Einheit haben, müssen aber nicht ohne weiteres untereinander harmonisierbar sein. Die Einheit der Schrift in der Vielheit ihrer Schriften ist eine referentielle Einheit im Verweis auf Christus. Diese das reformatorische Schriftprinzip ebenso wie den Schriftgebrauch der reformatorischen Theologie begründende Einsicht wird, so scheint es, in der Darstellung der biblischen Rechtfertigungsbotschaft in der GE zugunsten einer heilsgeschichtlichen Harmonisierung unterlaufen, die auf deutliche Kritik von Seiten der Exegeten gestoßen ist.

Dazu kommt ein weiterer Kritikpunkt. Im Votum der Hochschullehrer wird darauf hingewiesen, daß der »von der GE beanspruchte Konsens keinerlei ekklesiologische und praktische Konsequenzen« (V) hat. Es hätte nicht deutlicher gemacht werden können als durch die Anmerkung 9: »In dieser Erklärung gibt das Wort ›Kirche‹ das jeweilige Selbstverständnis der beteiligten Kirchen wieder, ohne alle damit verbundenen ekklesiologischen Fragen entscheiden zu wollen.« Kann das sein? Wenn es bei der Rechtfertigungslehre um das Grundgeschehen geht, »daß wir Vergebung der Sünde bekommen und vor Gott gerecht werden – propter Christum per fidem« (CA IV), dann hat das sofort ekklesiologische Konsequenzen. Dann muß nämlich die Kirche konsequent als eine Gemeinschaft gedacht werden, die durch das in der Rechtfertigungslehre formulierte Grundgeschehen der Selbstvergegenwärtigung Christi durch den Geist in der Verkündigung des Evangeliums und in der evangeliumsgemäßen Darreichung der Sakramente konstituiert wird. Die reformatorische Theologie hat das auf die Kurzformel der Kirche als creatura verbi divini gebracht. Die Augsburgische Konfession hat darum das pure docere des Evangeliums und das recte (d. h. »dem gottlichen Wort gemäße«) administrare der Sakramente als notwendigen und hinreichenden Grund der Kirche und der Einheit der Kirche verstanden. Was anderes hat denn das pure docere und das recte administrare zum Inhalt und zur Voraussetzung als die Rechtfertigungsbotschaft? Kann es darum im Ernst sein, daß »das Verhältnis von Wort Gottes und kirchlicher Lehre sowie die Lehre von der Kirche, von der Autorität in ihr, von ihrer Einheit, vom Amt und von den Sakramenten« als »Fragen von unterschiedlichem Gewicht, die weiterer Klärung bedürfen« aufgezählt werden? Nach reformatorischem Verständnis müßte gelten: *Wer Einsicht gewonnen hat in die Rechtfertigungslehre und ihre Funktion als Kriterium theologischer Lehre und kirchlichen Lebens, kann sich die ekklesiologischen und praktischen Konsequenzen dieser Einsicht nicht ersparen.* Und sei es, daß darüber mit Ernst gestritten werden muß. Auch hier der Umkehrschluß: *Wo ein beanspruchter Konsens über die Rechtfertigungslehre keine ekklesiologischen und praktischen Konsequenzen hat, wird der Konsens selbst fragwürdig.*

Nun zu einem letzten Kritikpunkt. Nach reformatorischem Verständnis ist die Selbstvergegenwärtigung Christi durch den Geist durch die instrumenta der menschlichen Evangeliumskommunikation hinreichend für die Einheit der Kirche. Das Evangelium von der Gnade Gottes in Christus ist somit nicht nur der Grund der Kirche, sondern auch der Grund der Einheit der Kirche. Der Grund der Einheit der Kirche ist das der Kirche geschenkte, aber auch ihrer Verfügung entzogene Geschehen, in dem sich Christus durch den Geist im Evangelium vergegenwärtigt und so Glauben und Gemeinschaft des Glaubens schafft. Nach diesem Verständnis, das die lutherischen Kirchen in der Leuenberger Konkordie und in der von den Leuenberger Kirchen angenommenen Studie »Kirche Jesu Christi« bekräftigt haben, liegt die Basis für Kirchengemeinschaft, die die Gemeinschaft unter dem Wort Gottes am Tisch des Herrn und die Anerkennung des Amtes einschließt, im gemeinsamen Evangeliumsverständnis als Hinweis auf das, was Gott uns in Christus durch den Geist gibt. Dies ist nach reformatorischem Verständnis der Inhalt der Rechtfertigungsbotschaft; sie wird in der Rechtfertigungslehre expliziert. Auf dieser Basis kann aus reformatorischer Perspektive auch in der römisch-katholischen Kirche wirklich Kirche Jesu Christi gesehen werden. Auf dieser Basis konnte seit 1975 die Einladung an römisch-katholische Christen zum Abendmahl in der evangelischen Kirche ausgesprochen werden, die gerade von den Kritikern der GE mit Nachdruck wiederholt worden ist. Das führt zu der letzten kritischen Frage: *Verkürzt eine »Gemeinsame Erklärung«, die einen »Konsens in Grundwahrheiten« der Rechtfertigungslehre zu formulieren beansprucht, aber ihre ekklesiologischen und praktischen Konsequenzen hintanstellt, nicht gerade das ökumenische Potential der Rechtfertigungslehre?*

## 3. Vom »Jubeln mit Bauchschmerzen« zum »Ja mit Einschränkung«

Die Metapher vom »Jubeln mit Bauchschmerzen« des Leitenden Bischofs der VELKD ist zum Kennwort der Auseinandersetzung um die GE in den deutschen evangelischen Kirchen geworden. Die Metapher ist vielleicht nicht in jeder Hinsicht glücklich. Es sollte jedenfalls nicht der Eindruck erweckt werden, daß die einen jubeln und die anderen Bauchschmerzen haben, oder einige vielleicht vor Bauchschmerzen »jubeln«! Jubel ist weniger angesagt als nüchterne Weiterarbeit. Diese Nüchternheit sollte es sich aber nicht versagen, die GE *und* den Streit um die GE zu begrüßen als einen wichtigen, wenn auch keineswegs unproblematischen Schritt auf dem langen Weg ökumenischer Verständigung. Wir können es als evangelische Christen nur begrüßen, wenn das zentrale Anliegen evangelischen Glaubens zum Gegenstand ökumenischer Verständigung geworden ist. Ebenso ist unmißverständlich auf der Basis der GE festzuhalten, daß die in der Konkordienformel enthaltene Verurteilung der römisch-katholischen Rechtfertigungslehre die gegenwärtige Lehre, wie sie in der GE dargestellt ist, nicht trifft. Dies ist eine eindeutige Aussage und in der Tat ein wichtiger ökumenischer Schritt. Allerdings, dieses »Ja« zur GE hat eine Einschränkung: Die GE formuliert keinen Lehrkonsens in der Rechtfertigungslehre. Dieser Anspruch ist durch den durch sie ausgelösten innerlutherischen und innerprotestantischen Streit schon widerlegt. Der Beschluß, den die Synode der Nordelbischen Kirche am 7. Februar dieses Jahres gefaßt hat, spricht darum ausdrücklich von »Übereinstimmungen« und »Differenzen«. Es ist ein »Ja mit Vorbehalt«, wie es Wilfried Härle formuliert hat,[5] das die Synode beschlossen hat. Ist das ein ökumenischer Rückschritt?

Ich meine nicht. Denn die GE und der Streit um sie haben schon vieles bewirkt. Innerlutherisch und innerprotestantisch ist festzuhalten, daß sie das zentrale Thema evangelischen Glaubens und aus evangelischer Sicht des christlichen Glaubens schlechthin (eben: das Kriterium) in einer Weise zum Thema der Gespräche und Auseinandersetzungen gemacht haben, wie schon lange nicht mehr. Und das auf allen Ebenen kirchlichen Lebens. Ebenso haben sie für die evangelische Theologie die Grundfragen ökumenischer Theologie, die eine marginalisierte Sonderdisziplin zu werden drohte, ins Zentrum des interdisziplinären theologischen Gesprächs zurückgebracht. Schließlich wird durch den Widerspruch der Hochschullehrer die Frage nach der Funktion von Theologie für die Kirchenleitung neu diskutiert. Natürlich, es hat viele Mißtöne gegeben: von Klagen über ein theologisch desinformiertes »Kirchenmanagement« von Seiten der Hochschullehrer bis zu Klagen über ein professorales magisterium von Seiten der Kirchenleitungen. Auf alle Fälle ist die Frage der Rechtfertigungslehre aus den Reservaten kirchlicher Dialogkommissionen in das Licht der Öffentlichkeit gekommen.

*Was ist ökumenisch gewonnen durch den Streit um die GE?*

Jedenfalls ein größeres Verständnis für die komplexen Strukturen kirchlicher Rezeptionsmodalitäten und die in unterschiedlichen Begründungsfiguren – fast ist man versucht zu sagen: Grundwahrheiten – theologisch verankerten strukturellen Differenzen der Gestalt von Kirche.

Weiterhin ist, denke ich, das gegenseitige Verständnis für die mit diesen strukturellen Differenzen der Gestalt von Kirche zusammenhängenden unterschiedlichen ökumenischen Zielvorstellungen gewachsen. Daß die römisch-katholische Kirche auf Grund ihrer Verfassung und deren theologischer Begründung zu einer Auffassung sichtbarer Einheit tendiert, die die redintegratio der aus der Reformation hervorgegangenen kirchlichen Gemeinschaften zum Ziel hat, ist in diesem Prozeß noch einmal neu deutlich geworden; ebenso, welche Rolle Lehrkonsense auf diesem Weg spielen. Das Dialogdokument »Einheit vor uns« hat wie die Enzyklika »Ut omnes unum sint« in diesem Zusammenhang so etwas wie eine zweite Karriere gehabt.

Ebenso deutlich geworden ist, daß die lutherischen Kirchen zu einem polyzentrischen Modell von Kirchengemeinschaft auf der Basis eines gemeinsamen Evangeliumsverständnisses tendieren, wie es die Leuenberger Konkordie vorstellt und wie es in seinen ekklesiologischen Konsequenzen in der Kirchenstudie »Kirche Jesu Christi« entfaltet worden ist. Daß in diesem Zusammenhang Lehrkonsense einen anderen Stellenwert haben, weil sie nicht den Grund der Gemeinsamkeit formulieren, sondern als Ausdruck dieses Grundes eben an diesem Grund der Gemeinsamkeit, der Selbstvergegenwärtigung Christi durch den Geist im Evangelium, gemessen werden müssen, dürfte ebenso deutlich geworden sein. Dieser Zugewinn an Klarheit ist in jedem Fall ein Ergebnis des Streits. Er stellt aber auch neue Aufgaben. Was zu entwickeln ist, ist eine ökumenische Hermeneutik, welche die Unterschiedlichkeit der strukturellen Gestalt von Kirche in ihren theologischen Begründungen transparent macht und versucht, auf der Basis der klaren und respektvollen Erkenntnis des Anderen Wege zur Gemeinsamkeit zu suchen. Dabei werden nicht nur die ökumenischen Zielvorstellungen neu überdacht werden müssen, sondern auch die bisher gegangenen Wege auf ihre Angemessenheit zu überprüfen sein. Der Streit um die GE, die sich als Kulminationspunkt der Dialoge seit Malta versteht, macht es notwendig, auch die in diesem Prozeß bisher nicht genügend berücksichtigten Fragen zu thematisieren.[6]

Die größte Herausforderung bietet wahrscheinlich die GE selbst. *Ist die Rechtfertigungslehre wirklich ein entscheidender gemeinsamer Bezugspunkt zwischen der römisch-katholischen Kirche und den lutherischen Kirchen, dann besteht die eigentliche theologische Herausforderung darin, die aufgetretenen Gemeinsamkeiten und Differenzen im Lichte der Rechtfertigungsbotschaft neu zu überdenken.* Was immer ein Streit sein mag, er ist jedenfalls ein Zeichen von Leben. Tote streiten nicht (mehr). Darum erscheint die Auseinandersetzung um die GE nicht als Beginn einer neuen ökumenischen Eiszeit, sondern könnte durchaus auch Anzeichen eines neuen Frühlings der Verständigung sein. »Gnadenlos« kann ein Streit jedenfalls nicht sein, der die Rechtfertigungsbotschaft nicht nur als theologische Lehre thematisiert, sondern auch als Verheißung für die Kirche. – Soweit der Gesprächsbeitrag zur Diskussion auf der Tagung der Katholischen und Evangelischen Akademien in Tutzing. Was hat sich seitdem verändert? Wie stellt sich die ökumenische Situation in Sachen Rechtfertigung Ende 1998 dar?

## 4. Roma locuta – causa non finita

Nach dem Abschluß des Diskussionsprozesses über die GE in den Synoden der lutherischen Kirchen wurde vom Lutherischen Weltbund durch das Institut für Ökumenische Forschung die Auswertung der Ergebnisse vorgenommen. Der Modus dieser Auszählung ist in den lutherischen Kirchen nicht ganz unumstritten, denn auch alle Stellungnahmen, die ein »Ja mit Einschränkung« zum Inhalt hatten, also von Gemeinsamkeiten und Differenzen gesprochen hatten und ausdrücklich formuliert hatten, die GE formuliere keinen Lehrkonsens, und mit dieser Einschränkung die Erklärung angenommen hatten, wurden als Annahme gezählt. Das Straßburger Institut stellte so folgendes Ergebnis fest: 91,8% der Synodalbeschlüsse wurden als positiv, 5,8% als negativ gezählt, 2,5% galten dem Institut als schwer einzuordnen. Auf dieser Grundlage wurde durch den Rat des Lutherischen Weltbundes am 16. Juni 1998 einstimmig beschlossen, den Abschnitten 40 und 41 der GE zuzustimmen. Der im Diskussionsprozeß immer wieder umstrittene Begriff des Konsenses wurde in diesem Beschluß durch die Rede von agreements (»Übereinstimmungen«) ersetzt.

Am 25. Juni 1998 erfolgte die offizielle Antwort der römisch-katholischen Kirche, die »in gemeinsamer Verständigung zwischen der Kongregation für die Glaubenslehre und dem Päpstlichen Rat für die Förderung der Einheit der Christen ausgearbeitet« worden und nicht vom Papst oder von dem Präfekten der Glaubenskongregation, sondern von dem Präsidenten des Einheitsrates »als direkt Verantwortlichem für den ökumenischen Dialog«, unterzeichnet war. Diese »Antwort« ist die erste offizielle römisch-katholische Stellungnahme in dem seit 30 Jahren andauernden Dialogprozeß. Die Antwort ist untergliedert in eine *Erklärung, Präzisierungen* in sechs Punkten, denen in zwei weiteren Punkten *Perspektiven für die künftige Arbeit* angeschlossen sind. In der *Erklärung* wird formuliert, die GE stelle »einen bemerkenswerten Fortschritt im gegenseitigen Verständnis und in der Annäherung der Dialogpartner dar«. Sie dokumentiere »zahlreiche Konvergenzpunkte«, die belegen, daß »ein hoher Grad an Übereinstimmung« erreicht worden sei: »Die Feststellung, daß es ›einen Konsens in Grundwahrheiten der Rechtfertigungslehre‹ gibt, ist richtig.« Allerdings wird dieser Konsens sogleich so qualifiziert, »daß man noch nicht von einem so weitgehenden Konsens sprechen könne, der jede Differenz zwischen Katholiken und Lutheranern ausräumen würde«. Darum werden »zur Überwindung der noch bestehenden Divergenzen« die folgenden Präzisierungen vorgelegt, die Punkte betreffen, »die bei diesem Thema einer Verständigung in allen Grundwahrheiten zwischen der katholischen Kirche und dem Lutherischen Weltbund noch entgegenstehen«. Es folgt die Aufzählung der Punkte, in denen Differenzen zwischen Katholiken und Lutheranern festgestellt werden, die in der GE noch nicht geklärt sind.

1. Das Thema, bei dem nach Meinung der »Antwort« »(d)ie größten Schwierigkeiten« bestehen, ist die in der GE unter der Überschrift »Das Sündersein des Gerechtfertigten« unter Paragraph 4.4 dargestellte Auffassung der Gerechtfertigte sei »simul iustus et peccator«. Dem wird entgegengehalten, daß nach katholischer Lehre »in der Taufe all das, was wirklich Sünde ist, hinweggenommen« werde, woraus folge, daß »die Konkupiszenz, die im Getauften bleibt, nicht eigentlich Sünde ist«. Darum ist die Formel »zugleich Gerechter, zugleich Sünder« sowie ihre Erklärung in Nr. 29 der GE »für Katholiken nicht annehmbar«. Die »innere Verwandlung des Menschen« als »Erneuerung und Heiligung des inneren Menschen« komme auch in dem in der GE (Nr. 28–39) verwendeten Begriff der »Gottwidrigkeit« »nicht klar zum Ausdruck«. Im Blick auf das Verständnis des »simul iustus et peccator« gibt es – so die Antwort – »Schwierigkeiten mit der Aussage, diese Lehre … sei … nicht von den Anathemata (Verurteilungen) der tridentinischen Dekrete über die Ursünde und die Rechtfertigung betroffen«. Das aber war gerade die Kernaussage von Nr. 41 der GE: »Die in dieser Erklärung vorgelegte Lehre der lutherischen Kirchen wird nicht von den Verurteilungen des Trienter Konzils getroffen.«

2. Als weitere »Schwierigkeit« wird der in Nr. 18 der GE formulierte Status der Rechtfertigungslehre als »Kriterium« bewertet, denn in der katholischen Kirche müsse »die Botschaft von der Rechtfertigung organisch in das Grundkriterium der ›regula fidei‹ einbezogen werden, nämlich das auf Christus als Mittelpunkt ausgerichtete und in der lebendigen Kirche und ihrem sakramentalen Leben verwurzelte Bekenntnis des dreieinigen Gottes«.

3. Die ausführlichste »Präzisierung« ist der von der GE unter der Überschrift »das gemeinsame Verständnis der Rechtfertigung« behandelten Aussage gewidmet, »daß wir Sünder unser neues Leben allein der vergebenden und neuschaffenden Barmherzigkeit Gottes verdanken«. Hier ist es das »allein«, das in der Antwort eine Präzisierung erforderlich macht, weshalb auch unter Verweis auf Nr. 17 – ohne das inkriminierte »allein« formuliert wird, »daß das neue Leben aus der göttlichen Barmherzigkeit und nicht aus unserem Verdienst kommt«. Dagegen ist es nach der »Antwort« Lehre

der römisch-katholischen Kirche, daß die göttliche Barmherzigkeit – unter Verweis auf 2 Kor 5,17 – »eine neue Schöpfung bewirkt und nicht aus unserem Verdienst kommt«. In der Entwicklung ihres Einwandes geht die *Antwort* von Nr. 21 der GE aus, wo formuliert wird: »Lutheraner verneinen nicht, daß der Mensch das Wirken der Gnade ablehnen kann.« Diese, wie die *Antwort* formuliert, in Übereinstimmung mit can. 4 des Rechtfertigungsdekrets von Trient formulierte Auffassung wird dahingehend ergänzt, »daß dieser Freiheit zur Zurückweisung auch eine neue Fähigkeit zur Annahme des göttlichen Willens entspricht, eine Fähigkeit, die man mit Recht ›cooperatio‹ (Mitwirkung) nennt«. Das aber spricht dagegen zu sagen, »daß der Mensch die Rechtfertigung nur empfangen kann *(mere passive)*«, wie es Nr. 21 der GE formuliert. Die *Antwort* klagt also einen Widerspruch in der lutherischen Position ein, der nach einer »Klarstellung« verlangt. Für die römisch-katholische Lehre wird das Verhältnis von Handeln Gottes und menschlichem Handeln dann folgendermaßen zusammengefaßt: »Die katholische Kirche vertritt auch die Ansicht, daß die guten Werke des Gerechtfertigten immer Frucht der Gnade sind. Doch gleichzeitig und ohne irgendetwas von der totalen göttlichen Initiative aufzuheben, sind sie Frucht des gerechtfertigten und innerlich verwandelten Menschen. Man kann daher sagen, daß das ewige Leben gleichzeitig sowohl Gnade als auch Lohn ist, der von Gott für die guten Werke und Verdienste erstattet wird.« Anstelle der Aussage, »daß wir Sünder unser neues Leben allein der vergebenden und neuschaffenden Barmherzigkeit Gottes verdanken« (GE Nr. 17), wird hier ein katholisches simul im Blick auf die guten Werke formuliert: sie sind »Frucht der Gnade« und »gleichzeitig« »Frucht des gerechtfertigten und innerlich verwandelten Menschen«. Ebenso gilt für das ewige Leben, daß es »gleichzeitig sowohl Gnade als auch Lohn ist«.

4. »Bei der Fortführung dieser Bemühung« der Klarstellung wird dann auch gefordert, das Sakrament der Buße zu behandeln, durch das »der Sünder aufs neue gerechtfertigt (rursus iustificari)« werden kann, indem ihm die Möglichkeit gegeben wird, »die verlorene Gerechtigkeit wiederzuerlangen«. Die Formulierung macht

es ganz klar: Die wiederholte Rechtfertigung im Sakrament der Buße liegt in der Konsequenz des in Punkt 1 eingeführten und in Punkt 3 ausgeführten tridentinischen Verständnisses der Rechtfertigung als einem göttlich-menschlichen Prozeß, der als cooperatio zu charakterisieren ist.

5. Mit den folgenden beiden Punkten werden nicht einzelne Präzisierungen vorgenommen. Vielmehr wird grundsätzlich der Status der Präzisierungen bestimmt (Punkt 5) und das Abstimmungsverfahren in den lutherischen Kirchen kritisch gewürdigt (6). In Punkt 5 wird gesagt, daß die vorstehenden »Beobachtungen« »die Lehre der katholischen Kirche in bezug auf jene Punkte präzisieren, über die keine völlige Übereinstimmung erreicht wurde«. Betrachtet man den Text der *Antwort* scheint deutlich, daß diese »Präzisierungen« sich auf Abschnitte beziehen, in denen die GE Übereinstimmung beansprucht: Nr. 28 einschließlich der von der *Antwort* kritisierten Überschrift »Vom Sündersein des Gerechtfertigten« (Punkt 1); Nr. 18, wo die Bedeutung der Rechtfertigungslehre als »Kriterium« formuliert wird (Punkt 2); Nr. 17 mit der Formulierung, daß wir »unser neues Leben *allein* der vergebenden und neuschaffenden Barmherzigkeit Gottes verdanken«, wo das hier behauptete »allein« in Punkt 3 durch ein »gleichzeitig« ersetzt wird. Ebenso werden die in der GE als Ausdruck gemeinsamer Lehre intendierten Abschnitte Nr. 22 (Punkt 1), Nr. 19 (Punkt 3) kritisch »präzisiert«. Hier herrscht nach der Auffassung der *Antwort* – entgegen dem Anspruch der GE – keine völlige Übereinstimmung. Weiterhin wird hier formuliert, die in der *Antwort* mitgeteilten Beobachtungen wollten »einige der Paragraphen, die die katholische Lehre darlegen, ergänzen, um das Maß des Konsenses, zu dem man gelangt ist, besser ins Licht zu rücken«. Die *Antwort* bietet also nicht nur Präzisierungen zu den Formulierungen gemeinsamer Lehre, für die die GE Übereinstimmung beansprucht, sondern auch Ergänzungen zu den Formulierungen römisch-katholischer Lehre, die also in diesen Formulierungen von der *Antwort* als unvollständig und darum ergänzungsbedürftig betrachtet werden. Dazu gehören die Abschnitte Nr. 24 (Punkt 3) und Nr. 30 (Punkt 4).

Sodann wird in Punkt 5 der *Antwort* in direktem Widerspruch zu Nr. 40 der GE formuliert: »Der hohe Grad der erreichten Übereinstimmung gestattet allerdings noch nicht zu behaupten, daß alle Unterschiede, die Katholiken und Lutheraner in der Rechtfertigungslehre trennen, lediglich Fragen der Akzentuierung oder sprachlichen Ausdrucksweise sind.« Hier besteht eine bemerkenswerte Übereinstimmung zwischen der offiziellen *Antwort* der römisch-katholischen Kirche und der kritischen Stellungnahme der evangelischen Hochschullehrer zur GE: Die Unterschiede zwischen römisch-katholischer und lutherischer Rechtfertigungslehre sind Unterschiede in der Sache und nicht allein »in der Sprache, der theologischen Ausgestaltung und der Akzentsetzung« (GE Nr. 40).

Folgerichtig bestreitet die *Antwort* auch die in der GE aus den vermeintlich nur sprachlichen Differenzen gezogenen Schlußfolgerungen. »Einige betreffen inhaltliche Aspekte, und daher sind nicht alle, wie in Nr. 40 behauptet wird, wechselseitig miteinander vereinbar.« Es ist nicht mehr und nicht weniger als das Modell des »differenzierten Konsenses«, das Strukturprinzip der GE, wonach gemeinsam bekannte Aussagen unterschiedliche Explikationen ihrer Implikationen zulassen, das hier bestritten wird. Die Unterschiede inhaltlicher Art sind so gravierend, daß sie den behaupteten »Konsens in den Grundwahrheiten« zwar nicht völlig aufheben, aber beträchtlich einschränken. Der Widerspruch der *Antwort* richtet sich also nicht nur auf den *Inhalt* der GE, sondern auch auf die in ihr angewendete *Methode*.

Mit der Behauptung, es bestehe ein »Konsens in den Grundwahrheiten« der Rechtfertigungslehre hatte die GE begründet: »Die in dieser Erklärung vorgelegte Lehre der lutherischen Kirchen wird nicht von den Verurteilungen des Trienter Konzils getroffen. Die Verwerfungen der lutherischen Bekenntnisschriften treffen nicht die in dieser Erklärung vorgelegte Lehre der römisch-katholischen Kirche.« (GE Nr. 41) Dagegen formuliert die *Antwort:* »Auch wenn es stimmt, daß auf jene Wahrheiten, über die ein Konsens erreicht worden ist, die Verurteilungen des Trienter Konzils nicht mehr anzuwenden sind, müssen dennoch erst die Divergenzen, die andere Punkte betreffen, überwunden werden, bevor man geltend machen kann, daß – wie es in Nr. 41 ganz allgemein heißt – diese Punkte nicht mehr unter die Verurteilungen des Konzils von Trient fallen. Das gilt an erster Stelle für die Lehre über das ›simul iustus et peccator‹ (vgl. oben Nr. 1).« Die offizielle *Antwort* der römisch-katholischen Kirche macht auf diese Weise eindeutig klar, wie die Aussage in der »Erklärung« zu verstehen ist: »Die Feststellung, daß es ›einen Konsens in Grundwahrheiten der Rechtfertigungslehre(‹) gibt, ist richtig.« Der »hohe Grad der Übereinstimmung« gestattet jedenfalls nicht zu sagen, daß die Verurteilungen des Trienter Konzils die vorgelegte lutherische Lehre nicht mehr treffen. Der »Konsens in Grundwahrheiten« ist also nach Meinung der *Antwort* ein *eingeschränkter Konsens*, und die zu machenden Einschränkungen sind so gewichtig, daß die Verurteilungen des Trienter Konzils weiterhin zutreffen.

Damit ist allerdings eine beachtenswerte Asymmetrie entstanden: Während die lutherischen Kirchen letztverbindlich durch ihre höchsten Entscheidungsorgane festgestellt haben, daß die in der GE vorgelegte Lehre der römisch-katholischen Kirche durch die Verwerfungen der lutherischen Bekenntnisschriften nicht getroffen wird, hält die römisch-katholische Kirche – in Anbetracht der in der offiziellen *Antwort* vorgetragenen Präzisierungen der gemeinsamen Feststellungen und der Ergänzungen der römisch-katholischen Lehre in der GE auch ganz folgerichtig – an den Verurteilungen des Trienter Konzils fest.

6. Unter Punkt 6 wird in der *Antwort* »unter dem Gesichtspunkt der Repräsentativität« auf »den unterschiedlichen Charakter der beiden Partner« hingewiesen, die die GE erarbeitet haben. Auch bei Anerkennung der Anstrengung des Lutherischen Weltbundes, einen »magnus consensus« zu erreichen, »bleibt allerdings die Frage der tatsächlichen Autorität eines solchen synodalen Konsenses, heute und auch in Zukunft, im Leben und in der Lehre der lutherischen Gemeinschaft«. Diese »Präzisierung« kann in zweierlei Weise interpretiert werden. Einerseits kann sie ganz sachgemäß als Hinweis darauf verstanden werden, daß der Lutherische Weltbund selbst keinen ekklesialen Status hat, wohl aber die Synoden der autokephalen lutherischen Ortskirchen, die mit höchster

Repräsentativität in ihrem Bereich verbindliche Entscheidungen treffen können und in bezug auf die GE getroffen haben. Andererseits kann sie als Infragestellung der »Repräsentativität« des in den einzelnen lutherischen Kirchen gefundenen »synodalen Konsenses« interpretiert werden. Dann wäre es eine Infragestellung des Verfahrens der Lehrentscheidung in den evangelischen Kirchen. Entscheidet man sich für die erste Deutung – denn warum sollte der Vatikan in einer offiziellen Stellungnahme das kirchenrechtlich gültige Verfahren für Lehrentscheidungen in den evangelischen Kirchen in Frage stellen? – dann sind die evangelischen Kirchen hier *gegenüber* dem Lutherischen Weltbund an ihre Verantwortung für die Lehre erinnert.

7. Die beiden letzten Punkte der vatikanischen *Antwort*, »Perspektiven für die künftige Arbeit«, setzen Akzente, für die Form der Weiterarbeit, in der ausdrücklich bekräftigten »Erwartung ..., daß diesem wichtigen Schritt hin zu einem Einvernehmen weitere Studien folgen mögen, die eine zufriedenstellende Klärung der noch bestehenden Differenzen erlauben«. Als »wünschenswert« hervorgehoben wird eine »Vertiefung des biblischen Fundamentes«, die über die paulinischen Schriften hinaus andere Schriften des Neuen Testaments verstärkt einbezieht, aber auch in der Behandlung des Themas bei Paulus weitere Aspekte, wie die Sprache von Sohnschaft und Erbschaft in der Darstellung des gerechtfertigten neuen Menschen stärker berücksichtigt. Eine »Lösung« der noch bestehenden Divergenzen wird – und das kann von Seiten der evangelischen Theologie nur begrüßt werden – auf der Grundlage des biblischen Zeugnisses erwartet.

8. Dem wird abschließend die Notwendigkeit eines gemeinsamen Bemühens von Lutheranern und Katholiken hinzugefügt, »eine Sprache zu finden, die imstande ist, die Rechtfertigungslehre auch den Menschen unserer Zeit verständlicher zu machen«. Damit wird gewissermaßen ein Uranliegen der lutherischen Kirchen aufgenommen, das seit der Tagung des Lutherischen Weltbundes in Helsinki 1963, auf der die Schwierigkeiten, die Rechtfertigungslehre im gegenwärtigen Kontext verständlich zu machen, unverblümt zur Sprache gebracht wurden, einen vorrangigen Platz auf

der theologischen und kirchlichen Agenda der lutherischen Kirchen einnimmt.

Die offizielle *Antwort* der römisch-katholischen Kirche auf die GE ist weithin als eine Absage an die Erklärung und ihre Absicht verstanden worden. Die Vereinigte Evangelisch-Lutherische Kirche Deutschlands stellte in einem Kommuniqué durch die Kirchenleitung heraus, man habe angesichts der Feststellung der lutherischen Kirchen, daß die Lehrverurteilung des 16. Jh. die katholische Lehre, wie sie in der GE dargestellt ist, nicht treffen, mit »um so größerer Enttäuschung … zur Kenntnis genommen, daß die … Antwort der römisch-katholischen Kirche … eine entsprechende Feststellung zur lutherischen Rechtfertigungslehre nicht für möglich hält … Mehr noch: Lehrunterschiede, die durch die Gemeinsame Erklärung aufgearbeitet werden sollen, werden aufs Neue problematisiert und die römisch-katholische Lehre wird praktisch für die lutherische Seite für verbindlich erklärt.«[7] Der Rat der Evangelischen Kirche in Deutschland formulierte in einer Stellungnahme: »Unseren katholischen Freunden sagen wir: Wir bleiben zusammen. Wir lassen uns von unseren katholischen Mit-Christen weder trennen noch entfernen – auch nicht durch Signale aus dem Vatikan, die alte Lehrverurteilungen bekräftigen … Auch ärgerliche Rückschläge können uns nicht von dem Versuch abbringen, kirchliche Lehrfragen zu klären.« Die beiden Zielsetzungen der GE, einen Konsens in Grundwahrheiten der Rechtfertigungslehre zu erzielen und festzustellen, daß die Lehrverurteilungen des 16. Jh. die Lehre der anderen Seite nicht treffen, seien gescheitert. »Die Antwort des Vatikan nötigt aufgrund der in den ›Präzisierungen‹ vorgenommenen Einschränkungen zu der Deutung: Aus seiner Sicht sind im Ergebnis beide Ziele nicht erreicht.« Ebenso wird hervorgehoben, daß die *Antwort* des Vatikan vermeide, von den lutherischen Kirchen als Kirchen zu sprechen: »Es ist bedauerlich, daß in dieser Frage nach wie vor Positionen festgehalten werden, die in der Sache unangemessen sind und dem Verhältnis zwischen unseren beiden Kirchen nicht gerecht werden.« Die in der *Antwort* gestellte Frage nach der Autorität eines synodalen Konsenses wird als unangemessen zurückgegeben: »Auch der evangelischen Seite ist der Weg fremd, auf dem in der römisch-katholischen Kirche Lehrentscheidungen zustande kommen. Aber ökumenischer Dialog setzt voraus, daß man den Weg von Lehrentscheidungen wechselseitig respektiert. Deshalb kann, wenn das ökumenische Miteinander gedeihlich bleiben soll, der Weg der römisch-katholischen Kirche nicht zum Bewertungsmaßstab für das Zustandekommen von Entscheidungen in den reformatorischen Kirchen gemacht werden.« Die in der Interpretation des Rates der EKD in der *Antwort* vorgenommene Infragestellung des Verfahrens der Lehrentscheidung in den reformatorischen Kirchen wird ebenso an Rom zurückgegeben. Die in der *Antwort* formulierten Gründe zur Präzisierung des Konsensvorschlags der GE hätten von Rom schon vorher ins Gespräch gebracht werden müssen. »Es ist ein ökumenisch unakzeptables Verfahren, daß der Vatikan sie erst jetzt, nach dem Urteilsbildungs- und Entscheidungsprozeß im Lutherischen Weltbund und seinen Mitgliedskirchen, vorbringt. Inhaltlich wird festgestellt, die *Antwort* stelle »Kernstücke der reformatorischen Rechtfertigungslehre in Frage«: »So hat die Aussage, der Glaubende sei ›gerecht und Sünder zugleich‹, ihren bleibenden Sinn gerade darin, herauszustellen, daß die überlegene göttliche Gnade ihn von der ›Mitwirkung‹ an seiner Rechtfertigung entlastet und zugleich von der Illusion befreit, er könne das ewige Leben ›auch‹ als Lohn für die guten Werke und Verdienste erwarten.«[8]

Angesichts dieser Reaktionen, die den Eindruck widerspiegeln, die offizielle römisch-katholische *Antwort* sei eine klare Absage an die GE und ihre Zielsetzungen, wurden ungewöhnliche Schritte unternommen wurden, um ihn zu korrigieren. Kardinal Joseph Ratzinger nahm in einem Leserbrief in der Frankfurter Allgemeinen Zeitung Stellung zu diesem Eindruck und betonte nachdrücklich, die in der »Erklärung«, dem ersten Teil der *Antwort* gemachte Aussage, es bestehe Übereinstimmung »in Grundwahrheiten der Rechtfertigungslehre«, sei »im eigentlichen Sinne die ›Erklärung‹ des Heiligen Stuhls zur Konsensfrage«.[9] Edward Idris Kardinal Cassidy, der Präsident des Päpstlichen Rates zur Förderung der Einheit der Christen, schrieb einen Brief an Dr. Ishmael Noko, den Präsidenten des Lutherischen Weltbundes, in der er ebenso die Differenz zwischen der »Erklärung« und den »Präzisierungen«

betont und darauf hinweist, daß es die erreichte Übereinstimmung und der Charakter der in der Antwort genannten Präzisierungen erlaube, daß die römisch-katholische Kirche, die GE unterzeichne – »without delay and in its integrity«.[10]

Allerdings ist zu fragen, ob die – im Ton deutlich ihre Enttäuschung über die vatikanische Stellungnahme zum Ausdruck bringenden – Stellungnahmen von Leitungsgremien der evangelischen Kirchen in Deutschland, die aus der Situation heraus sicher verständlich sind, sich auch mit etwas größerem Abstand als sachgemäß erweisen. Ist es richtig, daß die ökumenische Verständigung über die Rechtfertigungslehre durch die *Antwort* aus Rom gescheitert ist? Ist durch die Präzisierungen der vatikanischen Stellungnahme der Dialog zum Abbruch gekommen? Roma locuta, causa finita?

Unübersehbar ist jedenfalls, daß die vatikanische *Antwort* die *Kritiker* der GE auf evangelischer Seite nachdrücklich *bestätigt* hat. Wie die Kritik an der GE auf lutherischer Seite Präzisierungen der gemeinsamen Formulierungen der GE und Ergänzungen in der Darstellung des reformatorischen Verständnisses einforderte, so bietet auch die vatikanische *Antwort* Präzisierungen der gemeinsamen Formulierungen und Ergänzungen der Darstellungen der römisch-katholischen Lehre. Wie die Kritiker auf lutherischer Seite, so sieht auch die römische Antwort die Differenzen im Verständnis der Rechtfertigung nicht als »Unterschiede in der Sprache, der theologischen Ausgestaltung und der Akzentsetzung«, sondern als *inhaltliche* Divergenzen, die der Klärung bedürfen. Wie die Kritik auf evangelischer Seite die in der GE verwendete Methode des differenzierten Konsenses in Frage stellte, die aus gemeinsamen Bekenntnissätzen unterschiedliche (aber eben z. T. auch gegensätzliche) Entfaltungen ableitet, so kritisierte auch die vatikanische Antwort, daß die sachlich unterschiedlichen Aspekte nicht »wechselseitig miteinander vereinbar« (Punkt 5) sind. Und schließlich: Wie die Synoden der lutherischen Kirchen, die unter Aufnahme der kritischen Stellungnahmen zur GE ein »Ja mit Einschränkung« verabschiedeten, indem sie von »Gemeinsamkeiten« und »Differenzen« im Verständnis der Rechtfertigungslehre sprachen, so spricht auch die *Antwort* Roms davon, daß es »zahlreiche Konvergenzpunkte«, aber auch »Divergenzen« gibt. Sie kann darum zwar von »einem Konsens in Grundwahrheiten der Rechtfertigungslehre« sprechen, aber auch von den Punkten, »die bei diesem Thema einer Verständigung in allen Grundwahrheiten ... noch entgegenstehen«. Der von der vatikanischen Antwort gemeinte »Konsens in Grundwahrheiten« erweist sich damit ausdrücklich als *Teil-Konsens* in einigen Punkten der Rechtfertigungslehre, dem ein ausdrücklich benannter *Dissens* in anderen Punkten gegenübersteht. Mehr hat auch keiner der Kritiker deutlich machen wollen. Das Verdienst der römischen *Antwort* ist gerade, daß nun eindeutig klar geworden ist, in welchen Punkten Divergenzen bestehen. Die Forderung Eberhard Jüngels »Um Gottes willen – Klarheit!« ist jedenfalls von der römischen *Antwort* erfüllt worden.

Klar geworden ist, daß im Verständnis des Verhältnisses von Gottes Handeln und von menschlichem Handeln in der Rechtfertigung grundlegende Differenzen bestehen. Während von reformatorischer Seite hier die Ausschließlichkeit des Heilshandelns Gottes betont wird, die durch die particulae exclusivae der reformatorischen Theologie (sola gratia – solus Christus – solo verbo – sola fide) in ihrem Zusammenhang hervorgehoben werden, und die jede Vorstellung einer cooperatio des Menschen an seiner Rechtfertigung ausschließt, hat die vatikanische Antwort noch einmal die römisch-katholische Lehre profiliert, daß die Gnade Gottes »eine neue Fähigkeit zur Annahme des göttlichen Willens« schafft, »eine Fähigkeit, die man mit Recht ›cooperatio‹ (Mitwirkung) nennt«. Die hier auftretende Differenz ist deshalb so aufschlußreich, weil die Unterscheidung und Beziehung von Gottes Werk und menschlichem Handeln, von Gnade und Freiheit, die in der reformatorischen Theologie in der Rechtfertigungslehre expliziert wird, nach evangelischem Verständnis paradigmatisch für alle Glaubensartikel gilt. Die Rechtfertigungslehre hat aber nicht nur deshalb die von der reformatorischen Theologie immer wieder betonte kriteriologische Bedeutung, sondern auch und vor allem darum, weil die Rechtfertigungslehre nach reformatorischem Verständnis die Konstitution des Glaubens beschreibt. Aus diesem Grunde ist von den Kritikern der GE auch die Notwendigkeit der Präzisierung des sola gratia der Rechtfertigungslehre durch das sola fide eingeklagt worden. Die Rechtfertigung des Sünders und die Konstitution des Glaubens sind nicht zwei unabhängige Vollzüge, die deswegen getrennt voneinander abgehandelt werden könnten. Die Rechtfertigung des Sünders vollzieht sich dadurch, daß dem Menschen durch Gottes Geist die Wahrheit der Christusbotschaft erschlossen und im Herzen gewiß gemacht wird, daß Gott um Christi willen den Sünder gnädig annimmt und in die Gemeinschaft mit Gott aufnimmt. Dadurch wird Glauben als das unbedingte daseinsbestimmende Vertrauen auf Gott geschaffen. Weil die Konstitution des Glaubens so wie die Rechtfertigung des Sünders nach reformatorischem Verständnis ganz und allein Werk Gottes ist, darum kann und muß sie von den Glaubenden bezeugt werden, in dem Vertrauen darauf, daß Gott dieses Zeugnis als Instrument seiner Selbstvergegenwärtigung benutzt.

Der Vorsitzende der Deutschen Bischofskonferenz, Bischof Karl Lehmann, hat in seiner Ansprache bei der Herbstvollversammlung der Deutschen Bischofskonferenz die Befürchtungen, die sich von römisch-katholischer Seite mit dieser Auffassung verbinden, anschaulich zur Sprache gebracht: »Die Katholiken scheuen nicht die Betonung des einzigartigen Heilshandelns Gottes, sondern fürchten in der extremen Zuspitzung auf die Rechtfertigungslehre als Kriterium aller theologischen Aussagen und aller kirchlichen Erscheinungen, besonders auch im Blick auf die Kirche, die Sakramente sowie die Ämter und Dienste, deren fragwürdige spirituell-theologische Entleerung und extreme Relativierung.«[11] Von evangelischer Seite wäre auf diese Befürchtungen mit dem Hinweis zu antworten, daß diese Sicht nicht notwendigerweise als spirituell-theologische Entleerung zu begreifen ist, sondern vielmehr die spirituelle Fülle der Kirche, ihrer Ämter und Dienst dort theologisch deutlich wird, wo sich ihr Zeugnis auf das Wirken des Geistes Gottes verläßt. Ebenso wäre hier von Relativierung nur in dem Sinne einer, dann allerdings »extremen«, In-Beziehung-Setzung der Kirche zu der Botschaft, die ihr anvertraut ist und der sie ihre Existenz als creatura verbi divini verdankt, zu reden.

Bischof Lehmann hat ebenso deutlich gemacht, daß Lutheraner viel von dem aufnehmen können, was der römisch-katholischen Lehre unter dem Stichwort der »inneren Verwandlung des Menschen« wichtig ist: »Die lutherische Rechtfertigungslehre kann jedoch durchaus verstehen, daß man ohne Beschreibung der aktiven Beanspruchung des Menschen durch die empfangene Rechtfertigungsgnade und das personale Beteiligtsein die Wirklichkeit des erlösten Menschen nicht beschreiben kann.« Gerade die Verwandlung des Herzens, die Neuordnung der Affektstruktur des Menschen im Lichte der Gewißheit der Gnade Gottes, ist ein zentrales Thema reformatorischer Theologie, wie sich an Luthers Auslegung des Dritten Artikels im Großen Katechismus exemplarisch zeigen läßt. Allerdings ist es nach reformatorischem Verständnis eine aktive Beanspruchung des Menschen durch Gott, die sich für den Menschen als passive Erschließung der Wahrheit der Christusbotschaft vollzieht, die dann die Grundlage für die aktive Gestaltung des Lebens des Glaubens schafft. Ist die Konstitution des Rechtfertigungsglaubens ganz passiv, weil sie allein das Werk Gottes ist, so ist das Leben des Glaubens ganz aktiv, weil es das dem Menschen gebotene und ermöglichte Tun des Willens Gottes ist. Beides, die völlige Passivität der Glaubenskonstitution und die Aktivität des Lebens des Glaubens, beschreibt in seiner Unterscheidung und Beziehung »das personale Beteiligtsein« als »die Wirklichkeit des erlösten Menschen«.

Obwohl der Vorsitzende der deutschen Bischofskonferenz hier Möglichkeiten der Verständigung sieht, die durch die Diskussion über die GE eröffnet worden sind, zieht er auch die Möglichkeit in Betracht, daß es in diesem, durch die vatikanische *Antwort* in den Vordergrund gestellten Fragenbereich, »so etwas wie eine noch nicht bewältigte ›Grunddifferenz‹ zwischen den Konfessionen gibt. »Es ist aber nicht auszuschließen, daß sich eine Grundfrage im Verständnis der Heilswirklichkeit darauf konzentriert, wie das Heil Gottes die irdische Wirklichkeit erreicht, ohne in der menschlichen Realität oder gar der Verfügbarkeit des Menschen aufzugehen, aber dennoch die irdische Wirklichkeit auch nachhaltig zu wandeln und durchgreifend und umfassend zu ändern vermag. Hier geht es wohl nicht mehr nur um Denkformen und Sprachgewohnheiten.«

Wenn sich die »weiteren Studien«, die die vatikanische *Antwort* fordert, auf diese »Grundfrage« konzentrieren würde, die nicht nur ein Spezialthema ökumenischer Theologie ist, sondern ein Grundthema aller christlichen Theologie, dann hätte der turbulente Diskussionsprozeß um die GE zu einem wichtigen Ergebnis geführt. Dann wären auch die Chancen einer dialogischen Verständigung durch diese Diskussion und durch die vatikanische *Antwort* auf die GE nicht schlechter, sondern besser geworden. Dann würde gelten: Roma locuta: causa non finita – Rom hat gesprochen: Der Dialog muß weitergehen.

## Anmerkungen

1 Vgl. *D. Wendebourg,* Kampf ums Kriterium – Wie die Rechtfertigungserklärung zustande kam, Evangelische Kommentare 12/97, jetzt in: epd-Dokumentation 3/98, 45–49. Die Diskussion um die GE ist ausführlich dokumentiert in 15 Heften der epd-Dokumentation unter dem Titel: Streit um die Erklärung zur Rechtfertigungslehre, Nr. 46/97 – Nr. 51/98.

2 Vgl. dazu die ausführliche Darstellung des Kontextes in dem Aufsatz von *E. Herms:* Genau hinsehen – konstruktiv reagieren – Klarheit schaffen, in: epd-Dokumentation 3/98, 1–20, bes. 1–6.

3 Ich folge hier dem Votum der Hochschullehrer zur »Gemeinsamen Erklärung zur Rechtfertigungslehre«, in: epd-Dokumentation 7/98, 1–4.

4 Vgl. *E. Jüngel,* Um Gottes willen – Klarheit! Kritische Bemerkungen zu Verharmlosung der kriteriologischen Funktion des Rechtfertigungsartikels – aus Anlaß einer ökumenischen »Gemeinsamen Erkärung zur Rechtfertigungslehre«, in : ZThK 94 (1997), 394–406

5 *W. Härle* »Ja« mit Vorbehalt – Streit über die Erklärung zur Rechtfertigungslehre, Evangelische Kommentare 12/97, in: epd-Dokumentation 3/98, 50–52.

6 Vgl. dazu die ausführliche Analyse von *E. Herms,* Der Dialog zwischen Päpstlichem Einheitsrat und LWB 1965–1998, in: ThLZ 123 (1998), 658–714.

7 Vereinigte Evangelisch-Lutherische Kirche Deutschlands (VELKD), Kirchenleitung: Kommuniqué, 6. 7. 1998, in: epd-Dokumentation 32/98, 7f.

8 Der Rat der Evangelischen Kirche in Deutschland (EKD): Stellungnahme zur Antwort aus Rom auf die Gemeinsame Erklärung zur Rechtfertigungslehre, in: epd-Dokumentation Nr. 32/98, 1f.

9 *Kardinal J. Ratzinger,* »Präzisierungen« zu einer »Erklärung« des Heiligen Stuhls, Leserbrief in »Frankfurter Allg. Ztg.«, 14. 7. 1998, in: epd-Dokumentation Nr. 42/98, 12f.

10 *E. I. Cardinal Cassidy,* President of the Pontificium Consilium Ad Christianorum Unitatem Fovendam (Präsident des Päpstl. Rates zur Förderung der Einheit der Christen), Brief an den Generalsekretär des Lutherischen Weltbundes, Dr. Ishmael Noko, 30. 7. 1998, in: epd-Dokumentation Nr. 42/98, 16–18, 17.

11 Einig im Verständnis der Rechtfertigungsbotschaft? Erfahrungen und Lehren im Blick auf die gegenwärtige Situation, von Bischof Dr. Dr. Karl Lehmann, in: Frankfurter Allgemeine Zeitung Nr. 222, 22. September 1998, 14. Daraus auch die folgenden Zitate.

# Die Herausforderung der Gemeinsamen Erklärung zur Rechtfertigungslehre

PAUL-WERNER SCHEELE

Vor genau 150 Jahren hat sich in meiner sauerländischen Heimat etwas zugetragen, das mir in letzter Zeit oft in den Sinn gekommen ist. Es hatte zwar ziemlich lange gedauert, aber dann hatte es sich doch anno 1848 herumgesprochen, daß es eine Revolution gegeben habe. Selbstverständlich wollte man nun auch nicht untätig sein. Schließlich mußte man ja zeigen, daß man auf der Höhe der Zeit war. Also wurde der Männergesangverein engagiert. Er schmetterte das Lied: »Was ist des Deutschen Vaterland?« Der Schieferdecker Max brachte am Kirchturm eine schwarz-rotgoldene Fahne an und hielt eine kurze Ansprache. Von ihr ist ein Satz überliefert – vielleicht war die Rede auch nicht länger. Er lautet: »Ordnung mut sinn, aber nit ze vill.« Ins Hochdeutsche übertragen: »Ordnung muß sein, aber nicht zu viel!« Diese Worte haben mich so beeindruckt, daß ich sie lange Zeit an einem Bücherregal angebracht habe. Ich will nicht verschweigen, daß mir dabei besonders der zweite Teil des Satzes sympathisch war.

Weshalb erzähle ich das? Weil ich manchmal den Eindruck habe, man verhalte sich heutzutage im Blick auf die Sache der christlichen Einheit in ähnlicher Weise. Es hat sich recht wohl herumgesprochen, daß ökumenisches Handeln gefragt ist und da und dort auch praktiziert wird. Also zeigt man, daß man up to date ist. Man diskutiert, betet und singt miteinander. Man hißt die Fahne der Einheit, sie bleibt aber draußen; dort wird sie zudem so hoch angebracht, daß man beim Hinaufschauen Genickstarre bekommen kann. Man fordert die Einheit (vor allem von anderen) und fördert sie auch wohl (wenn es keine Schwierigkeiten macht). Leider sieht es oft so aus, als könne man am Ende alles auf den Nenner bringen: »Einheit muß sein, aber nicht zu viel!« »Einheit muß sein« – wer will es schon riskieren, sich öffentlich gegen den Trend zu wenden; »aber nicht zu viel« – das könnte gefährlich werden, zu anstrengend, zeitraubend, Kraft und Nerven belastend; es könnte zuviel Unruhe bringen, zuviel Ungewohntes, Ungesichertes. Es soll nicht übersehen werden, daß manch einer aus respektablen Glaubens- und Gewissensgründen das »zu viel« hinsichtlich der Einheit ablehnt. Tut einer das, dann wirkt sich das bewußt oder unbewußt nicht zuletzt auf die Wertung ökumenischer Dokumente aus. Deren Herausforderungen erscheinen dann wie Provokationen im negativen Sinn, die man energisch zurückweisen muß.

Anders sieht es aus, wenn man sich die katholische Position zu eigen macht. Um sie in Kürze zu charakterisieren, rufe ich in Erinnerung, was Papst Johannes Paul II. jüngst dazu gesagt hat. Mit Nachdruck erklärte er (am 19. Februar 1998) in der Vollversammlung des Päpstlichen Rates zur Förderung der Einheit der Christen: »Wir können uns nicht mit Zwischenetappen begnügen, die vielleicht erforderlich, aber auf dem spirituellen und kirchlichen Weg, auf dem wir uns befinden, immer unzureichend sind. Das Ziel, zu dem unser Herr Jesus Christus uns ruft und uns leitet und wo er uns erwartet, ist die vollkommene Einheit mit all jenen, die die Taufe empfangen haben und dadurch am einzigen mystischen Leib teilhaben.«[1] In dieselbe Richtung weist uns der Ökumenische Rat der Kirchen, wenn er in seiner Verfassung als seine erste Funktion herausstellt, »die Kirchen aufzurufen zu dem Ziel der sichtbaren Einheit im einen Glauben und der einen eucharistischen Gemeinschaft, die ihren Ausdruck im Gottesdienst und im gemeinsamen Leben in Christus findet, und auf diese Einheit zuzugehen, damit die Welt glaube.«[2] Auf dieser Grundlage und in diesen Perspektiven soll im folgenden nach den Herausforderungen gefragt werden, mit denen uns die »Gemeinsame Erklärung zur Rechtfertigungslehre« (= GE) konfrontiert. Sie betreffen zunächst die Theologie (I), sodann die Pastoral (II) und schließlich die Kirchenleitungen (III). Wenn wir uns diesen drei Bereichen nacheinander zuwenden, sollten wir nicht aus den Augen verlieren, daß sie wesenhaft zusammengehören und daß sie alle zur Interaktion verpflichtet sind. Das ist um so mehr zu betonen, als in letzter Zeit aus lebensvollen Spannungen zwischen diesen Bereichen tödliche Spaltungen zu werden drohen.

## 1. Herausforderungen der Theologie

Ohne Zweifel ist der christliche Rechtfertigungsglaube als solcher eine Herausforderung des Menschen, seines Denkens und Handelns, und insbesondere eine Herausforderung des heutigen Zeitgenossen. Damit ist zugleich eine Herausforderung der Theologie gegeben. Als Glaubenswissenschaft hat sie sich mit allen zur Verfügung stehenden Methoden um die Glaubenswahrheit und um das Glaubensleben zu bemühen. Dazu gehört das Wahrnehmen und Ernstnehmen dessen, was die Zeitgenossen bewegt oder nicht bewegt. Der dialogische Charakter der biblischen Botschaft verpflichtet alle Theologie zum hör- und lernbereiten Dialog, zum Offensein für andere Stimmen, zur Unterscheidung der Geister und zur Entschiedenheit, das Wort Gottes unverkürzt und unverfälscht wieder- und weiterzugeben. In unserer Zeit heißt das nicht zuletzt: die Stimmen der Mitchristen in den anderen Konfessionen in das theologische Studieren und Artikulieren einbeziehen. Insbesondere ist es unerläßlich, auf die *Ergebnisse der ökumenischen Dialoge* zu achten. Damit ist nicht gemeint, daß diese kritiklos zu akzeptieren seien. Manche der einschlägigen Texte machen das ausdrücklich deutlich. So heißt es am Ende des Dokumentes über das Herrenmahl: »Eine theologische Lehre bleibt eine Theorie einzelner, solange sie nicht vom ganzen Volk Gottes bejaht und mitgetragen wird … Wir wenden uns deshalb an sie (= alle Mitchristen) mit der Bitte, unsere Überlegungen zu prüfen und zu bedenken, sie soweit wie nötig zu verbessern und sie sich soweit wie möglich zu eigen zu machen.«[3]

Etliche Äußerungen zur GE haben den Eindruck vermittelt, um die Kenntnis der wichtigsten Dialogdokumente sei es in deutschen Landen nicht sonderlich gut bestellt. Vieles, was heftig attackiert wurde, ist seit Jahr und Tag zu lesen. Genau gesehen hat die GE ja lediglich eine Summe dessen gezogen, was in den offiziellen lutherisch-katholischen Dialogen erarbeitet wurde und im wesentlichen keinen Widerspruch gefunden hat. Es ist an der Zeit, den verschiedenen Dialogdokumenten erhöhte Aufmerksamkeit zu schenken und präzise Stellung zu ihnen zu nehmen. »Für die Annahme der Ergebnisse des Dialogs braucht es daher einen umfangreichen und sorgfältigen kritischen Prozeß, der sie analysiert und mit Strenge ihre Übereinstimmung mit der Glaubentradition überprüft.«[4] So fordert es Johannes Paul II. in seiner Ökumeneenzyklika. Er postuliert: Die bisher erzielten Ergebnisse »dürfen nicht Aussagen der bilateralen Kommissionen bleiben, sondern müssen Gemeingut werden. Damit das geschieht und sich auf diese Weise die Gemeinschaftsbande festigen, bedarf es einer ernsthaften Untersuchung, die in verschiedenen Weisen, Formen und Zuständigkeiten das Volk Gottes als ganzes einbeziehen muß.«[5]

Eine der gewichtigsten Hilfen, welche die Theologie dabei leisten kann, ist eine präzise Klärung dessen, was ein *differenzierter Konsens* sein kann und soll, wo seine Möglichkeiten und seine Grenzen liegen. Daß diese Klärung überfällig ist, hat die Debatte um die GE hinreichend gezeigt. Nicht wenige haben zu deren Beurteilung die Elle eines Total-Konsenses angelegt; bei manchen ging diese Elle keinen Zentimeter über die eigene Überzeugung hinaus. Daß bei dieser Praxis das Urteil nur ein verurteilendes: »Kein Konsens« sein kann, verwundert nicht. Die Intention des differenzierten Konsenses sei hier mit den Worten des unvergessenen Dr. Heinz-Albert Raem wiedergegeben, der sich seinerseits Harding Meyer anschließt. Dr. Raem hat sich buchstäblich mit letzter Lebenskraft für die GE eingesetzt; er wurde bald nach der Fertigstellung des endgültigen Textes heimgerufen. Der katholischerseits im Einheitsrat für den Dialog mit den reformatorischen Kirchen Verantwortliche sagte in seiner Mainzer Gastvorlesung: »Der Dialog zielt nicht auf Uniformität, nicht auf einen monolithischen Konsens ab, sondern auf einen Konsens, der in sich selbst differenziert ist, d. h. der fähig ist, zu differenzieren und Unterschiede zuzulassen. Dabei handelt es sich nicht um eine mangelhafte Form von Übereinstimmung, sondern um einen wahrhaft ökumenischen Konsens, der dem Wesen der Einheit der Kirche entspricht, wie sie im Verständnis von Kirche als koinonia zum Ausdruck kommt. Bei jeder einzelnen Glaubensaussage muß infolgedessen unterschieden werden zwischen dem, was grundlegend ist, und demjenigen, was nicht zum Bereich des Grundlegenden gehört. Im Grundlegenden – im Glaubensgut selbst – muß es Übereinstimmung geben. Darüber hinaus kann es in der Darstellung des Glaubensgutes in verschiedenen Sprachgestalten und Denkformen eine legitime Verschiedenheit geben.«[6]

Daß die Frage des differenzierten Konsenses auch innerhalb jeder Kirche klärungsbedürftig ist, zeigt ein Blick in die theologische Literatur, die an Vielgestalt nichts zu wünschen übrig läßt. Im übrigen gehört ihre wissenschaftliche Klärung zu den Postulaten jeder authentischen christlichen Theologie. Aus dem biblischen Zeugnis erwächst ja »die Erkenntnis, das jedwede Glaubensformel eine Glaubenswahrheit immer nur approximativ in menschlicher Sprache auszudrücken vermag. Damit ist Theologie nie abgeschlossen, sondern im Gegenteil stets für eine tiefere Erkenntnis der unendlichen Offenbarung Gottes offen. Jedes theologische System verdient damit wirklich nur dann das Prädikat ›theologisch‹, wenn es um seine Begrenztheit weiß und auf Wachstum hin offen ist.«[7] Anders gesagt: Die Theologie ist immer »herausgefordert«, heraus aus ihrem Ist-Stand, hinein in die Unermeßlichkeit der göttlichen Offenbarung. Ihre Devise heißt nicht »sufficit«, sondern »Plus ultra!«

In diesem Horizont ist auch die Frage nach den *Kriterien* christlichen Glaubens und Lebens zu stellen. Sie hat in der Debatte um die GE eine wichtige Rolle gespielt. Deshalb soll in der gebotenen Kürze etwas näher auf sie eingegangen werden. Entzündet hat sich die Diskussion an der Formulierung der n. 18 der GE. Sie schließt sich unmittelbar an folgende Aussage an: »Gemeinsam sind wir der Überzeugung, daß die Botschaft von der Rechtfertigung uns in besonderer Weise auf die Mitte des neutestamentlichen Zeugnisses von Gottes Heilshandeln in Christus verweist: Sie sagt uns, daß wir Sünder unser neues Leben allein der vergebenden und neuschaffenden Barmherzigkeit Gottes verdanken, die wir uns nur schenken lassen und im Glauben empfangen, aber nie – in welcher Form auch immer – verdienen können.«[8] »Darum ist die Lehre von der Rechtfertigung, die diese Botschaft aufnimmt und entfaltet, nicht nur ein Teilstück der christlichen Glaubenslehre. Sie steht in einem wesenhaften Bezug zu allen Glaubenswahrheiten, die miteinander in einem inneren Zusammenhang zu sehen sind. Sie ist ein unverzichtbares Kriterium, das die gesamte Lehre und Praxis der Kirche unablässig auf Christus hin orientieren will.« Soweit also die gemeinsame Überzeugung. Auf dieser Basis erfolgen nunmehr knappe Umschreibungen der Differenzen, die füreinander offen sind: »Wenn Lutheraner die einzigartige Bedeutung dieses Kriteriums betonen, verneinen sie nicht den Zusammenhang und die Bedeutung aller Glaubenswahrheiten. Wenn Katholiken sich von mehreren Kriterien in Pflicht genommen sehen, verneinen sie nicht die besondere Funktion der Rechtfertigungsbotschaft.« An diese Differenzierung schließt sich erneut ein einvernehmliches Zeugnis an; es lautet: »Lutheraner und Katholiken haben gemeinsam das Ziel, in allem Christus zu bekennen, dem allein über alles zu vertrauen ist als dem einen Mittler (1 Tim 2,5f.), durch den Gott im Heiligen Geist sich selbst gibt und seine erneuernden Gaben schenkt (vgl. Quellen zu Kap. 3).«[9]

Die Debatte wurde erheblich durch die Behauptung belastet, der akzeptable Text der ersten Fassung (WÜ I) sei durch ein römisches Diktat verdorben worden. Der frühere Text (WÜ I) lautete: »Darum ist die Lehre von der Rechtfertigung, die diese Botschaft aufnimmt und entfaltet, nicht nur ein Teilstück der christlichen Glaubenslehre. Sie will als Kriterium die gesamte Lehre und Praxis unserer Kirchen unabläßlich auf Christus hin orientieren. Ihm allein ist letztlich zu vertrauen als dem einen Mittler (1 Tim 2,5f.), durch den der Vater im Heiligen Geist sich selbst gibt und seine rettenden Gaben ausgießt.«[10] Der katholische *Vorschlag innerhalb des Dialogprozesses* zielte darauf ab, bei dieser wichtigen Frage ebenfalls nach der Methode des differenzierten Konsenses vorzugehen. Der konkrete Modus, der vor Beginn der Beratung jedem Teilnehmer per Fax zur Kenntnis gebracht wurde, schlug im Anschluß an die verbleibende gemeinsame Grundaussage folgende Differenzierung vor: »Lutheraner verstehen sie als das entschei-

dende Kriterium, das im Blick auf alle Glaubenswahrheiten gilt. Katholiken sehen die Rechtfertigungslehre im Anschluß an das biblische Zeugnis in einem Gesamtverband der fundamentalen Heilswahrheiten und der Vermittlung des Heils (Anm.: Kirche und Rechtfertigung, n. 2).« Der Abschluß sollte dem vorliegenden Entwurf entsprechen. In der Aussprache wurde lutherischerseits geltend gemacht, ein Teil der katholischen Aussage entspreche auch der lutherischen Überzeugung; er solle deshalb noch in die gemeinsame Grundaussage aufgenommen werden. So kam es zu der jetzt vorliegenden Formulierung. Es würde im Widerspruch zu meiner vorher geäußerten Überzeugung von der Begrenztheit aller theologischen Aussagen stehen, wenn ich die publizierte Fassung als überaus gelungenes letztes Wort verteidigen würde. An dieser Stelle habe ich lediglich auf die theologische Herausforderung hinzuweisen, die mit der Kriterienfrage gegeben ist. Kein Zweifel besteht daran, daß die jetzige n. 18 eine enorme provozierende Kraft hat. Wenigstens darüber könnte man sich einig sein.
Im Zusammenhang mit der Kriterienfrage ist auch eine theologische *Klärung des Verhältnisses der GE zu den Bekenntnisschriften bzw.* katholischerseits zu den einschlägigen *Konzilsaussagen* geboten. Dieses Problem zeichnete sich bereits bei dem VELKD-Votum zu dem Projekt »Lehrverurteilungen – kirchentrennend«[11] ab. Damals formulierte man: »… der Bitte, ›die Kirchen, ihre Lehrer der Theologie und Pfarrer sollen die Evangelischen Bekenntnisschriften … im Lichte der hier formulierten Erkenntnisse auslegen‹, können wir nicht entsprechen, wenn damit gemeint wäre, daß das Dokument eine Auslegungsinstanz gegenüber den Bekenntnisschriften bilden würde; denn das entspricht nicht unserem Verständnis von der Stellung der Bekenntnisse. Möglich und wichtig aber erscheint es uns, daß bei der Auslegung der Bekenntnisschriften die hier gewonnenen Ergebnisse zur Sprache gebracht werden.«[12] Die erste, abgrenzende Aussage kann zunächst enttäuschen. Was sind ausdrücklich bejahte Dokumente wert, wenn die Bekenntnisschriften nicht einmal in ihrem Licht zu interpretieren sind? Die zweite, positive Aussage bleibt gewiß hinter der zitierten Bitte zurück, weil das zugestande Zur-Sprache-bringen auf die unterschiedlichste Weise vollzogen werden kann. Immerhin wird hier die Tür

zu einer umfassenden dogmenhermeneutischen Klärung geöffnet, die beiderseits nötig ist. Weshalb sollte man sie nicht gemeinsam angehen?

Eine weitere theologische Herausforderung ist mit den »*Erläuterungen*« verbunden, die seitens des deutschen Nationalkomitees des LWB erarbeitet wurde und in dessen Verantwortung nach Genf weitergegeben werden sollen. Zugleich sind sie den Mitgliedskirchen der VELKD übergeben und von diesen in unterschiedlicher Weise rezipiert worden. Da in diesen Erläuterungen mehrere wichtige Aussagen gemacht werden, ist ihr Stellenwert und ihre Verbindlichkeit so präzise wie möglich zu umschreiben. Was bedeutet es z. B., wenn festgehalten wird, es gäbe bei den in den Nummern 18–39 zur Sprache gebrachten Unterschieden auch solche »in der Sache«? Welche Aussagen sind näherhin gemeint und in welchem Grad sind sachliche Unterschiede gegeben? Betreffen diese zentrale Aussagen oder Elemente, bei denen auch Unterschiede in der Sache tragbar sind?

Der Hinweis der Erläuterungen auf die Aussagen der Nummern 28–30 (über das Sündersein der Gerechtfertigten) markiert eine Herausforderung, die tief- und weitreichende Konsequenzen hat. Es wird festgehalten, daß der hier zum Ausdruck gebrachte Gegensatz seine Wurzel in einem Unterschied im Verständnis der Sünde und der damit verbundenen Sicht vom Sein des Menschen vor Gott hat. Damit ist die *christliche Anthropologie* angesprochen, mit der man sich meines Erachtens im gesamten katholisch-lutherischen Dialog bislang zu wenig befaßt hat. Dabei ist eine genuine christliche Anthropologie aus verschiedenen Gründen das Gebot der Stunde. Zum einen schulden wir unseren Mitmenschen eine verbindliche Antwort auf die von Immanuel Kant artikulierten anthropologischen Grundfragen: »1. Was kann ich wissen? 2. Was soll ich tun? 3. Was darf ich hoffen? 4. Was ist der Mensch?«[13] Viele Mitchristen, die sich mit den Themen schwer tun, mit denen sich die Theologen gemeinhin befassen, sind durchaus offen für Aussagen, die ihr Menschsein betreffen. Ihre Fragen: »Was bringt mir das? Was habe ich davon? Was bedeutet das für mein Leben?« sollten ernster genommen werden, als es weithin geschieht. Beim Versuch, auf sie einzugehen, kann sich zeigen, wieviel es auch hinsichtlich der Anthropologie an Einheitspotential gibt. Können wir z. B. nicht miteinander der These Blaise Pascals zustimmen: »Nicht nur Gott kennen wir allein durch Jesus Christus, auch uns selbst kennen wir nur durch Jesus Christus, Leben und Tod kennen wir allein durch Jesus Christus. Ohne ihn wissen wir weder, was unser Leben, noch was unser Tod, noch was Gott ist, noch was wir selber sind«[14]? Gleichwohl stellt sich die Frage, ob nicht gerade in der Anthropologie vielfach übersehene tiefgreifende Differenzen zwischen Katholiken und Lutheranern bestehen. Johann Adam Möhler war jedenfalls in seinem Spätwerk der Überzeugung, daß gerade in der Anthropologie die gravierendsten Unterschiede gegeben seien. So schreibt er zu Beginn seiner »Symbolik«: »Die abendländische Frage betrifft lediglich die christliche Anthropologie; denn es wird sich herausstellen, daß alles, was sich noch anderes daran knüpfte, nur notwendige Folgerungen aus der Antwort sind, welche auf die von den Reformatoren aufgeworfene anthropologische Frage gegeben wurde.«[15] All das ist Grund genug, sich intensiv und redlich der anthropologischen Herausforderung der Theologie zu stellen, die durch die GE erneut in den Blick tritt.

Die jüngsten Debatten haben gezeigt, daß eine weitere Provokation durch das Spannungsfeld *Rechtfertigung – Kirche* gegeben ist. Auf seine Weise bringt das Arnulf von Scheliha zum Ausdruck, wenn er im Deutschen Allgemeinen Sonntagsblatt (am 13. 2. 1998) schreibt: »Schon der Versuch, mit der katholischen Kirche einen Konsens auf der Ebene von Lehrformulierungen des Reformationszeitalters zu finden, zeugt von einem schwerwiegenden Mißverstehen der Bedeutung der Rechtfertigungslehre für das evangelische Kirchenverständnis.«[16] Eben dieses Verhältnis war Gegenstand der dritten Dialogphase von 1986 bis 1993 im offiziellen katholisch-lutherischen Gespräch auf Weltebene. Das Ergebnis liegt seit 1994 der Öffentlichkeit vor[17]. Zweifellos empfinden manche bereits den Titel »Kirche und Rechtfertigung« als Herausforderung. Wie weit er berechtigt ist und was das bislang umfangreichste Dokument des über dreißigjährigen Dialoges an klärenden Hilfen bietet, muß die gründliche Prüfung der Schrift zeigen. Vielleicht kann die Diskussion über die GE dazu beitragen, daß möglichst viele sich mit dem Dokument »Kirche und

Rechtfertigung« befassen. In ihm geht es um etliche Fragen, die in der Debatte über die GE gestellt worden sind. Insbesondere werden folgende kontroverse Fragebereiche behandelt: »(1) die institutionelle Kontinuität der Kirche, (2) das ordinierte Amt als kirchliche Institution, (3) die lehramtliche Funktion des kirchlichen Amtes und (4) die jurisdiktionelle Funktion des kirchlichen Amtes.«[18]

Zu der ekklesiologischen Aufgabenstellung gehört überdies die Verständigung über *das Ziel* aller Bemühungen um die christliche Einheit. Naturgemäß wirken sich unterschiedliche Zielvorstellungen auf alle Einzelschritte und deren Beurteilung aus. Nach wie vor bin ich der Überzeugung, daß in dem 1985 publizierten Dokument »Einheit vor uns«[19] bedenkenswerte Hilfen für eine Klärung der Zielumschreibung angeboten werden. Leider hat man sich bislang zu wenig damit befaßt und sich so einer Aufgabe nicht gestellt, die für die gesamte christliche Ökumene von vitaler Bedeutung ist.

Kurz erwähnt seien die bis dato nicht genügend aufgearbeiteten *Probleme,* auf die uns die GE selber ausdrücklich hinweist. Wörtlich heißt es in der vorletzten Nummer: Es gibt »noch Fragen von unterschiedlichem Gewicht, die weiterer Klärung bedürfen; sie betreffen unter anderem das Verhältnis von Wort Gottes und kirchlicher Lehre sowie die Lehre von der Kirche, von der Autorität in ihr, von ihrer Einheit, vom Amt und von den Sakramenten, schließlich von der Beziehung zwischen Rechtfertigung und Sozialethik.«[20] An der Spitze dieser Auflistung steht das Postulat: »Unser Konsens in Grundwahrheiten der Rechtfertigungslehre muß sich im Leben und in der Lehre der Kirchen auswirken und bewähren.«[21] Das führt uns zu den Herausforderungen unserer Pastoral.

## 2. Herausforderungen der Pastoral

Vor kurzem bemerkte jemand im Anschluß an seinen Bericht über ein einvernehmliches ökumenisches Gespräch auf Pfarrebene über die Rechtfertigung: »Die Situation ist allerdings widersprüchlich:

während auf höchster Ebene über die Rechtfertigungsbotschaft diskutiert wird, wissen fast durchweg evangelische wie katholische Christen weder mit dem Begriff noch mit seiner Bedeutung etwas Klares zu verbinden.«[22] Gewichtiger noch als dieser Befund ist die Tatsache, daß auch unter Christen eine Mentalität verbreitet ist, die der Rechtfertigungsbotschaft geradewegs entgegensteht und entgegenwirkt. Bereits 1963 hat man bei der Vollversammlung des Lutherischen Weltbundes in Helsinki darauf hingewiesen. Unter anderem sprach man von einer »Änderung des Klimas unserer Kultur ... Diese Wandlung des geistlichen Klimas macht, daß viele von uns der Gedanken- und Überzeugungswelt der Reformation fremd gegenüberstehen.«[23] »Einer der wesentlichen Züge dieses Klimawechsels ist der Verlust der eschatologischen Dimension des menschlichen Lebens.«[24] »Ein geheimer Umschwung hat sich von der theozentrischen zur anthropozentrischen Grundhaltung vollzogen ... Der Mensch, nicht Gott steht im Zentrum. Gott steht lediglich irgendwo als unbegrenzte Hilfsquelle für die Lösung menschlicher Probleme, nicht als der Herr. Gott wird ein Mittel zum Zweck, er ist nicht mehr der souveräne Lenker allen Lebens. Wir kommen zu ihm gleichsam als Kunden, aber wir fürchten und lieben ihn nicht.«[25] Damals gelang es der Vollversammlung nicht, in zehn Tagen eine lutherische Erklärung über die »Rechtfertigung heute« einmütig zu verabschieden. Der erarbeitete Text wurde lediglich entgegengenommen, nicht angenommen. Die situativen Schwierigkeiten sind geblieben; sie sind eher noch größer geworden. So ist der Boden beschaffen, in den der Same des Evangeliums zu säen ist. Damit ist eine enorme Herausforderung der kirchlichen Pastoral gegeben. Es genügt nicht, diesbezüglich die eine oder andere Aktion zu organisieren. Der pastorale Dienst ist in seiner Gesamtheit aufgerufen, hier nach Kräften zu helfen.

In Hongkong hat Kardinal Cassidy dazu wichtige Hinweise gegeben. Sie haben in der dortigen Vollversammlung weitgehend Zustimmung gefunden. Das läßt uns hoffen, daß sie auch hierzulande nicht nur beiläufig zur Notiz genommen werden, sondern zu möglichst gemeinsamen Aktionen führen. Unser fundamentaler Auftrag lautet: »Was im Dialog über die Rechtfertigung durch den

Glauben erreicht worden ist … muß ins Herz unserer Kirchen gebracht werden, mitten in das Leben unserer Gemeinden hinein. Diese Einsichten müssen bei unseren Gemeindemitgliedern Anstöße geben zu einer Erneuerung in Herz und Sinn, zu einer Umkehr in unserer Einstellung zueinander.«[26]

Zu diesem Ziel können folgende *Einzelschritte* führen:

(1) Eine wahrhaft ökumenische *Ausbildung.* »Wir können nicht erwarten, daß unsere Gemeindemitglieder verstehen, daß Ökumenismus ein organischer Teil des Lebens und der Arbeit der Kirche ist, wenn unsere Kirchen nicht ständig darum bemüht sind, Möglichkeiten zu finden, die Einstellungen der Menschen im Blick auf Sinn und Bedeutung des Ökumenismus zu entwickeln und zu formen. Gerade jetzt, wo wir an der Schwelle eines wesentlichen Durchbruchs in den lutherisch-katholischen Beziehungen stehen, müssen wir im Blick auf die durch unseren Dialog ermöglichten theologischen Konvergenzen sowie im Hinblick auf den Konsens Informationen und Interpretationen geben, damit diese in rechter Weise erörtert und schließlich von den Kirchen rezipiert werden können.«[27]

(2) Wie in anderen Bereichen des Lebens ist auch in der Ökumene ein lebenslanges Lernen vonnöten. Deshalb bedarf es der *Fortbildungsprogramme* für die verschiedenen Ebenen des kirchlichen Lebens. In diese sind die Dialogergebnisse wie die sich daraus ergebenden Konsequenzen tunlichst einzubeziehen.

(3) Grundlage ist allemal das Hören auf das *Gotteswort.* Es versteht sich, daß im Blick auf die Rechtfertigungsbotschaft dem Römerbrief besondere Aufmerksamkeit gebührt; zugleich gilt es, offen zu sein für die Vielfalt des biblischen Zeugnisses über das Heilsgeschehen. Was seinerzeit in Helsinki grundsätzlich gesagt wurde, ist auch in der Pastoral zu beachten: »Die Reformatoren glaubten, daß die Rechtfertigung das Thema sei, daß das gesamte Neue Testament beherrsche. Jetzt erkennen wir, daß die Rechtfertigung zwar ein Bild ist, das in der frühesten christlichen Überlieferung erscheint, aber nur als ein Bild unter den vielen, die herangezogen werden, um die Bedeutung der Tat Gottes in Jesus Christus zu entfalten … einige der biblischen Schriftsteller verwenden das Wort Rechtfertigung nicht einmal und scheinen voll davon überzeugt,

das Evangelium trotzdem in seiner Fülle übermitteln zu können.«[28]
Eine wichtige Hilfe für die gemeinsame Bibelarbeit zum Thema Rechtfertigung ist die *Handreichung* für ökumenische Bibelabende katholischer und evangelischer Gemeinden »Kirche und Rechtfertigung«, die vom Lutherischen Weltbund und vom Einheitsrat herausgegeben wurde.[29] Ferner vermittelt Hans Schäfer gute Anregungen in der im Auftrag der VELKD edierten Broschüre »Die Botschaft von der Rechtfertigung. Eine Einführung in ihr biblisch-reformatorisches Verständnis«.[30]
(4) Insgesamt ist alles geboten, was dem *geistlichen Ökumenismus* dient. Dessen konziliare Umschreibung gebraucht mehrere Termini, die als Schlüsselbegriffe der Rechtfertigungsbotschaft anzusehen sind. Unter anderem heißt es: Die »Bekehrung des Herzens und die Heiligkeit des Lebens ist in Verbindung mit dem privaten und öffentlichen Gebet für die Einheit der Christen als die Seele der gesamten ökumenischen Bewegung anzusehen; sie kann mit Recht geistlicher Ökumenismus genannt werden.«[31] Wir haben allen Anlaß, unserem Herrn im Gebet für alles zu danken, was uns im Blick auf das gemeinsame Zeugnis geschenkt worden ist; wir haben allen Anlaß, seine Hilfe zu erbitten im Blick auf die unerläßliche Weiterführung des Dialogs und die praktische Umsetzung seiner Ergebnisse. Wer will dem Leiter des Einheitsrates widersprechen, wenn er ganz persönlich erklärt: »Ich sage ohne Zögern, daß wir keinen Fortschritt machen können, wenn unsere ökumenischen Bemühungen nicht auf einer tiefen geistlichen Grundlage aufbauen und im gemeinsamen Gebet um Gottes Hilfe und um die Gnade der Buße für unsere Trennungen gestärkt werden.«[32]
Wenden wir uns abschließend den Herausforderungen der Kirchenleitungen zu:

## 3. Herausforderungen der Kirchenleitungen

Selbstverständlich betreffen die Herausforderungen der Theologie und der Pastoral auch die Kirchenleitungen, haben diese doch in besonderer Weise für die reine Lehre und die rechte Pastoral zu sorgen. Daran ist zu erinnern, ohne daß mit einer entsprechenden Variation das bislang Gesagte im Blick auf die Kirchenleitungen wiederholt werden soll. Konzentrieren wir uns vielmehr abschließend auf die doppelte Herausforderung, die mit dem Text der GE direkt verbunden ist. Sie zielt zunächst auf eine konkrete, verbindliche Stellungnahme und sodann auf die Konsequenzen, die sich aus der offiziellen Rezeption der Erklärung ergeben.

(1) Das Neue und Spezifische der GE ist die Intention, daß, nachdem Theologen und Kommissionen gesprochen haben, die Kirchen selber *verbindlich Stellung nehmen.* Ausdrücklich werden sie dazu aufgefordert, »die trennenden Fragen und Verurteilungen zu überprüfen und in einem neuen Licht zu sehen.«[33] Insbesondere geht es darum, in aller Form zu erklären, daß die wechselseitigen Verwerfungen des 16. Jahrhunderts die andere Kirche nicht treffen, wenn sie die in der GE dargestellte Lehre vertritt[34]. Die entsprechende Frage an die Mitgliedskirchen des LWB lautet präzise: »Akzeptiert Ihre Kirche die in § 40 und § 41 der ›Gemeinsamen Erklärung zur Rechtfertigungslehre‹ erreichten Ergebnisse und bejaht somit, daß aufgrund der Übereinstimmung über das grundlegende Verständnis und die grundlegende Wahrheit unserer Rechtfertigung in Christus, welche die Gemeinsame Erklärung bezeugt, die Lehrverurteilungen der Lutherischen Bekenntnisschriften hinsichtlich der Rechtfertigung die Lehre der römisch-katholischen Kirche über die Rechtfertigung, wie sie in der Gemeinsamen Erklärung dargestellt ist, nicht mehr treffen?«[35]

Voraufgegangen sind zahlreiche von den Kirchen erbetene Stellungnahmen zu dem 1994 erarbeiteten ersten Entwurf. Die eingegangenen Voten wurden im Rahmen des Möglichen bei der Überarbeitung des Textes im Juni 1996 berücksichtigt. Zu der revidierten Fassung (WÜ I) konnten beide Seiten erneut Stellung nehmen. Daher ist der endgültige Entwurf vom Januar 1997 (WÜ II) nicht nur aus dem dreißigjährigen Dialogprozeß, sondern auch aus einem sich über drei Jahre erstreckenden Engagement der betroffenen Kirchenleitungen erwachsen. Diese haben sich freilich nicht alle in derselben Weise eingebracht. Nunmehr sind die 121 Mitgliedskirchen des LWB um die Antwort auf die eben zitierte Frage gebeten.

*Katholischerseits* ist das Miteinander von Bischofskonferenzen, Einheitsrat und Glaubenskongregation gefragt. Die Deutsche Bischofskonferenz hat am 28. 9. 1995 einhellig das Vorhaben begrüßt und unterstützt und den vorgelegten (1.) Entwurf als geeignete Grundlage zur Verwirklichung dieses Vorhabens bezeichnet. Ihre jüngste Wertung hat der Vorsitzende der DBK Bischof Karl Lehmann im Anschluß an die Frühjahrsvollversammlung in der Pressekonferenz wie folgt wiedergegeben: »Auch nach der lutherischerseits gewünschten Verlängerung der Entscheidungsphase kennzeichnet dieses Votum die Einstellung der Deutschen Bischofskonferenz zur Gemeinsamen Erklärung. Wir sind dankbar für jede positive Stellungnahme der kirchenleitenden Organe sowie einzelner Personen und Gruppen. Wir begrüßen es auch, daß die Erlösung durch Jesus Christus, um die es in der Rechtfertigungslehre geht, neu und intensiv in den Mittelpunkt engagierter Gespräche auf verschiedenen Ebenen kommt.
Angesichts der Tragweite der intendierten Gemeinsamen Erklärung machen uns Gegenaktionen ernste Sorgen. Mehr als die Tatsache, daß vermehrt schmerzliche Unterstellungen und unverständliche Mißdeutungen verbreitet werden, bewegt uns die Gefährdung des gesamten Vorhabens. Dessen Scheitern würde den Ergebnissen eines mehr als dreißigjährigen gemeinsamen Bemühens zuwiderlaufen; es würde nicht zuletzt den Konsequenzen der ökumenischen Studien über die »Lehrverurteilungen« (vgl. Lehrverurteilungen – kirchentrennend? Bd. I., hrsg. von Karl Lehmann und Wolfhart Pannenberg, Freiburg 1986) entgegenstehen. Vor allem würden wir unseren Gläubigen und der Welt das gemeinsame Zeugnis über eine zentrale Glaubenswahrheit vorenthalten, die wir ihnen allen und insbesonders unserem Herrn schuldig sind.
Trotz aller ernsten Sorgen geben wir die Hoffnung nicht auf, daß die Bemühungen um die Gemeinsame Erklärung zu einem guten Ende kommen, das wiederum Anfang weiterer Schritte auf unseren Herrn hin und aufeinander zu sein kann.«[36]
(2) Die zuletzt zitierten Worte lenken den Blick auf die nach der offiziellen beiderseitigen Rezeption fälligen Aktionen. Weithin besteht Einmütigkeit darüber, daß die GE erst ein Anfang ist, dem

Weiteres folgen muß. Das erste ist, daß das gemeinsam Erkannte im gemeinsamen Zeugnis weitergegeben wird. Das ist bedeutsamer als man auf den ersten Blick meinen mag. Wir Christen schulden allen Menschen das Mitteilen der Christuswahrheit. Durch die Spaltungen ist das immer wieder beeinträchtigt worden; für viele hat es sogar seine Glaubwürdigkeit verloren. Ist die GE akzeptiert, kann und muß miteinander bezeugt werden, was man miteinander glaubt.

Auf der Basis der GE sind sodann die Probleme anzugehen, die bis zur Stunde noch zwischen den Kirchen stehen. Die neue, vierte Dialogphase auf Weltebene ist ausdrücklich darum bemüht, im Sinn eines differenzierten Konsenses die Ergebnisse des Dialogs über das *Herrenmahl* und über das *Amt* zu überprüfen und gegebenenfalls zur Beschlußfassung vorzulegen. Das geschieht im Horizont der *Apostolizität,* die wir gemeinsam im Glaubensbekenntnis der Kirche zusprechen, aber zum Teil unterschiedlich verstehen. Scheitert die Rechtfertigungserklärung, dann ist diesen Vorhaben der Boden entzogen.

Eine weitere Herausforderung der Kirchenleitungen sind die *Dialogdokumente,* zu denen man bislang nicht Stellung bezogen hat. In den deutscherseits beigegebenen »Erläuterungen« wird im III. Abschnitt ausdrücklich festgehalten, daß ein positives Votum zur GE noch kein Ja zu den in den Quellen zitierten Dialogdokumenten bedeutet. Was nicht ist, kann und soll noch werden. Es ist an der Zeit, die anstehende Überprüfung vorzunehmen und nach Möglichkeit Stellung zu nehmen. Auch kritische Voten können dabei hilfreich sein, weisen sie doch auf Aufgaben hin, denen man sich zu stellen hat.

Schließlich sind die Akte miteinander anzuzielen, ohne die es keine *Kirchengemeinschaft* geben kann. Mit Recht heißt es in den »Erläuterungen« (II): »Die Einigung in Lehrfragen stellt als solche die Kirchengemeinschaft noch nicht her. Die kirchliche Lehre ist jedoch ein unverzichtbares Mittel, die Kirchengemeinschaft theologisch zu begründen, förmlich zu erklären und institutionell zu praktizieren.« Hoffen wir, daß es uns gegeben wird, die nötigen Schritte zu tun und so dieses uns gegebene und aufgegebene Ziel zu erreichen.

## Anmerkungen

1 L'Osservatore Romano, Wochenausgabe in deutscher Sprache 28 (1998) Nr. 12, 20. 3. 1998, 7.
2 Verfassung des ÖRK, III, 1.
3 Gemeinsame römisch-katholische/evangelisch-lutherische Kommission, Das Herrenmahl, Paderborn u. Frankfurt ³1979, n. 77, S. 47.
4 *Johannes Paul II.*, Enzyklika Ut unum sint über den Einsatz für die Ökumene, Vatikan 1995, n. 80, S. 102.
5 A.a.O., n. 80, S. 101 f.
6 *H.-A. Raem*, Dialog ohne Ende? Hermeneutische Überlegungen zur »Gemeinsamen Erklärung des Lutherischen Weltbundes und der römisch-katholischen Kirche zur Rechtfertigungslehre«, Catholica 50 (1996) 232–246, hier: 235 f.; zit.: Raem.
7 Raem 237 f.
8 GE n. 17.
9 GE n. 18.
10 Zweite Fassung der GE, vom 3.–7. Juni 1996 in Würzburg erarbeitet (= WÜ I), n. 17.
11 *K. Lehmann u. W. Pannenberg* (Hg.), Lehrverurteilungen – kirchentrennend? Freiburg u. Göttingen 1986; zit.: LV.
12 Stellungnahme des Gemeinsamen Ausschusses der VELKD und des DNK des LWB zum Dokument Lehrverurteilungen – kirchentrennend? vom 13. 9. 1991, Texte aus der VELKD 42/1991, S. 101.
13 *I. Kant*, Vorlesungen über die Logik. Kants gesammelte Schriften, Bd. IX, 25.
14 *Bl. Pascal*, Pensées, frg. 548 (Br.).
15 *J. A. Möhler*, Symbolik oder Darstellung der dogmatischen Gegensätze der Katholiken und Protestanten nach ihren öffentlichen Bekenntnisschriften, hg. v. *J. R. Geiselmann*, Bd. I, Köln u. Olten 1960, 18 f.
16 epd-Dokumentation Nr. 11/98 vom 9. März 1998, 42; zit.: epd-Dok. (6).
17 *Gemeinsame römisch-katholische/evangelisch-lutherische Kommission*, Kirche und Rechtfertigung. Das Verständnis der Kirche im Licht der Rechtfertigungslehre, Paderborn u. Frankfurt 1994.
18 A.a.O., n. 173, S. 91.
19 *Gemeinsame römisch-katholische/evangelisch-lutherische Kommission*, Einheit vor uns. Modelle, Formen und Phasen katholisch/lutherischer Kirchengemeinschaft, Paderborn u. Frankfurt 1985.
20 GE n. 43.
21 Ebd.
22 *H. J. Rennkamp*, in: Christ in der Gegenwart 50 (1998) 80.
23 Vierte Vollversammlung des LWB in Helsinki, Dokument Nr. 3: Über die Rechtfertigung, 9; zit.: Helsinki-Dok. 3.
24 A.a.O., 10.
25 A.a.O., 11 f.
26 KNA-ÖKI, Dok. Nr. 16, 12. August 1997, n. 7, S. 2; zit.: ÖKI-Dok 16.
27 A.a.O., n. 14, S. 3.
28 Helsinki-Dok. 3, n. 4, S. 7.
29 Kirche und Rechtfertigung. Eine Handreichung für ökumenische Bibelabende

katholischer und evangelischer Gemeinden, hg. vom *LWB und Päpstlichen Rat zur Förderung der Einheit der Christen,* Paderborn u. Frankfurt 1995.

30 *H. Schäfer,* Die Botschaft von der Rechtfertigung. Eine Einführung in ihr biblisch-reformatorisches Verständnis, Hannover 1997.

31 II. Vatikanisches Konzil, Ökumenismusdekret n. 8.

32 ÖKI-Dok. 16, n. 17, S. 4.

33 GE n. 7.

34 GE n. 41.

35 Brief des LWB vom 27. 2. 1997 an die Mitgliedskirchen.

36 Pressemitteilungen der DBK vom 5. 3. 1998, PRD 98–003, S. 6.

# Perspektiven für die Ökumene

## Die Gemeinsame Erklärung als erster Schritt zur Abendmahlsgemeinschaft*

HANS CHRISTIAN KNUTH

Als Catholica Beauftragter der VELKD (und entsprechend als der von der EKD beauftragte CO-Vorsitzende der Meißen-Kommission für die Entwicklung der Beziehungen zur Anglikanischen Kirche) kämpfe ich für Kanzel- und Abendmahlsgemeinschaft als Kennzeichen der Einheit der Kirche. Ich muß nicht lange ausführen, daß dahinter das Einheitsverständnis der Confessio Augustana (CA) steht, nach dem es »genug (ist) zu wahrer Einigkeit der christlichen Kirchen, daß da einträchtig nach reinem Verstand das Evangelium gepredigt und die Sakramente dem göttlichen Wort gemäß gereicht werden«. (satis est, CA 7)

In diesem Sinne ist Kirchengemeinschaft zwischen den Kirchen der Reformation erklärt worden – übrigens ja auch nach jahrhundertelangen erbitterten Kämpfen und Streitigkeiten! Dies ist das Ziel, dem nachzustreben sich lohnt und das vor allem realistisch und erreichbar zu sein scheint. Trotz der Vereinbarung von Meißen haben wir in der EKD diese volle sichtbare Einheit mit der Anglikanischen Kirche noch nicht erreicht, auch wenn wir mit der gegenseitigen Teilnahme am Abendmahl sehr viel

* Der folgende Beitrag gibt nur den Stand der Dinge wieder, der zum Zeitpunkt seines Entstehens (April 1998) erreicht war. Zum Fortgang der Entwicklung verweise ich auf den Bericht des Leitenden Bischofs der VELKD, Bischof Hirschler, vor der Generalsynode der VELKD vom 17.–21. Oktober 1998 in Husum sowie auf meinen Bericht als Catholica-Beauftragter vor dieser Synode. Der weitere Verlauf ist am ausführlichsten dokumentiert in den »epd-Dokumentationen« des Evangelischen Pressedienstes, Frankfurt a. M.

weiter sind als im Verhältnis zu unserer römisch-katholischen Schwesterkirche.

Mit der gemeinsamen Erklärung zur Rechtfertigungslehre ist ein erster wichtiger Schritt auf das Ziel der Kirchengemeinschaft hin unternommen. Denn es wird ja präzisiert, was das Evangelium ist und was es heißt, die Sakramente dem göttlichen Wort gemäß darzureichen. Am Verständnis und Stellenwert der Rechtfertigungslehre haben sich die Kirchen der Reformationszeit getrennt – eine Verständigung in dieser Lehre ist also notwendige Bedingung für die Überwindung der Kirchentrennung. Die Hoffnung dieses Einheitsverständnisses ist die »versöhnte Verschiedenheit«. Dies mag vielen nicht ausreichend sein zur wahren Einheit der Kirche. Anderen ist es längst nicht genug (satis est non satis est!). Kirchenleitungen dürfen gewiß auch träumen und weitreichenden Visionen nachdenken, sie müssen aber vor allem dafür sorgen, konkrete Schritte zu erreichen. Mit der Conzelebration und der Interzelebration bewegen wir uns zu auf ein realistisches Ziel. Wahrscheinlich wird die eucharistische Gastfreundschaft (bisher einseitig erklärt) der notwendige Zwischenschritt sein. Auch dafür gilt es, sich weiter einzusetzen.

Nach den etwas holzschnittartigen Vorbemerkungen komme ich zu sprechen auf den mühseligen, aber nicht ganz erfolglosen Weg, den die Kirchen hinter sich haben – und auch noch vor sich haben, um die hier gesteckten Ziele zu erreichen.

## 1. Die Entwicklungen seit Oktober 1996

Auf seiner Tagung vom 1./2. Februar 1997 in Genf hat der Rat des Lutherischen Weltbundes mehrheitlich beschlossen, den ihm vorgelegten Entwurf der »Gemeinsamen Erklärung zur Rechtfertigungslehre« als »Endgültigen Vorschlag« mit dem Päpstlichen Rat zur Förderung der Einheit der Christen (Einheitsrat) abschließend abzustimmen und ihn danach an die Mitgliedskirchen zur Entscheidung weiterzuleiten. Diesem Beschluß war eine Reihe von Bemühungen vorausgegangen, den Text vom Juni 1996 (sog.

»Würzburg I« so zu gestalten, daß er von den Kirchen weitestgehend akzeptiert werden könnte.
Die internationale Redaktionsgruppe wurde für Januar 1997 erneut zusammengerufen. Sie wurde beauftragt, die Änderungswünsche des Rates von seiner Septembersitzung 1996 und des Einheitsrates nach dessen Konsultation mit der Kongregation für die Glaubenslehre auszuwerten und im Text zu berücksichtigen. Aus dem Bereich des Deutschen Nationalkomitees (DNK) des Lutherischen Weltbundes (LWB) war die Vorsitzende des Theologischen Ausschusses der Vereinigten Evangelisch-Lutherischen Kirchen in Deutschland (VELKD), Frau Professorin Dorothea Wendebourg, Mitglied in der Redaktionsgruppe.
*Würzburg I* hatte bereits einen großen Teil der Anregungen und Abänderungswünsche aus unserer Stellungnahme berücksichtigt; jedoch waren mit dieser Fassung auch neue Fragen aufgetreten (z. B. in Nr. 18). Zur Vorbereitung dieser zweiten Redaktionssitzung ist nun von seiten des DNK/LWB versucht worden, einige Sachanliegen noch in den Text einzubringen, die aus der Stellungnahme zum 1. Entwurf nicht aufgenommen worden waren, und solche, die sich auf Würzburg I beziehen. Hierzu wurde die Abstimmung mit der Arnoldshainer Konferenz (AKf), der Evangelischen Kirche der Union (EKU), der Evangelischen Kirche in Deutschland (EKD) und der Leuenberger Kirchengemeinschaft gesucht. Diese Abstimmung ist für uns erforderlich, weil wir mit diesen Kirchen in einer verbindlichen Kirchengemeinschaft leben und neue Dialogergebnisse so zu gestalten sind, daß ihnen diese Kirchen sachlich nicht widersprechen müssen. Eine solche Verbindung der Lehrgespräche und ökumenischen Vereinbarungen erfordert nicht die Übereinstimmung in allen Formulierungen, die Texte müssen jedoch stets dieselbe Lehre zum Ausdruck bringen.
In einer Konsultation vom 19. Dezember 1996 waren Vertreter dieser Kirchen im Kreis der Arbeitsgruppe, die die Stellungnahme vorbereitet hatte, und die Vertreter und Vertreterinnen aus den DNK-Mitgliedskirchen unmittelbar beteiligt. Das Beratungsergebnis fand seinen Niederschlag in einer Liste weiterer Textänderungswünsche, die der Redaktionsgruppe übergeben wurde.
Die Redaktionsgruppe hat sich dann aber vor allem gegenüber den

von Genf eingebrachten Anliegen des LWB-Rates und den Änderungsvorschlägen des Einheitsrates verpflichtet gewußt. Von der deutschen Auflistung wurde nur noch weniges aufgegriffen, das ohne weitere Diskussion akzeptiert werden konnte. Bei einer Reihe von Anliegen war die innerlutherische Diskussionsgrundlage nicht klar. So entstand die Fassung »Würzburg II«, die nun als »Endgültiger Vorschlag« zwischen Rom und Genf abgestimmt und an die Kirchen versandt worden ist.

In seinem Brief vom 27. Februar 1997 hat LWB-Generalsekretär Dr. Noko die Kirchen zur Entscheidung über den Text des endgültigen Vorschlags aufgerufen und deren Antwort bis zum 1. Mai 1998 auf folgende Frage erbeten:

> *Akzeptiert Ihre Kirche die in § 40 und § 41 der Gemeinsamen Erklärung zur Rechtfertigungslehre erreichten Ergebnisse und bejaht somit, daß auf Grund der Übereinstimmung über das grundlegende Verständnis und die grundlegende Wahrheit unserer Rechtfertigung in Christus, welche die Gemeinsame Erklärung bezeugt, die Lehrverurteilungen der Lutherischen Bekenntnisschriften hinsichtlich der Rechtfertigung die Lehre der römisch-katholischen Kirche über die Rechtfertigung, wie sie in der Gemeinsamen Erklärung dargestellt ist, nicht mehr treffen?*

Zur Vorbereitung und Einleitung des Entscheidungsverfahrens in den Mitgliedskirchen des DNK fand am 10. April 1997 erneut eine Konsultation im Lutherischen Kirchenamt statt, zu dem der Vorsitzende des DNK, Landesbischof Dr. Hirschler, einen Teilnehmerkreis in demselben Umfang wie bereits zum 19. Dezember eingeladen hatte. Die Analyse ergab, daß die Fassung »Würzburg II« in Teilen erheblich von der vorherigen »Würzburg I« abweicht und manche Probleme für die Akzeptanz mit sich bringt. Es zeigte sich: Würzburg II ist *klarer im Benennen der Gemeinsamkeiten und der Unterschiede.* Der Text signalisiert nicht mehr eine volle Übereinstimmung in der Rechtfertigungslehre, die er zu keiner Zeit umfassend zum Ausdruck gebracht hat. Er spricht von einer »Übereinstimmung in Grundwahrheiten der Rechtfertigungslehre«. Er ist damit ehrlicher und offener für die notwendige Weiterarbeit.

In einer Reihe von Aussagen bleibt die Gemeinsame Erklärung

(GE) hinter Klärungen zurück, die im Dokument »Lehrverurteilungen – kirchentrennend?« (LV) bereits erreicht worden waren und von den evangelischen Kirchen durch einen differenziert ausgeführten gemeinsamen Beschluß rezipiert sind. Als enttäuschend wird nun vielfach die Veränderung in Nr. 18 angesehen. Hier ist die zuvor gemeinsam ausgesagte zentrale kriteriologische Bedeutung der Rechtfertigungslehre in der vorherigen Deutlichkeit nicht mehr gemeinsam vertreten. Und die Ausführungen der katholischen Seite zu diesem Punkt werfen Fragen auf.
Gleichwohl bestand weitgehend Übereinstimmung, daß die Gemeinsame Erklärung einen wichtigen Schritt auf dem Weg zur Kirchengemeinschaft darstellt und eine Zustimmung nun auch erfolgen sollte, damit weiteren Schritten eine Grundlage und eine verheißungsvolle Perspektive gegeben wird. Die Konsultation hat zu einer *gemeinsamen Beschlußempfehlung* an die Kirchen geführt, die auch von den Vertretern der AKf, der EKU und der EKD akzeptiert worden ist:

*Nach gemeinsamer Beratung im DNK des LWB und in Abstimmung mit den zuständigen Gremien der EKD, der AKf und der Leuenberger Gemeinschaft erklärt die … (folgt Name der Mitgliedskirche) …, daß aufgrund des »Konsenses in Grundwahrheiten der Rechtfertigungslehre« (§ 40), welchen die Gemeinsame Erklärung bezeugt, die in den Bekenntnisschriften der evangelisch-lutherischen Kirche enthaltenen Verurteilungen der Rechtfertigungslehre der römisch-katholischen Kirche deren heutige Lehre, wie sie in der »Gemeinsamen Erklärung zur Rechtfertigungslehre« dargestellt ist, nicht treffen.*
*Die … (folgt Name der Mitgliedskirche) … begrüßt die in § 41 der »Gemeinsamen Erklärung zur Rechtfertigungslehre« ausgesprochene Erklärung, daß die gegenseitigen Verurteilungen, die kirchentrennende Bedeutung hatten, nicht mehr treffen, mit Freude und Dankbarkeit gegenüber Gott.*

Diese Beschlußempfehlung wurde auf dem Hintergrund von »Erläuterungen zum Beschluß« gegeben, in denen aufgezeigt worden war, wie der Beschluß angesichts verbleibender Unterschiede in der Gemeinsamen Erklärung verstanden wird. Mit den Erläuterungen hat das DNK zugleich die Anregung von Dr. Noko aufgenommen, über das Entscheidungsverfahren in den Mitgliedskirchen zu berichten. Die Erläuterungen waren von der Konsultation grundsätzlich nicht als Einschränkung der Zustimmung verstanden worden, wohl aber als notwendige Feststellungen und hilfreiche Klärungen für die Fortführung der Arbeit zwischen LWB und römisch-katholischer Kirche.

Das DNK des LWB hat sich auf seiner Tagung am 4. Juni 1997 den Beschlußvorschlag aus der Konsultation zu eigen gemacht und den Mitgliedskirchen empfohlen. Weiterhin wurde beschlossen, die geringfügig abgeänderten »Erläuterungen« den Mitgliedskirchen zur Kenntnis zu geben, damit sie in den Beratungsprozeß einfließen können; der Text selbst sollte – vom DNK/LWB verantwortet – zum 1.5. 1998 nach Genf geschickt werden. Zugleich wurde vom DNK die Abstimmung mit den Kirchen und Zusammenschlüssen, mit denen wir in verbindlicher Kirchengemeinschaft stehen, offiziell eingeleitet und sie zur Stellungnahme eingeladen.

Es folgte ein in den Mitgliedskirchen mit großem Ernst und intensiver theologischer Arbeit geführter Beratungsprozeß.

In die Beratungen findet sicher auch Eingang, was bei der Vollversammlung des LWB in Hongkong zur Gemeinsamen Erklärung erklärt, diskutiert und erläuternd kommentiert worden ist.

Inzwischen ist gegen den Text der Gemeinsamen Erklärung, gegen den Wortlaut des vom DNK beschlossenen Beschlußvorschlags und gegen eine nicht ausreichend verbindlich erscheinende Bewertung der »Erläuterungen zum Beschluß« auch eine Reihe von Bedenken geltend gemacht worden. Sie haben zu Diskussionen geführt. Das ist verständlich; in einer für unsere Kirchen so zentralen Frage ist ein ernsthaftes Ringen um die Wahrheit unverzichtbar.

Im Theologischen Ausschuß der Kirchenleitung der Vereinigten Kirche wurde – in gleicher Weise wie zuvor schon im Theologischen Ausschuß der AKf – sehr deutlich Kritik formuliert. Er hält eine Zustimmung zu Nr. 40 (und ihm folgend zu Nr. 41) im vorliegenden Wortlaut für nicht möglich. Er weist darauf hin, daß die lutherische Rechtfertigungslehre in der Gemeinsamen Erklärung nicht hinreichend dargestellt und nicht ausreichend berücksichtigt ist. Besondere Kritik erfährt Nr. 18, dessen Wortlaut nach Auffassung des Ausschusses der Bedeutung der Rechtfertigungslehre in den lutherischen Kirchen nicht gerecht wird. Der auch in der Presse geäußerte Widerspruch gegen die Beschlüsse des DNK und gegen das ihnen vorangehende Ergebnis der Abstimmung in der Konsultation vom 10.4. 1997 hat dazu geführt, daß sich das Deutsche Nationalkomitee des Lutherischen Weltbundes am 20. November 1997 erneut mit dem gemeinsamen Beschlußvorschlag für die Mitgliedskirchen befaßte und über eine abgeänderte Fassung zu beschließen hatte. Denn das Ziel bleibt, in der Entscheidung zur Gemeinsamen Erklärung gemeinschaftlich zu handeln und dem Lutherischen Weltbund einen vergleichbaren Beschluß zu übermitteln, der den Konsens der deutschen Mitgliedskirchen untereinander und die Gemeinschaft im Verbund des LWB erkennen läßt.

Es ist zu hoffen, daß die Bemühungen zu einem Ergebnis führen, das von allen Beteiligten verantwortet und getragen werden kann. Denn die Gemeinsame Erklärung ist inzwischen zu einem entscheidenden Wegzeichen geworden, und der Umgang mit ihr wird Weichen stellen für den weiteren Weg zu einer vollen Kirchengemeinschaft zwischen unseren Kirchen. Zu Recht wird von verschiedenen Seiten geltend gemacht, daß ein solches ökumenisches Dokument der *Hermeneutik des Vertrauens* bedarf. Diese Hermeneutik des Vertrauens schließt die sorgfältige Prüfung von ökumenischen Texten ein, um festzustellen, ob sie im einzelnen der Identität der Partner und dem gemeinsamen Ziel auch wirksam entsprechen können. Die Hermeneutik des Vertrauens schließt vor allem aber die Partner selbst ein und traut ihnen. Nur so kann dieses Dokument wirksam zum Ausdruck bringen, welche Gemeinschaft gewachsen ist und wie die eigene Position in einem differenzierten Konsens gewahrt bleibt. Nur solches Vertrauen läßt überhaupt erwarten, daß wir auf dem Weg vorankommen und uns eines Tages miteinander um den einen Tisch des Herrn versammeln können.

## 2. Zum gegenwärtigen Beratungsstand über die Gemeinsame Erklärung (Stand: April 1997)

Ich blicke zwei Jahre zurück. Damals hat uns in der Generalsynode und in den Gliedkirchen die große Chance bewegt, mit der »Gemeinsamen Erklärung zur Rechtfertigungslehre« einen wichtigen Schritt hin zur Kirchengemeinschaft vollziehen zu können und den weiteren Dialog deutlich zu normieren. Wir waren der Überzeugung: Eine Einigung im Zentrum der Glaubenslehre beider Kirchen schafft auch die Grundlage für Gemeinsamkeiten in den nachgeordneten Fragen des Amtes und der Ordnung. *Bischof Dr. Wanke,* Erfurt, hatte als Gast der Generalsynode in Friedrichroda unsere Erwartungen und Überzeugung geteilt. Inzwischen haben wir uns an die Möglichkeit eines solch weitreichenden Schrittes gewöhnt. Die Gemeinsame Erklärung wird nicht mehr nur in ihrem Zusammenhang gesehen, sondern auch von sehr unterschiedlicher Warte geprüft, im Detail untersucht und bewertet. Ohne das Ganze im Blick zu haben, wird es jedoch nur schwer gelingen, die ökumenische Chance weiterhin zu erkennen und zu nutzen, die sich mit diesem Schritt auftut.
Die *Methode* der »Gemeinsamen Erklärung zur Rechtfertigungslehre« ist bemerkenswert: In dem Text wird der Versuch gemacht, wesentliche Aussagen der Rechtfertigungslehre heute in gemeinsamen Formulierungen auszusagen, die von den Verurteilungen der lutherischen Bekenntnisschriften wie auch von denen des Tridentinums nicht getroffen werden. Diese wesentlichen Aussagen werden in der Gemeinsamen Erklärung als »Grundwahrheiten« bezeichnet. (Das ist ein römisch-katholischer Begriff, der in der Rechtfertigungslehre von uns nicht gebraucht wird. Nach Auskunft der Verfasser zeigt die Verwendung des Begriffs in der Gemeinsamen Erklärung jedoch nicht an, daß damit einseitig das katholische System von der »Hierarchie der Wahrheiten« anerkannt oder übernommen wird.) Den gemeinsamen Aussagen sind sodann lutherische und katholische Positionen zugeordnet, die die verbliebenen Unterschiede bezeichnen. In ihrer Zuordnung werden diese Unterschiede allerdings nicht mehr als kirchentrennend bewertet. Die Gemeinsame Erklärung wird damit nicht zur Ausle-

gungsinstanz der Bekenntnisschriften, sondern sie bezieht die Bekenntnisschriften auf die jetzt gemachten Aussagen. D.h. es besteht die Überzeugung: Die Aussagen der Gemeinsamen Erklärung sind an den Bekenntnisschriften orientiert. Sie stehen im Einklang mit ihnen und werden deshalb von deren Verurteilungen nicht getroffen. In dieser Bezogenheit ist die Gemeinsame Erklärung von den Kirchen zu prüfen.

Auf dem Weg zur Gemeinsamen Erklärung hat sich herausgestellt, daß manches, was zu Beginn als markanter Unterschied angesehen worden war, im Verlauf der Gespräche zu einer gemeinsamen Aussage geführt werden konnte. Anderes haben die Autoren nur als unterschiedliche Entfaltungen ansehen wollen. In der Folge zeigte sich jedoch, daß es sich (z.B. im Sündenverständnis) durchaus auch noch um recht tiefgehende Unterschiede handelt, die z.T. auf eine gegensätzliche Sicht in der Sache hinweisen, allerdings keine kirchentrennende Bedeutung haben müssen. Eine Weiterarbeit an solchen Fragen erscheint nötig und sinnvoll.

Nr. 5 *der Gemeinsamen Erklärung* weist aus, daß die Erklärung aus den Dialogergebnissen gewonnen wurde, die in der beschriebenen Reihe von Dokumenten ihren Niederschlag gefunden haben. Zu diesen Dokumenten hat es Äußerungen von unterschiedlicher Wertigkeit gegeben. Wir verstehen die Aufzählung in der Gemeinsamen Erklärung als Hinweis auf diesen Prozeß. Wir können aber daraus nicht ableiten, daß mit der Zustimmung zur GE auch alle diese Dokumente in ihrem Wortlaut zugleich anerkannt und rezipiert werden. Beschlüsse der Vereinigten Kirche zu einigen der Dialogergebnisse stehen einer solchen pauschalen Zustimmung entgegen. Das wird wohl auch von der römisch-katholischen Seite für ihren Bereich so gesehen, denn katholische Beschlüsse zu den Dokumenten sind bislang nicht bekannt geworden. Sie würden sicher ebenfalls sehr differenziert gefaßt werden.

Unter den Bezugstexten ragt für uns derjenige von *»Lehrverurteilungen – kirchentrennend?«* (LV) durch sein Ergebnis und seine Rezeption in den lutherischen Kirchen heraus. Es ist erfreulich, daß eine Reihe der Grundsätze dieser Studie die Gemeinsame Erklärung wesentlich beeinflußt haben und daß deshalb dieses Dokument auch legitimerweise zur Interpretation der Erklärung beachtet werden sollte und kann. Unter anderem gilt dies für die dort gefundene Feststellung, »daß es heute einen breiten exegetischen Konsens über das biblische Verständnis von ›Gerechtigkeit‹ und ›Rechtfertigung‹ gibt« (LV II, 186). Die Gemeinsame Erklärung muß es sich gefallen lassen, in den Einzelfragen immer auch an dem gemessen zu werden, was der Ökumenische Arbeitskreis an Klarstellungen gebracht hat und was daraufhin unsere evangelischen Kirchen an Übereinstimmungen festgestellt haben. Damit ist eine Orientierung für die Fortführung der Gespräche auf der Grundlage der Gemeinsamen Erklärung gegeben.

Das reformatorische »Pfund«, die Rede von der *Rechtfertigung sola fide,* hat in der Gemeinsamen Erklärung einen guten und auch zentralen Platz, obschon es Theologen und Theologinnen in unseren Kirchen gibt, die das gern noch durchgängiger in dem gesamten Text gefunden hätten. Die Sache ist jedoch eindeutig und für das ökumenische Gespräch beglückend gemeinsam ausgesprochen:

- Allein aus Gnade im Glauben an die Heilstat Christi, nicht aufgrund unseres Verdienstes, werden wir von Gott angenommen …« oder: »Allein durch Christus werden wir gerechtfertigt, indem wir im Glauben dieses Heil empfangen.« (Nr. 16). Und: »Wir bekennen gemeinsam, daß der Sünder durch den Glauben an das Heilshandeln Gottes in Christus gerechtfertigt wird.« (Nr. 25)
- Zuvor wird Röm 10,17 aufgenommen: »Die Gerechtfertigten leben aus dem Glauben, der aus dem Wort Christi kommt …« (Nr. 12). Luther hat aufgezeigt, daß nach biblischem Verständnis das Heil nur durch das Wort Gottes – im verkündigenden und das Heil zusprechenden *Wort und Sakrament* – zugeeignet wird und daß es nur in dem durch den Geist gewirkten, diesem Wort uneingeschränkt vertrauenden Glauben empfangen wird. Dabei ist uns der Zusammenhang von Wort *und* Sakrament wichtig. In diesem Sinn verstehen und begrüßen wir die gemeinsame Aussage der Erklärung.
- Wir können unsere reformatorische Erkenntnis uneingeschränkt wiederfinden in der gemeinsamen Aussage über das Unvermögen des Menschen: »… als Sünder steht er unter dem Gericht Gottes und ist unfähig, sich von sich aus Gott um Rettung zuzu-

wenden oder seine Rechtfertigung vor Gott zu verdienen oder mit eigener Kraft sein Heil zu erreichen.« (Nr. 19)

In den Nrn. 28–30 wird deutlich, daß es offensichtlich bisher nicht gelungen ist, die *Unterschiede im Sündenverständnis* und die darin zum Ausdruck kommende gegensätzliche Sicht umfassend zu klären. In den Erläuterungen zum Beschlußvorschlag des DNK wird deshalb festgestellt: »Wir betonen zu den Nrn. 28–30, daß der Christ in diesem Leben vor Gott gerecht ist, zugleich aber immer Sünder bleibt und auf Gottes Vergebung (bleibend) angewiesen ist.« Der an dieser Stelle erkennbar werdende »Gegensatz hat seine Wurzel in einem Unterschied im Verständnis der Sünde und der damit verbundenen Sicht vom Sein des Menschen vor Gott. Dennoch sagen wir: In der Hoffnung auf weitere klärende Gespräche und eine Verständigung soll uns das nicht prinzipiell trennen.« Zu Recht wird darauf aufmerksam gemacht, daß »Lehrverurteilungen – kirchentrennend?« in diesen Fragen auch nicht weiter war als die Gemeinsame Erklärung: Darauf weist das Gutachten von Reinhard Frieling, Bensheim, vom 12. 5. 1997 hin.

Zu besonders weitreichenden Diskussionen hat der *Wortlaut von Nr. 18* geführt. Hier ist die Feststellung der Übereinstimmung angefragt worden. Lutheraner sehen in dem Artikel von der Rechtfertigung den Schlüssel für das rechte Verständnis der Schrift und den »Meister und Fürst, Herrn, Lenker und Richter über alle Arten von Lehre« (WA 39, I, 205, 2f.; s. auch Nr. 1 der GE). Damit ist sie für lutherische Theologie Maßstab *(Kriterium)* für die gesamte Lehre und Praxis der Kirche. Diese Bewertung darf in einer »Übereinstimmung« nicht verlorengehen. So haben die evangelischen Kirchen auch die Aussage in LV verstanden: »Die ›Rechtfertigungslehre‹ … wird (zugleich) zum kritischen Maßstab für die Kirche, an dem sich jederzeit überprüfen lassen muß, ob ihre Verkündigung und ihre Praxis dem, was ihr von ihrem Herrn vorgegeben ist, entspricht.« (vgl. LV 75, 26–31)

In der Diskussion um die Fassung der Nr. 18 nach Würzburg II, die auf römisch-katholische Wünsche zurückgeht, wäre es gut, die Formulierungen auf ihre Absicht hin zu prüfen. D. h. es sollte gefragt werden, was die römisch-katholische Seite bewogen hat, den vorherigen Text abzuändern und welches Ziel sie mit gerade dieser Formulierung verfolgt. Geht es wirklich, wie einige Kritiker meinen, um eine Auflistung von *Kriterien,* nach denen katholischerseits die christliche Wahrheit der Lehre und Praxis der Kirche beurteilt wird und unter denen die Rechtfertigungslehre nur eines (und darum ergänzungsbedürftiges) wäre? Oder könnte nicht die Absicht bestanden haben, damit zum Ausdruck zu bringen, daß die Rechtfertigungslehre ihren Platz in einem Gesamtverbund des biblischen Zeugnisses hat und nicht isoliert gesehen werden darf? Dieser Aspekt ist uns nicht fremd. Wir bringen ihn zur Geltung mit unserer Rede von der Rechtfertigung als der »Mitte der Schrift«. Dann wäre die jetzige Rede von den *weiteren Kriterien* eine Formulierung, die Mißverständnisse zwar nicht dringend herbeiführt, sie aber auch nicht ausschließt. Hilfreich in der Diskussion erscheint eine authentische Interpretation.

In einem Aufsatz zu dieser Problematik (ZThK 94, 1997) hat Prof. Eberhard Jüngel, Tübingen, Vorsitzender des Theologischen Ausschusses der EKU, leidenschaftlich davor gewarnt, in der Frage »der kriteriologischen Bedeutung der Rechtfertigungslehre« widersprüchlichen Interpretationen Raum zu geben. Als Reaktion auf einen Artikel von Bischof Walter Kasper (KNA – ÖKI 32 v. 12. 8. 1997) fordert er: »Um Gottes willen – Klarheit.«

Der katholische Bischof von Rottenburg hatte in diesem Artikel nach der Darstellung von anderen Erklärungsversuchen zu Nr. 18 aber schließlich doch festgestellt: die »*zentrale* und unverzichtbare Bedeutung der Rechtfertigungslehre ist (ja) darin begründet, daß Jesus Christus selbst unsere Gerechtigkeit ist. (1 Kor 1,30; GE Nr. 10, 22). Die Aufgabe der Rechtfertigungslehre ist es also, bei allen theologischen Fragen herauszustellen, ›was Christum treibet‹.« Diese Argumentation ist ein Ansatz für die authentische Interpretation, die wir für nötig halten. Zudem kann im Hinblick auf den jetzt vorliegenden Text der Gemeinsamen Erklärung nicht außer acht bleiben, daß ausdrücklich auf die Quellen verwiesen ist, in deren Horizont die Aussagen zu verstehen sind. In diesen Quellen ist LV 75 ohne Einschränkung zitiert und hat damit auch katholischerseits über den deutschen Raum hinaus Bedeutung erlangt.

*Erzbischof Dr. Oskar Saier* sagte in seiner Gedenkrede auf Melanchthon am 16. 2. 1997 in Bretten, die Gemeinsame Erklärung »soll

einen Schlußpunkt hinter eine der Kernfragen der damaligen Auseinandersetzung (des 16. Jh.) setzen«. Ein solcher Schlußpunkt kann damit gewiß nicht gesetzt werden, gerade auch nicht im Gespräch zwischen unseren Kirchen. Die Kernfrage des christlichen Glaubens muß in unserer Mitte lebendig bleiben.
Deshalb ist *Prof. Hans-Jörg Urban, Paderborn,* Aufmerksamkeit zu schenken. Er hat in KNA-ÖKI 24 (vom 17. Juni 1997) für die Zukunft darauf hingewiesen, daß nach der Gemeinsamen Erklärung »das Problem, mit dem wir es heute im ökumenischen Dialog zu tun haben, nicht mehr die Rechtfertigung des Sünders als solche ist, sondern die Frage nach den wechselseitigen Bezügen und Implikationen von Rechtfertigungsverständnis einerseits und Kirchenverständnis andererseits. Mit dem Dokument ›Kirche und Rechtfertigung‹ ist in dieser Frage ja nur ein allererster Anfang eines Dialogs gemacht, der nun der Fortführung in den einzelnen Themen bedarf, dessen Fortführung mit der GE aber auch eine gute Grundlage erhält. Es gilt: Die ›Gemeinsame Erklärung zur Rechtfertigungslehre‹ ist – ungeachtet mancher nun aufgetretenen Fragen im einzelnen – ein wichtiger Schritt auf dem Weg unserer Kirchen zur vollen Kirchengemeinschaft, zur uneingeschränkten gemeinsamen Feier am Tisch des Herrn.«
Um dieser Erklärung und ihrer Bedeutung für die Ökumene gerecht zu werden und sie im gegenseitigen Vertrauen recht zu interpretieren, muß aufgenommen werden, was hierzu auf der *Vollversammlung des Lutherischen Weltbundes* erklärt, beraten und klargestellt worden ist.
Die IX. Vollversammlung des Lutherischen Weltbundes sollte nach den ersten Plänen in Genf der Ort sein, an dem aufgrund der erwarteten Zustimmung seitens der Mitgliedskirchen die »Gemeinsame Erklärung der Rechtfertigungslehre« abgegeben werden würde. Der Zeitplan war um der Bedeutung der notwendigen Beratungen in den Kirchen willen nicht einzuhalten. Gleichwohl nahm die Gemeinsame Erklärung auf dieser Vollversammlung, die vom 8.–16. Juli 1997 in Hongkong stattfand, einen zentralen Platz ein. Nur auf diesen Tagesordnungspunkt der Versammlung des Weltluthertums will ich eingehen.
Für das Standing Committee for Ecumenical Affairs hat Landes-

superintendent *Christoph Stier* die Beratung eingeleitet und noch einmal das Spezifische der Gemeinsamen Erklärung hervorgehoben: »… daß sie den Konsens im Verständnis der Rechtfertigung in einer gemeinsamen Sprache differenziert ausspricht. Nach dem gemeinsam Gesagten legen Katholiken und Lutheraner das für sie jeweils Spezifische dar. Dies hebt jedoch die Gemeinsamkeit nicht auf. Es schließt aber auch nicht aus, daß Lutheraner wie Katholiken gewichtige Einwände gegen einzelne Aussagen der jeweils anderen Lehre in der Gemeinsamen Erklärung vorbringen. Die entscheidende Frage lautet dann, ob solche Einwände weiterhin Urteile mit kirchentrennender Wirkung zur Folge haben müssen. Die Gemeinsame Erklärung beansprucht, daß dies nicht der Fall ist.« (Ziff. 17 seines Berichtes) Er wies sodann darauf hin, daß die unterschiedlichen Traditionen und Situationen der Kirchen bereits innerhalb des LWB einen sehr differenzierten Umgang mit der GE im ganzen und mit dem Text im einzelnen zur Folge haben. Gerade diesen Aspekt hat *Bischof Anderson* in einem weiteren, viel beachteten Referat behandelt und theologisch überzeugend eingebracht. Es ist wichtig, dies auch in unseren deutschen Beratungen mit zu bedenken.

Die römisch-katholische Kirche hat an der Vollversammlung bemerkenswert großen Anteil genommen und war durch hervorragende Repräsentanten beteiligt. Papst *Johannes Paul II.* hat in dem von ihm überbrachten Grußwort an den Präsidenten des LWB, *Gottfried Brakemeier,* zuallererst die weitreichende Annäherung unserer Kirchen gewürdigt, die durch die GE in der Rechtfertigungslehre erreicht worden sei. In seinem Gruß wurde erkennbar, welche Bedeutung die römisch-katholische Kirche der Gemeinsamen Erklärung beimißt. Die inzwischen mehrfach vorhandenen Äußerungen des Bischofs von Rom in diesem Sinn weisen nachhaltig darauf hin, daß die Gemeinsame Erklärung einen weit höheren Stellenwert in der katholischen Kirche erreicht hat als jedes Dialogergebnis zuvor. Dies nährt unsere Erwartung, nach dem Abschluß der Beratungen möchte die römisch-katholische Kirche lehramtlich verbindlich feststellen, daß die Lehrverurteilungen des Tridentinums in Fragen der Rechtfertigungslehre unsere in der Gemeinsamen Erklärung dargelegte Lehre nicht treffen.

In einem besonderen Beitrag hat der Präsident des Päpstlichen Rates zur Förderung der Einheit der Christen, *Edward Idris Kardinal Cassidy,* die Bedeutung der Gemeinsamen Erklärung, aber auch die Komplexität der Fragestellungen und schließlich die notwendige Rezeption thematisiert. Er sieht die Gemeinsame Erklärung als einen Schritt, durch den die gesamte ökumenische Bewegung ermutigt werden könnte. Er wies zugleich darauf hin, daß die Einigung in wesentlichen Grundaussagen der Rechtfertigungslehre keine umfassende ist und Fragen offenläßt, die im weiteren Gespräch zu behandeln sind. Ganz im Sinn unserer Feststellung zu Würzburg II, also dem »Endgültigen Vorschlag«, bezeichnete er das vorliegende Ergebnis als »Teil eines umfassenderen Prozesses, einer bleibenden Herausforderung, vor der wir stehen, wenn wir uns um Versöhnung und Einheit zwischen Lutheranern und Katholiken bemühen.« Das trägt unserer nüchternen und realistischen Einschätzung im DNK Rechnung. Mit Kardinal Cassidy können wir sagen, »... daß die vorliegende GE weder überbewertet noch unterbewertet werden darf ... Aber das, was wir durch unsere Übereinstimmung in der Lehre von der Rechtfertigung *durch den Glauben* erreicht haben, spielt in diesem Prozeß eine *entscheidende* Rolle.«

Kardinal Cassidy hat sodann eine Reihe von Vorschlägen für pastorale Schritte zur Rezeption des Erreichten unterbreitet, die mit Interesse aufgenommen wurden: Programme für biblische Studien, für christliche Erziehung und Fortbildung und im Verbund damit für die ökumenische Ausbildung. Er unterstrich dazu die ökumenische Bedeutung der Predigt, des Gebetes und des gemeinsamen Lebens vor Ort. Im Catholica-Arbeitskreis der VELKD und des DNK/LWB wird nun zu bedenken sein, wie diese Impulse in unseren Kirchen berücksichtigt werden können. Auch die Beauftragten in den Mitgliedskirchen sehen darin sicher ihre besondere Aufgabe.

In der Plenaraussprache hat der Kardinal pointiert zur jetzigen Nr. 18 der Gemeinsamen Erklärung auf Anfrage des LWB-Vizepräsidenten Landesbischof Dr. Hirschler geantwortet:

Cassidy:

»Ich denke, wenn Sie die Gemeinsame Erklärung genau lesen, besteht kein Zweifel darüber, was wir als Katholiken dort sagen: Die Rechtfertigung durch den Glauben an Jesus Christus ist unentbehrlich, unentbehrlich in dem Sinne, gäbe es sie nicht, hätten wir nichts. Ohne dieses Kriterium hätte keines der anderen Kriterien irgendeinen Wert, da es die Basis unseres christlichen Glaubens ist ... die Realität unseres katholischen Glaubens ist, daß wir *nur durch unseren Glauben an Jesus Christus* erlöst werden, und *nur durch den Tod Christi am Kreuz* können wir Erlösung haben ...«

Außerdem teilte Kardinal Cassidy mit, die Frage Roms hinsichtlich der Gemeinsamen Erklärung habe zum Ziel, daß die katholische Kirche der Erklärung in allen Absätzen zustimmt, einschließlich Nrn. 40 und 41. Dies werde vom Lutherischen Weltbund in gleicher Weise erwartet, auch wenn die Frage des LWB in ihrem Wortlaut, der sich auf die Nrn. 40 und 41 bezieht, die katholische Seite zunächst irritiert habe.

Neben derartig bemerkenswerten Beiträgen im Plenum gab die Vollversammlung Gelegenheit zu sehr intensivem Austausch miteinander und mit der römisch-katholischen Delegation, zu der auch Bischof Dr. Kasper gehörte, einer der bedeutenden Förderer der ökumenischen Gemeinschaft in unserem Land und einer der Vorsitzenden der gegenwärtigen katholisch/lutherischen Dialogkommission auf Weltebene.

Die IX. LWB-Vollversammlung hat ihren Dank für die Gemeinsame Erklärung ausgesprochen und beschlossen, die Mitgliedskirchen dringend um ihre Entscheidung im vorgesehenen Zeitrahmen zu bitten, so daß der erhoffte Abschluß der Gemeinsamen Erklärung angemessen mit der römisch-katholischen Schwesterkirche und dankbar gegenüber Gott begangen werden kann. Damit bringt die Vollversammlung zum Ausdruck, was auch die deutschen Mitgliedskirchen bewegt. Der Rat des LWB wurde dazu gebeten,

– auf die Voraussetzungen für die Erklärung eines *magnus consensus* zu achten, nämlich die Notwendigkeit einer qualifizierten Mehrheit von antwortenden Mitgliedskirchen,

- die Antworten sorgfältig zu berücksichtigen, zu diskutieren und zu entscheiden, ob ein Konsens zwischen den Mitgliedskirchen bestehe,
- einen Vorschlag zu unterbreiten, ob und wie im Namen des LWB als Ganzem ein *magnus consensus* erklärt werden kann; in die Entscheidung sollen die leitenden Personen der Mitgliedskirchen einbezogen werden.

In allen Überlegungen, die nun angestellt werden, ist in unseren Kirchen darauf zu achten, daß wir die Gemeinschaft innerhalb des Lutherischen Weltbundes angemessen berücksichtigen, sie stärken und ihre Verbindlichkeit eindeutig zum Ausdruck bringen. Die Schwestern und Brüder in den anderen lutherischen Kirchen müssen wissen, daß unsere Arbeit, unser Nachdenken, unser Bemühen um die Kirchengemeinschaft sie immer mit im Blick haben und der Gemeinschaft mit ihnen im uns verbindenden Bekenntnis unseres Glaubens dienen.

## Literatur


- Der Lutherische Weltbund (LWB) und der päpstliche Rat zur Förderung der Einheit der Christen: Gemeinsame Erklärung zur Rechtfertigungslehre (Endgültiger Vorschlag), 18. 2. 1997;
- Deutsches Nationalkomitee des LWB: Beschlußvorschlag für eine Antwort der Mitgliedskirchen und Erläuterungen, 4. 6. 1997;

in: epd-Dok. 46/97 vom 27. 10. 1997: Rechtfertigung (1).

VELKD-Generalsynode, Kühlungsborn, 19.–21. 10. 1997:

- Landesbischof Horst Hirschler: Bericht des Leitenden Bischofs;
- Bischof Knuth: Bericht des Catholica-Beauftragten;
- Bischofskonferenz der VELKD: Beschlußempfehlung für eine Antwort der Mitgliedskirchen des DNK/LWB, 18. 10. 1997;
- VELKD-Generalsynode: Beschlüsse zur Rezeption der »Gemeinsamen Erklärung« und zum Catholica-Bericht;

in: epd-Dok. 49/97 vom 17. 11. 1997: Rechtfertigung (2)

The Council for Christian Unitiy of the General Synod of the Church of England (Ed.), The Meissen-Agreement – Texts, in: CCU Occasional Paper No. 2.

Auf dem Weg zu sichtbarer Einheit. Hrsg. vom Sekretariat des Bundes der Evangelischen Kirchen in der DDR und vom Kirchenamt der EKD, Berlin und Hannover 1988.

Together in Mission and Ministry. The Porvoo Common Statement with Essays on Church and Ministry in Northern Europe, London o. J. [1993].

# Anhang

# Gemeinsame Erklärung zur Rechtfertigungslehre 1997

## Endgültiger Vorschlag

Lutherischer Weltbund
Päpstlicher Rat zur Förderung der Einheit der Christen

### Präambel

(1) Die Lehre von der Rechtfertigung hatte für die lutherische Reformation des 16. Jahrhunderts zentrale Bedeutung. Sie galt ihr als der »erste Hauptartikel«[1], der zugleich »Lenker und Richter über alle Stücke christlicher Lehre«[2] sei. Ganz besonders wurde die Rechtfertigungslehre in der reformatorischen Ausprägung und ihrem besonderen Stellenwert gegenüber der römisch-katholischen Theologie und Kirche der damaligen Zeit vertreten und verteidigt, die ihrerseits eine anders geprägte Rechtfertigungslehre vertraten und verteidigten. Hier lag aus reformatorischer Sicht der Kernpunkt aller Auseinandersetzungen. Es kam in den lutherischen Bekenntnisschriften[3] und auf dem Trienter Konzil der römisch-katholischen Kirche zu Lehrverurteilungen, die bis heute gültig sind und kirchentrennende Wirkung haben.

(2) Die Rechtfertigungslehre hat für die lutherische Tradition jenen besonderen Stellenwert bewahrt. Deshalb nahm sie auch im offiziellen lutherisch-katholischen Dialog von Anfang an einen wichtigen Platz ein.

(3) In besonderer Weise sei verwiesen auf die Berichte »Evangelium und Kirche« (1972)[4] und »Kirche und Rechtfertigung« (1994)[5] der internationalen Gemeinsamen römisch-katholischen/evangelisch-lutherischen Kommission, auf den Bericht »Rechtfertigung durch den Glauben« (1983)[6] des katholisch-lutherischen Dialogs in den USA und die Studie »Lehrverurteilungen – kirchentrennend?« (1986)[7] des Ökumenischen Arbeitskreises evangelischer und katholischer Theologen in Deutschland. Einige von diesen Dialogberichten haben eine offizielle Rezeption erfahren. Ein wichtiges Beispiel ist die verbindliche Stellungnahme, die die Vereinigte Evangelisch-Lutherische Kirche Deutschlands zusammen mit den ande-

ren Kirchen in der Evangelischen Kirche in Deutschland mit dem höchstmöglichen Grad kirchlicher Anerkennung zu der Studie über die Lehrverurteilungen verabschiedet hat (1994)[8].

(4) All die genannten Dialogberichte und auch die Stellungnahmen dazu zeigen in ihrer Erörterung der Rechtfertigungslehre untereinander ein hohes Maß an gemeinsamer Ausrichtung und gemeinsamem Urteil. Es ist darum an der Zeit, Bilanz zu ziehen und die Ergebnisse der Dialoge über die Rechtfertigung in einer Weise zusammenzufassen, die unsere Kirchen in der Gebotenen Präzision und Kürze über den Gesamtertrag dieses Dialogs informiert und es ihnen zugleich ermöglicht, sich verbindlich dazu zu äußern.

(5) Das will diese Gemeinsame Erklärung tun. Sie will zeigen, daß aufgrund des Dialogs die unterzeichnenden lutherischen Kirchen und die römisch-katholische Kirche[9] nunmehr imstande sind, ein gemeinsames Verständnis unserer Rechtfertigung durch Gottes Gnade im Glauben an Christus zu vertreten. Sie enthält nicht alles, was in jeder der Kirchen über Rechtfertigung gelehrt wird; sie umfaßt aber einen Konsens in Grundwahrheiten der Rechtfertigungslehre und zeigt, daß die weiterhin unterschiedlichen Entfaltungen nicht länger Anlaß für Lehrverurteilungen sind.

(6) Unsere Erklärung ist keine neue und selbständige Darstellung neben den bisherigen Dialogberichten und Dokumenten, erst recht will sie diese nicht ersetzen. Sie bezieht sich vielmehr – wie der Anhang über die Quellen zeigt – auf die genannten Texte und deren Argumentation.

(7) Wie die Dialoge selbst so ist auch diese Gemeinsame Erklärung von der Überzeugung getragen, daß eine Überwindung bisheriger Kontroversfragen und Lehrverurteilungen weder die Trennungen und Verurteilungen leicht nimmt, noch die eigene kirchliche Vergangenheit desavouiert. Sie ist jedoch von der Überzeugung bestimmt, daß unseren Kirchen in der Geschichte neue Einsichten zuwachsen und daß sich Entwicklungen vollziehen, die es ihnen nicht nur erlauben, sondern von ihnen zugleich fordern, die trennenden Fragen und Verurteilungen zu überprüfen und in einem neuen Licht zu sehen.

## 1. Biblische Rechtfertigungsbotschaft

(8) Zu diesen neuen Einsichten hat unsere gemeinsame Art und Weise geführt, auf das Wort Gottes in der Heiligen Schrift zu hören. Gemeinsam hören wir das Evangelium, daß »Gott die Welt so sehr geliebt hat, daß er seinen einzigen Sohn hingab, damit jeder, der an ihn glaubt, nicht zugrunde geht, sondern das ewige Leben hat« (Joh 3,16). Diese frohe Bot-

schaft wird in der Heiligen Schrift in verschiedener Weise dargestellt. Im Alten Testament hören wir das Wort Gottes von der menschlichen Sündhaftigkeit (Ps 51,1–5; Dan 9,5f.; Koh 8,9f.; Esra 9,6f.) und vom menschlichen Ungehorsam (Gen 3,1–19; Neh 9,16f.26) sowie von der Gerechtigkeit (Jes 46,13; 51,5–8; 56,1; [vgl. 53,11]; Jer 9,24) und vom Gericht Gottes (Koh 12,14; Ps 9,5f.; 76,7–9).

(9) Im Neuen Testament werden bei Matthäus (5,10; 6,33; 21,32), Johannes (16,8–11), im Hebräerbrief (5,13; 10,37f.) und im Jakobusbrief (2,14–26) die Themen »Gerechtigkeit« und »Rechtfertigung« unterschiedlich behandelt[10]. Auch in den paulinischen Briefen wird die Gabe des Heils auf verschiedene Weise beschrieben, unter anderem: als »Befreiung zur Freiheit« (Gal 5,1–13; vgl. Röm 6,7), als »Versöhnung mit Gott« (2 Kor 5,18–21; vgl. Röm 5,11), als »Frieden mit Gott« (Röm 5,1), als »neue Schöpfung« (2 Kor 5,17), als »Leben für Gott in Christus Jesus« (Röm 6,11.23), oder als »Heiligung in Christus Jesus« (vgl. 1 Kor 1,2; 1,30; 2 Kor 1,1). Herausragend unter diesen Bezeichnungen ist die Beschreibung als »Rechtfertigung« des Sünders durch Gottes Gnade im Glauben (Röm 3,23–25), die in der Reformationszeit besonders hervorgehoben wurde.

(10) Paulus beschreibt das Evangelium als Kraft Gottes zur Rettung des unter die Macht der Sünde gefallenen Menschen: als Botschaft, die die »Gerechtigkeit Gottes aus Glauben zum Glauben« (Röm 1,16f.) verkündet und die »Rechtfertigung« (Röm 3,21–31) schenkt. Er verkündet Christus als »unsere Gerechtigkeit« (1 Kor 1,30), indem er auf den auferstandenen Herrn anwendet, was Jeremias über Gott selbst verkündet hat (Jer 23,6). In Christi Tod und Auferstehung sind alle Dimensionen seines Erlösungswerkes verwurzelt, denn er ist »unser Herr, der wegen unserer Verfehlungen hingegeben, wegen unserer Gerechtigkeit auferweckt wurde« (Röm 4,25). Alle Menschen bedürfen der Gerechtigkeit Gottes, denn »alle haben gesündigt und die Herrlichkeit Gottes verloren« (Röm 3,23; vgl. Röm 1,18–3,20; 11,32; Gal 3,22). Im Galaterbrief (3,6) und im Römerbrief (4,3–9) versteht Paulus den Glauben Abrahams (Gen 15,6) als Glauben an den Gott, der den Sünder rechtfertigt (Röm 4,5) und beruft sich auf das Zeugnis des Alten Testaments, um sein Evangelium zu unterstreichen, daß jene Gerechtigkeit allen angerechnet wird, die wie Abraham auf Gottes Versprechen vertrauen. »Der aus Glauben Gerechte wird leben« (Hab 2,4; vgl. Gal 3,11; Röm 1,17). In den paulinischen Briefen ist Gottes Gerechtigkeit zugleich Gottes Kraft für jeden Glaubenden (Röm 1,16f.). In Christus läßt er sie unsere Gerechtigkeit sein (2 Kor 5,21). Die Rechtfertigung wird uns zuteil durch Christus Jesus, »den Gott dazu bestimmt hat, Sühne zu leisten mit seinem Blut, Sühne, wirksam durch Glauben« (Röm 3,25; vgl. 3,21–28). »Denn aus Gnade seid ihr durch den Glauben gerettet, nicht aus eigener Kraft – Gott hat es geschenkt –, nicht aufgrund eurer Werke« (Eph 2,8f.).

(11) Rechtfertigung ist Sündenvergebung (Röm 3,23–25; Apg 13,39; Lk 18,14), Befreiung von der herrschenden Macht der Sünde und des Todes (Röm 5,12–21) und vom Fluch des Gesetzes (Gal 3,10–14). Sie ist Aufnahme in die Gemeinschaft mit Gott, schon jetzt, vollkommen aber in Gottes künftigem Reich (Röm 5,1f.). Sie vereinigt mit Christus und seinem Tod und seiner Auferstehung (Röm 6,5). Sie geschieht im Empfangen des Heiligen Geistes in der Taufe als Eingliederung in den einen Leib (Röm 8,1f.9f.; 1 Kor 12,12f.). All das kommt allein von Gott um Christi willen aus Gnade durch den Glauben an das »Evangelium vom Sohn Gottes« (Röm 1,1–3).

(12) Die Gerechtfertigten leben aus dem Glauben, der aus dem Wort Christi kommt (Röm 10,17) und der in der Liebe wirkt (Gal 5,6), die Frucht des Geistes ist (Gal 5,22f.). Aber da Mächte und Begierden die Gläubigen äußerlich und innerlich anfechten (Röm 8,35–39; Gal 5,16–21) und diese in Sünde fallen (1 Joh 1,8.10), müssen sie die Verheißungen Gottes immer wieder hören, ihre Sünden bekennen (1 Joh 1,9), an Christi Leib und Blut teilhaben und ermahnt werden, in Übereinstimmung mit dem Willen Gottes gerecht zu leben. Darum sagt der Apostel den Gerechtfertigten: »Müht euch mit Furcht und Zittern um euer Heil! Denn Gott ist es, der in euch das Wollen und das Vollbringen bewirkt, noch über euren guten Willen hinaus« (Phil 2,12f.). Die frohe Botschaft aber bleibt: »Jetzt gibt es keine Verurteilung mehr für die, welche in Christus Jesus sind« (Röm 8,1) und in denen Christus lebt (Gal 2,20). Durch die gerechte Tat Christi wird es »für alle Menschen zur Gerechtsprechung kommen, die Leben gibt« (Röm 5,18).

## 2. Die Rechtfertigungslehre als ökumenisches Problem

(13) Die gegensätzliche Auslegung und Anwendung der biblischen Botschaft von der Rechtfertigung waren im 16. Jahrhundert ein Hauptgrund für die Spaltung der abendländischen Kirche, was sich auch in Lehrverurteilungen niedergeschlagen hat. Für die Überwindung der Kirchentrennung ist darum ein gemeinsames Verständnis der Rechtfertigung grundlegend und unverzichtbar. In Aufnahme von bibelwissenschaftlichen, theologie- und dogmengeschichtlichen Erkenntnissen hat sich im ökumenischen Dialog seit dem Zweiten Vatikanischen Konzil eine deutliche Annäherung hinsichtlich der Rechtfertigungslehre herausgebildet, so daß in dieser gemeinsamen Erklärung ein Konsens in Grundwahrheiten der Rechtfertigungslehre formuliert werden kann, in dessen Licht die entsprechenden Lehrverurteilungen des 16. Jahrhunderts heute den Partner nicht treffen.

## 3. Das gemeinsame Verständnis der Rechtfertigung

(14) Das gemeinsame Hören auf die in der Heiligen Schrift verkündigte frohe Botschaft und nicht zuletzt die theologischen Gespräche der letzten Jahre zwischen den lutherischen Kirchen und der römisch-katholischen Kirche haben zu einer Gemeinsamkeit im Verständnis von der Rechtfertigung geführt. Es umfaßt einen Konsens in den Grundwahrheiten; die unterschiedlichen Entfaltungen in den Einzelaussagen sind damit vereinbar.

(15) Es ist unser gemeinsamer Glaube, daß die Rechtfertigung das Werk des dreieinigen Gottes ist. Der Vater hat seinen Sohn zum Heil der Sünder in die Welt gesandt. Die Menschwerdung, der Tod und die Auferstehung Christi sind Grund und Voraussetzung der Rechtfertigung. Daher bedeutet Rechtfertigung, daß Christus selbst unsere Gerechtigkeit ist, derer wir nach dem Willen des Vaters durch den Heiligen Geist teilhaftig werden. Gemeinsam bekennen wir: Allein aus Gnade im Glauben an die Heilstat Christi, nicht auf Grund unseres Verdienstes, werden wir von Gott angenommen und empfangen den Heiligen Geist, der unsere Herzen erneuert und uns befähigt und aufruft zu guten Werken[11].

(16) Alle Menschen sind von Gott zum Heil in Christus berufen. Allein durch Christus werden wir gerechtfertigt, indem wir im Glauben dieses Heil empfangen. Der Glaube selbst ist wiederum Geschenk Gottes durch den Heiligen Geist, der im Wort und in den Sakramenten in der Gemeinschaft der Gläubigen wirkt und zugleich die Gläubigen zu jener Erneuerung ihres Lebens führt, die Gott im ewigen Leben vollendet.

(17) Gemeinsam sind wir der Überzeugung, daß die Botschaft von der Rechtfertigung uns in besonderer Weise auf die Mitte des neutestamentlichen Zeugnisses von Gottes Heilshandeln in Christus verweist: Sie sagt uns, daß wir Sünder unser neues Leben allein der vergebenden und neuschaffenden Barmherzigkeit Gottes verdanken, die wir uns nur schenken lassen und im Glauben empfangen, aber nie – in welcher Form auch immer – verdienen können.

(18) Darum ist die Lehre von der Rechtfertigung, die diese Botschaft aufnimmt und entfaltet, nicht nur ein Teilstück der christlichen Glaubenslehre. Sie steht in einem wesenhaften Bezug zu allen Glaubenswahrheiten, die miteinander in einem inneren Zusammenhang zu sehen sind. Sie ist ein unverzichtbares Kriterium, das die gesamte Lehre und Praxis der Kirche unablässig auf Christus hin orientieren will. Wenn Lutheraner die einzigartige Bedeutung dieses Kriteriums betonen, verneinen sie nicht den Zusammenhang und die Bedeutung aller Glaubenswahrheiten. Wenn Katholiken sich von mehreren Kriterien in Pflicht genommen sehen, verneinen sie nicht die besondere Funktion der Rechtfertigungsbotschaft.

Lutheraner und Katholiken haben gemeinsam das Ziel, in allem Christus zu bekennen, dem allein über alles zu vertrauen ist als dem einen Mittler (1 Tim 2.5f.), durch den Gott im Heiligen Geist sich selbst gibt und seine erneuernden Gaben schenkt [vgl. Quellen zu Kap. 3.].

## 4. Die Entfaltung des gemeinsamen Verständnisses der Rechtfertigung

### *4.1 Unvermögen und Sünde des Menschen angesichts der Rechtfertigung*

(19) Wir bekennen gemeinsam, daß der Mensch im Blick auf sein Heil völlig auf die rettende Gnade Gottes angewiesen ist. Die Freiheit, die er gegenüber den Menschen und den Dingen der Welt besitzt, ist keine Freiheit auf sein Heil hin. Das heißt, als Sünder steht er unter dem Gericht Gottes und ist unfähig, sich von sich aus Gott um Rettung zuzuwenden oder seine Rechtfertigung vor Gott zu verdienen oder mit eigener Kraft sein Heil zu erreichen. Rechtfertigung geschieht allein aus Gnade. Weil Katholiken und Lutheraner das gemeinsam bekennen, darum gilt:

(20) Wenn Katholiken sagen, daß der Mensch bei der Vorbereitung auf die Rechtfertigung und deren Annahme durch seine Zustimmung zu Gottes rechtfertigendem Handeln »mitwirke«, so sehen sie in solch personaler Zustimmung selbst eine Wirkung der Gnade und kein Tun des Menschen aus eigenen Kräften.

(21) Nach lutherischer Auffassung ist der Mensch unfähig, bei seiner Errettung mitzuwirken, weil er sich als Sünder aktiv Gott und seinem rettenden Handeln widersetzt. Lutheraner verneinen nicht, daß der Mensch das Wirken der Gnade ablehnen kann. Wenn sie betonen, daß der Mensch die Rechtfertigung nur empfangen kann *(mere passive)*, so verneinen sie damit jede Möglichkeit eines eigenen Beitrags des Menschen zu seiner Rechtfertigung, nicht aber sein volles personales Beteiligtsein im Glauben, das vom Wort Gottes selbst gewirkt wird [vgl. Quellen zu Kap. 4.1.].

### *4.2 Rechtfertigung als Sündenvergebung und Gerechtmachung*

(22) Wir bekennen gemeinsam, daß Gott aus Gnade dem Menschen die Sünde vergibt und ihn zugleich in seinem Lebern von der knechtenden Macht der Sünde befreit und ihm das neue Leben in Christus schenkt. Wenn der Mensch an Christus im Glauben teilhat, rechnet ihm Gott seine Sünde nicht an und wirkt in ihm tätige Liebe durch den Heiligen Geist.

Beide Aspekte des Gnadenhandelns Gottes dürfen nicht voneinander getrennt werden. Sie gehören in der Weise zusammen, daß der Mensch im Glauben mit Christus vereinigt wird, der in seiner Person unsere Gerechtigkeit ist (1 Kor 1,30): sowohl die Vergebung der Sünden, als auch die heiligende Gegenwart Gottes. Weil Katholiken und Lutheraner das gemeinsam bekennen, darum gilt:

(23) Wenn Lutheraner betonen, daß Christi Gerechtigkeit unsere Gerechtigkeit ist, wollen sie vor allem festhalten, daß dem Sünder durch den Zuspruch der Vergebung die Gerechtigkeit vor Gott in Christus geschenkt wird und sein Leben nur in Verbindung mit Christus erneuert wird. Wenn sie sagen, daß Gottes Gnade vergebende Liebe (»Gunst Gottes«[12]) ist, verneinen sie damit nicht die Erneuerung des Lebens des Christen, sondern wollen zum Ausdruck bringen, daß die Rechtfertigung frei bleibt von menschlicher Mitwirkung und auch nicht von der lebenserneuernden Wirkung der Gnade im Menschen abhängt.

(24) Wenn die Katholiken betonen, daß dem Gläubigen die Erneuerung des inneren Menschen durch den Empfang der Gnade geschenkt wird,[13] dann wollen sie festhalten, daß die vergebende Gnade Gottes immer mit dem Geschenk eines neuen Lebens verbunden ist, das sich im Heiligen Geist in tätiger Liebe auswirkt; sie verneinen damit aber nicht, daß Gottes Gnadengabe in der Rechtfertigung unabhängig bleibt von menschlicher Mitwirkung [vgl. Quellen zu Kap. 4.2.].

### *4.3 Rechtfertigung durch Glauben und aus Gnade*

(25) Wir bekennen gemeinsam, daß der Sünder durch den Glauben an das Heilshandeln Gottes in Christus gerechtfertigt wird; dieses Heil wird ihm vom Heiligen Geist in der Taufe als Fundament seines ganzen christlichen Lebens geschenkt. Der Mensch vertraut im rechtfertigenden Glauben auf Gottes gnädige Verheißung, in dem die Hoffnung auf Gott und die Liebe zu ihm eingeschlossen sind. Dieser Glaube ist in der Liebe tätig; darum kann und darf der Christ nicht ohne Werke bleiben. Aber alles, was im Menschen dem freien Geschenk des Glaubens vorausgeht und nachfolgt, ist nicht Grund der Rechtfertigung und verdient sie nicht.

(26) Nach lutherischem Verständnis rechtfertigt Gott den Sünder allein im Glauben *(sola fide)*. Im Glauben vertraut der Mensch ganz auf seinen Schöpfer und Erlöser und ist so in Gemeinschaft mit ihm. Gott selber bewirkt den Glauben, indem er durch sein schöpferisches Wort solches Vertrauen hervorbringt. Weil diese Tat Gottes eine neue Schöpfung ist, betrifft sie alle Dimensionen der Person und führt zu einem Leben in Hoffnung und Liebe. So wird in der Lehre von der »Rechtfertigung allein durch den Glauben« die Erneuerung der Lebensführung, die aus der

Rechtfertigung notwendig folgt und ohne die kein Glaube sein kann, zwar von der Rechtfertigung unterschieden, aber nicht getrennt. Vielmehr wird damit der Grund angegeben, aus dem solche Erneuerung hervorgeht. Aus der Liebe Gottes, die dem Menschen in der Rechtfertigung geschenkt wird, erwächst die Erneuerung des Lebens. Rechtfertigung und Erneuerung sind durch den im Glauben gegenwärtigen Christus verbunden.

(27) Auch nach katholischem Verständnis ist der Glaube für die Rechtfertigung fundamental; denn ohne ihn kann es keine Rechtfertigung geben. Der Mensch wird als Hörer des Wortes und Glaubender durch die Taufe gerechtfertigt. Die Rechtfertigung des Sünders ist Sündenvergebung und Gerechtmachung durch die Rechtfertigungsgnade, die uns zu Kindern Gottes macht. In der Rechtfertigung empfangen die Gerechtfertigten von Christus Glaube, Hoffnung und Liebe und werden so in die Gemeinschaft mit ihm aufgenommen[14]. Dieses neue personale Verhältnis zu Gott gründet ganz und gar in der Gnädigkeit Gottes und bleibt stets vom heilsschöpferischen Wirken des gnädigen Gottes abhängig, der sich selbst treu bleibt und auf den der Mensch sich darum verlassen kann. Deshalb wird die Rechtfertigungsgnade nie Besitz des Menschen, auf den er sich Gott gegenüber berufen könnte. Wenn nach katholischem Verständnis die Erneuerung des Lebens durch die Rechtfertigungsgnade betont wird, so ist diese Erneuerung in Glaube, Hoffnung und Liebe immer auf die grundlose Gnade Gottes angewiesen und leistet keinen Beitrag zur Rechtfertigung, dessen wir uns vor Gott rühmen könnten (Röm 3,27) [vgl. Quellen zu Kap. 4.3.].

### *4.4 Das Sündersein des Gerechtfertigten*

(28) Wir bekennen gemeinsam, daß der Heilige Geist in der Taufe den Menschen mit Christus vereint, rechtfertigt und ihn wirklich erneuert. Und doch bleibt der Gerechtfertigte zeitlebens und unablässig auf die bedingungslos rechtfertigende Gnade Gottes angewiesen. Auch er ist der immer noch andrängenden Macht und dem Zugriff der Sünde nicht entzogen (vgl. Röm 6,12–14) und des lebenslangen Kampfes gegen die Gottwidrigkeit des selbstsüchtigen Begehrens des alten Menschen nicht enthoben (vgl. Gal 5,16; Röm 7,7.10). Auch der Gerechtfertigte muß wie im Vaterunser täglich Gott um Vergebung bitten (Mt 6,12; 1 Joh 1,9), er ist immer wieder zu Umkehr und Buße gerufen, und ihm wird immer wieder die Vergebung gewährt.

(29) Das verstehen Lutheraner in dem Sinne, daß der Christ »zugleich Gerechter und Sünder« ist: Er ist ganz gerecht, weil Gott ihm durch Wort und Sakrament seine Sünde vergibt und die Gerechtigkeit Christi zuspricht, die ihm im Glauben zu eigen wird und ihn in Christus vor Gott

simul iustus et peccator

zum Gerechten macht. Im Blick auf sich selbst aber erkennt er durch das Gesetz, daß er zugleich ganz Sünder bleibt, daß die Sünde noch in ihm wohnt (1 Joh 1,8; Röm 7,17.20); denn er vertraut immer wieder auf falsche Götter und liebt Gott nicht mit jener ungeteilten Liebe, die Gott als sein Schöpfer von ihm fordert (Dtn 6,5; Mt 22,36–40 parr.). Diese Gottwidrigkeit ist als solche wahrhaft Sünde. Doch die knechtende Macht der Sünde ist aufgrund von Christi Verdienst gebrochen: Sie ist keine den Christen »beherrschende« Sünde mehr, weil sie durch Christus »beherrscht« ist, mit dem der Gerechtfertigte im Glauben verbunden ist; so kann der Christ, solange er auf Erden lebt, jedenfalls stückweise ein Leben in Gerechtigkeit führen. Und trotz der Sünde ist der Christ nicht mehr von Gott getrennt, weil ihm, der durch die Taufe und den Heiligen Geist neugeboren ist, in täglicher Rückkehr zur Taufe die Sünde vergeben wird, so daß seine Sünde ihn nicht mehr verdammt und ihm nicht mehr den ewigen Tod bringt[15]. Wenn also die Lutheraner sagen, daß der Gerechtfertigte auch Sünder und seine Gottwidrigkeit wahrhaft Sünde ist, verneinen sie nicht, daß er trotz der Sünde in Christus von Gott ungetrennt und seine Sünde beherrschte Sünde ist. Im letzteren sind sie mit der römisch-katholischen Seite trotz der Unterschiede im Verständnis der Sünde des Gerechtfertigten einig.

(30) Die Katholiken sind der Auffassung, daß die Gnade Jesu Christi, die in der Taufe verliehen wird, alles was »wirklich« Sünde, was »verdammenswürdig« ist, tilgt (Röm 8,1[16]), daß jedoch eine aus der Sünde kommende und zur Sünde drängende Neigung (Konkupiszenz) im Menschen verbleibt. Insofern nach katholischer Überzeugung zum Zustandekommen menschlicher Sünden ein personales Element gehört, sehen sie bei dessen Fehlen die gottwidrige Neigung nicht als Sünde im eigentlichen Sinne an. Damit wollen sie nicht leugnen, daß diese Neigung nicht dem ursprünglichen Plan Gottes vom Menschen entspricht, noch, daß sie objektiv Gottwidrigkeit und Gegenstand lebenslangen Kampfes ist; in Dankbarkeit für die Erlösung durch Christus wollen sie herausstellen, daß die gottwidrige Neigung nicht die Strafe des ewigen Todes verdient[17] und den Gerechtfertigten nicht von Gott trennt. Wenn der Gerechtfertigte sich aber willentlich von Gott trennt, genügt nicht eine erneute Beobachtung der Gebote, sondern er muß im Sakrament der Versöhnung Verzeihung und Frieden empfangen durch das Wort der Vergebung, das ihm kraft des Versöhnungswerkes Gottes in Christus gewährt wird [vgl. Quellen zu Kap. 4.4.].

### *4.5 Gesetz und Evangelium*

(31) Wir bekennen gemeinsam, daß der Mensch im Glauben an das Evangelium »unabhängig von Werken des Gesetzes« (Röm 3,28) gerechtfertigt

wird. Christus hat das Gesetz erfüllt und es durch seinen Tod und seine Auferstehung als Weg zum Heil überwunden. Wir bekennen zugleich, daß die Gebote Gottes für den Gerechtfertigten in Geltung bleiben und daß Christus in seinem Wort und Leben den Willen Gottes, der auch für den Gerechtfertigten Richtschnur seines Handelns ist, zum Ausdruck bringt.

(32) Die Lutheraner verweisen darauf, daß die Unterscheidung und richtige Zuordnung von Gesetz und Evangelium wesentlich ist für das Verständnis der Rechtfertigung. Das Gesetz in seinem theologischen Gebrauch ist Forderung und Anklage, unter der jeder Mensch, auch der Christ, insofern er Sünder ist, zeitlebens steht und das seine Sünde aufdeckt, damit er sich im Glauben an das Evangelium ganz der Barmherzigkeit Gottes in Christus zuwendet, die allein ihn rechtfertigt.

(33) Weil das Gesetz als Heilsweg durch das Evangelium erfüllt und überwunden ist, können Katholiken sagen, daß Christus nicht ein Gesetzgeber im Sinne von Mose ist. Wenn Katholiken betonen, daß der Gerechtfertigte zur Beobachtung der Gebote Gottes gehalten ist, so verneinen sie damit nicht, daß die Gnade des ewigen Lebens den Kindern Gottes durch Jesus Christus erbarmungsvoll verheißen ist[18] [vgl. Quellen zu Kap. 4.5.].

## *4.6 Heilsgewißheit*

(34) Wir bekennen gemeinsam, daß die Gläubigen sich auf die Barmherzigkeit und die Verheißungen Gottes verlassen können. Auch angesichts ihrer eigenen Schwachheit und mannigfacher Bedrohung ihres Glaubens können sie kraft des Todes und der Auferstehung Christi auf die wirksame Zusage der Gnade Gottes in Wort und Sakrament bauen und so dieser Gnade gewiß sein.

(35) Dies ist in besonderer Weise von den Reformatoren betont worden: In der Anfechtung soll der Gläubige nicht auf sich, sondern ganz auf Christus blicken und ihm allein vertrauen. So ist er im Vertrauen auf Gottes Zusage seines Heils gewiß, wenngleich auf sich schauend niemals sicher.

(36) Katholiken können das Anliegen der Reformatoren teilen, den Glauben auf die objektive Wirklichkeit der Verheißung Christi zu gründen, von der eigenen Erfahrung abzusehen und allein auf Christi Verheißungswort zu vertrauen (vgl. Mt 16,19; 18,18). Mit dem Zweiten Vatikanischen Konzil sagen Katholiken: Glauben heißt, sich selbst ganz Gott anvertrauen,[19] der uns aus der Finsternis der Sünde und des Todes befreit und zum ewigen Leben erweckt.[20] Man kann nicht in diesem Sinn an Gott glauben und zugleich dessen Verheißungswort für nicht verläßlich halten. Keiner darf an Gottes Barmherzigkeit und an Christi Verdienst zweifeln. Aber jeder

kann in Sorge um sein Heil sein, wenn er auf seine eigenen Schwächen und Mängel schaut. In allem Wissen um sein eigenes Versagen darf der Glaubende dessen gewiß sein, daß Gott sein Heil will [vgl. Quellen zu Kap. 4.6.].

### *4.7 Die guten Werke des Gerechtfertigten*

(37) Wir bekennen gemeinsam, daß gute Werke – ein christliches Leben in Glaube, Hoffnung und Liebe – der Rechtfertigung folgen und Früchte der Rechtfertigung sind. Wenn der Gerechtfertigte in Christus lebt und in der empfangenen Gnade wirkt, bringt er, biblisch gesprochen, gute Frucht. Diese Folge der Rechtfertigung ist für den Christen, insofern er zeitlebens gegen die Sünde kämpft, zugleich eine Verpflichtung, die er zu erfüllen hat; deshalb ermahnen Jesus und die apostolischen Schriften den Christen, Werke der Liebe zu vollbringen.

(38) Nach katholischer Auffassung tragen die guten Werke, die von der Gnade und dem Wirken des Heiligen Geistes erfüllt sind, so zu einem Wachstum in der Gnade bei, daß die von Gott empfangene Gerechtigkeit bewahrt und die Gemeinschaft mit Christus vertieft werden. Wenn Katholiken an der »Verdienstlichkeit« der guten Werke festhalten, so wollen sie sagen, daß diesen Werken nach dem biblischen Zeugnis ein Lohn im Himmel verheißen ist. Sie wollen die Verantwortung des Menschen für sein Handeln herausstellen, damit aber nicht den Geschenkcharakter der guten Werke bestreiten, geschweige denn verneinen, daß die Rechtfertigung selbst stets unverdientes Gnadengeschenk bleibt.

(39) Auch bei den Lutheranern gibt es den Gedanken eines Bewahrens der Gnade und eines Wachstums in Gnade und Glauben. Sie betonen allerdings, daß die Gerechtigkeit als Annahme durch Gott und als Teilhabe an der Gerechtigkeit Christi immer vollkommen ist, sagen aber zugleich, daß ihre Auswirkung im christlichen Leben wachsen kann. Wenn sie die guten Werke des Christen als »Früchte« und »Zeichen« der Rechtfertigung, nicht als eigene »Verdienste« betrachten, so verstehen sie gleichwohl das ewige Leben gemäß dem Neuen Testament als unverdienten »Lohn« im Sinn der Erfüllung von Gottes Zusage an die Glaubenden [vgl. Quellen zu Kap. 4.7.].

## 5. Die Bedeutung und Tragweite des erreichten Konsenses

(40) Das in dieser Erklärung dargelegte Verständnis der Rechtfertigungslehre zeigt, daß zwischen Lutheranern und Katholiken ein Konsens in Grundwahrheiten der Rechtfertigungslehre besteht, in dessen Licht die in

Nr. 18 bis 39 beschriebenen, verbleibenden Unterschiede in der Sprache, der theologischen Ausgestaltung und der Akzentsetzung des Rechtfertigungsverständnisses tragbar sind. Deshalb sind die lutherische und die römisch-katholische Entfaltung des Rechtfertigungsglaubens in ihrer Verschiedenheit offen aufeinander hin und heben den Konsens in den Grundwahrheiten nicht wieder auf.

(41) Damit erscheinen auch die Lehrverurteilungen des 16. Jahrhunderts, soweit sie sich auf die Lehre von der Rechtfertigung beziehen, in einem neuen Licht: Die in dieser Erklärung vorgelegte Lehre der lutherischen Kirchen wird nicht von den Verurteilungen des Trienter Konzils getroffen. Die Verwerfungen der lutherischen Bekenntnisschriften treffen nicht die in dieser Erklärung vorgelegte Lehre der römisch-katholischen Kirche.

(42) Dadurch wird den auf die Rechtfertigungslehre bezogenen Lehrverurteilungen nichts von ihrem Ernst genommen. Etliche waren nicht einfach gegenstandslos; sie behalten für uns »die Bedeutung von heilsamen Warnungen«, die wir in Lehre und Praxis zu beachten haben[21].

(43) Unser Konsens in Grundwahrheiten der Rechtfertigungslehre muß sich im Leben und in der Lehre der Kirchen auswirken und bewähren. Im Blick darauf gibt es noch Fragen von unterschiedlichem Gewicht, die weiterer Klärung bedürfen: sie betreffen unter anderem das Verhältnis von Wort Gottes und kirchlicher Lehre sowie die Lehre von der Kirche, von der Autorität in ihr, von ihrer Einheit, vom Amt und von den Sakramenten, schließlich von der Beziehung zwischen Rechtfertigung und Sozialethik. Wir sind der Überzeugung, daß das erreichte gemeinsame Verständnis eine tragfähige Grundlage für eine solche Klärung bietet. Die lutherischen Kirchen und die römisch-katholische Kirche werden sich weiterhin bemühen, das gemeinsame Verständnis zu vertiefen und es in der kirchlichen Lehre und im kirchlichen Leben fruchtbar werden zu lassen.

(44) Wir sagen dem Herrn Dank für diesen entscheidenden Schritt zur Überwindung der Kirchenspaltung. Wir bitten den Heiligen Geist, uns zu jener sichtbaren Einheit weiterzuführen, die der Wille Christi ist.

## Anmerkungen

1 Schmalkaldische Artikel II,1 (Die Bekenntnisschriften der evangelisch-lutherischen Kirche, 3. Aufl. [Göttingen 1956] 415).

2 »Rector et iudex super omnia genera doctrinarum« (Weimarer Ausgabe von Luthers Werken, 39, I, 205).

3 Es sei darauf hingewiesen, daß eine Reihe von lutherischen Kirchen nur die Confessio Augustana und Luthers Kleinen Katechismus zu ihren verbindlichen

Lehrgrundlagen rechnen. Diese Bekenntnisschriften enthalten keine die Rechtfertigungslehre betreffenden Lehrverurteilungen gegenüber der römisch-katholischen Kirche.

4 Bericht der Evangelisch-Lutherisch/Römisch-katholischen Studienkommission »Das Evangelium und die Kirche« (»Malta-Bericht«) 1972, in: Dokumente wachsender Übereinstimmung [= DWÜ], Sämtliche Berichte und Konsenstexte interkonfessioneller Gespräche auf Weltebene, Bd. I: 1931–1982, Hg. von Harding Meyer – Hans Jörg Urban – Lukas Vischer (Paderborn–Frankfurt 1983), 248–271.

5 Gemeinsame römisch-katholische/evangelisch-lutherische Kommission (Hg.): Kirche und Rechtfertigung. Das Verständnis der Kirche im Licht der Rechtfertigungslehre (Paderborn–Frankfurt 1994).

6 Lutherisch/Römisch-katholischer Dialog in den USA: Rechtfertigung durch den Glauben (1983), in: Rechtfertigung im ökumenischen Dialog, Dokumente und Einführung, hg. von Harding Meyer und Günther Gaßmann (Frankfurt 1987) 107–200.

7 Lehrverurteilungen – kirchentrennend?, Bd. I: Rechtfertigung, Sakramente und Amt im Zeitalter der Reformation und heute, hg. von Karl Lehmann und Wolfhart Pannenberg (Freiburg–Göttingen 1986).

8 Gemeinsame Stellungnahme der Arnoldshainer Konferenz, der Vereinigten Kirche und des Deutschen Nationalkomitees des Lutherischen Weltbundes zum Dokument ›Lehrverurteilungen – kirchentrennend?‹, in: Ökumenische Rundschau 44 (1995) 99–102; einschließlich der diesem Beschluß zugrundeliegenden Stellungnahmen, vgl. Lehrverurteilungen im Gespräch. Die ersten offiziellen Stellungnahmen aus den evangelischen Kirchen in Deutschland, Göttingen 1993.

9 In dieser Erklärung gibt das Wort »Kirche« das jeweilige Selbstverständnis der beteiligten Kirche wieder, ohne alle damit verbundenen ekklesiologischen Fragen entscheiden zu wollen.

10 Vgl. Malta-Bericht Nr. 26–30; Rechtfertigung durch den Glauben Nr. 122–147. Die nicht-paulinischen neutestamentlichen Zeugnisse wurden im Auftrag des US-Dialogs »Rechtfertigung durch den Glauben« untersucht von J. Reumann: Righteousness in the New Testament, mit Antworten von J. Fitzmyer und J. D. Quinn (Philadelphia, New York 1982), S. 124–180. Die Ergebnisse dieser Studie wurden im Dialogbericht »Rechtfertigung durch den Glauben« in den Nr. 139–142 zusammengefaßt.

11 Vgl. Alle unter einem Christus, Nr. 14, in: DWÜ, Bd. I, 323–328.

12 Vgl. WA 8, 106.

13 Vgl. DS 1528.

14 Vgl. DS 1530.

15 Vgl. Apol. II,38–45.

16 Vgl. DS 1515.

17 Vgl. DS 1515.

18 Vgl. DS 1545.

19 Vgl. DV 5.

20 Vgl. DV 4.

21 Lehrverurteilungen – kirchentrennend?, 32.

## Quellen zur Gemeinsamen Erklärung zur Rechtfertigungslehre

In den Teilen 3 und 4 der »Gemeinsamen Erklärung« wird auf Formulierungen aus verschiedenen lutherisch/katholischen Dialogen zurückgegriffen. Im einzelnen handelt es sich um folgende Dokumente:

»Alle unter einem Christus«, Stellungnahme der Gemeinsamen Römisch-katholischen/Evangelisch-lutherischen Kommission zum Augsburgischen Bekenntnis 1980, in: Dokumente wachsender Übereinstimmung, hg. von Harding Meyer, Hans Jörg Urban, Lukas Vischer, Bd. 1: 1931–1982 (Paderborn– Frankfurt 1983) 323–328.

Denzinger-Schönmetzer, Enchiridion Symbolorum ... 32. bis 36. Auflage [zit.: DS].

Denzinger-Hünermann, Enchiridion Symbolorum ... seit der 37. Auflage, zweisprachig [zit.: DH].

Gutachten des Päpstlichen Rates zur Förderung der Einheit der Christen zur Studie »Lehrverurteilungen – kirchentrennend?« (Vatikan 1992), unveröffentlicht, [zit.: Gutachten].

»Justification by Faith«, lutherisch-katholischer Dialog in den USA, 1983, deutsch: Rechtfertigung durch den Glauben, in: Rechtfertigung im ökumenischen Dialog, hg. von Harding Meyer u. Günther Gaßmann (= Ökumenische Perspektiven Nr. 12) Frankfurt 1987, 107–200 [= zit.: USA].

Lehrverurteilungen – kirchentrennend?, Bd. I: Rechtfertigung, Sakramente und Amt im Zeitalter der Reformation und heute, hg. von Karl Lehmann und Wolfhart Pannenberg (Freiburg 1986) [zit.: LV].

Stellungnahme des Gemeinsamen Ausschusses der Vereinigten Evangelisch-Lutherischen Kirche Deutschlands und des Deutschen Nationalkomitees des Lutherischen Weltbundes zum Dokument »Lehrverurteilungen – kirchentrennend?« (13. September 1991), in: Lehrverurteilungen im Gespräch, hg. von der Geschäftsstelle der Arnoldshainer Konferenz (AKf), dem Kirchenamt der Evangelischen Kirche in Deutschland (EKD) und dem Lutherischen Kirchenamt der Vereinigten Evangelisch-Lutherischen Kirche Deutschlands (VELKD) (Frankfurt 1993) 57–160 [= zit.: VELKD].

**zu 3:** Das gemeinsame Verständnis der Rechtfertigung, Abschnitte 17 und 18:

Vgl. insbesondere LV 75; VELKD 95.

– »Ein auf den Glauben zentriertes und forensisch verstandenes Bild von der Rechtfertigung ist für Paulus, und in gewissem Sinne für die Bibel insgesamt, von entscheidender Bedeutung, wenn dies auch keinesfalls die einzige biblische oder paulinische Weise ist, das Heilswerk Gottes darzustellen« (USA Nr. 146).

– »Katholiken wie Lutheraner können die Notwendigkeit anerkennen, die Praxis, die Strukturen und die Theologien der Kirche daran zu messen, inwieweit sie ›die Verkündigung der freien und gnädigen Verheißungen in Christus Jesus, die allein durch den Glauben recht empfangen werden können‹ (Nr. 28), fördern oder hindern« (USA Nr. 153).

Von der »grundlegenden Affirmation« (USA Nr. 157; vgl. Nr. 4) heißt es:

– »Diese Affirmation dient wie die reformatorische Lehre von der Rechtfertigung allein durch den Glauben als Kriterium, an dem alle kirchlichen Bräuche, Strukturen und Traditionen gemessen werden, gerade weil die Entsprechung dazu das ›solus Christus‹, allein Christus, ist. Ihm allein ist letztlich zu vertrauen als dem einen Mittler, durch den Gott im Heiligen Geist seine rettenden Gaben ausgießt. Alle an diesem Dialog Beteiligten bekräftigen, daß alle christliche Lehre und Praxis und alle christlichen Ämter in einer Weise wirksam sein sollen, daß sie ›den Gehorsam des Glaubens‹ (Röm 1,5) an Gottes Heilshandeln in Christus allein, durch den Heiligen Geist, für das Heil der Gläubigen und zu Lob und Ehre des himmlischen Vaters fördern« (USA Nr. 160).

– »Darum behält die Rechtfertigungslehre und vor allem ihr biblischer Grund in der Kirche für immer eine spezifische Funktion: im Bewußtsein der Christen zu halten, daß wir Sünder allein aus der vergebenden Liebe Gottes leben, die wir uns nur schenken lassen, aber auf keine Weise, wie abgeschwächt auch immer, ›verdienen‹ oder an von uns zu erbringende Vor- oder Nachbedingungen binden können. Die ›Rechtfertigungslehre‹ wird damit zum kritischen Maßstab, an dem sich jederzeit überprüfen lassen muß, ob eine konkrete Interpretation unseres Gottesverhältnisses den Namen ›christlich‹ beanspruchen kann. Sie wird zugleich zum kritischen Maßstab für die Kirche, an dem sich jederzeit überprüfen lassen muß, ob ihre Verkündigung und ihre Praxis dem, was ihr von ihrem Herrn vorgegeben ist, entspricht« (LV 75).

– »Eine Einigung darin, daß die Rechtfertigungslehre ihre Bedeutung nicht nur als besondere Teillehre im Ganzen der Glaubenslehre unserer Kirchen hat, sondern daß ihr darüber hinaus eine Bedeutung als kritischer Maßstab für Lehre und Praxis unserer Kirchen insgesamt zukommt, ist aus lutherischer Sicht ein fundamentaler Fortschritt im ökumenischen Dialog zwischen unseren Kirchen, der nicht genug zu begrüßen ist« (VELKD 95; vgl. 157).

– »Zwar hat die Rechtfertigungslehre bei Lutheranern und Katholiken einen unterschiedlichen Stellenwert innerhalb der ›hierarchia veritatum‹: doch stimmen beide Seiten darin überein, daß die Rechtfertigungslehre ihre spezifische Funktion darin hat, ein kritischer Maßstab zu sein, ›an dem sich jederzeit überprüfen lassen muß, ob eine konkrete Interpretation unseres Gottesverhältnisses den Namen ›christlich‹ beanspruchen kann. Sie wird zugleich zum kritischen Maßstab für die Kirche, an dem sich jederzeit überprüfen lassen muß, ob ihre Verkündigung und ihre Praxis dem, was ihr von ihrem Herrn vorgegeben ist, entspricht. ›Die kriteriologische Bedeutung der Rechtfertigungslehre für die Sakramentenlehre, die

Ekklesiologie sowie für den ethischen Bereich bedarf allerdings noch vertiefter Studien« (Gutachten 106f.).

**zu 4.1.:** Unvermögen und Sünde des Menschen angesichts der Rechtfertigung, Abschnitte 19–21:
Vgl. insbesondere LV 48ff.; 53; VELKD 77–81; 83f.
– »Diejenigen, in denen die Sünde herrscht, können nichts tun, um die Rechtfertigung zu verdienen, die ein freies Geschenk der Gnade Gottes ist. Selbst die Anfänge der Rechtfertigung, z. B. Reue, das Gebet um Gnade und das Verlangen nach Vergebung, müssen Gottes Werk in uns sein« (USA Nr. 156,3).
– »Beiden geht es ... nicht ... darum, ein wahrhaftes Beteiligtsein des Menschen zu leugnen. ... Eine Antwort ist kein ›Werk‹. Die Antwort des Glaubens ist selbst erwirkt durch das unerzwingbare und von außen auf den Menschen zukommende Wort der Verheißung. ›Mitwirkung‹ kann es nur in dem Sinne geben, daß das Herz beim Glauben dabei ist, wenn das Wort es trifft und Glauben schafft« (LV 53,12–22).
– »Nur wenn die lutherische Lehre die Beziehung Gottes zu seinem Geschöpf bei der Rechtfertigung jedoch mit solcher Betonung auf den göttlichen Monergismus oder die Alleinwirksamkeit Christi konstruiert, daß die freiwillige Annahme von Gottes Gnade, die selbst ein Geschenk Gottes ist, keine wesentliche Rolle bei der Rechtfertigung spielt, dann kennzeichnen die Trienter Canones 4, 5, 6 und 9 noch einen beachtlichen Unterschied bezüglich Rechtfertigung« (Gutachten 25).
– »Das strikte Betonen der Passivität des Menschen bei seiner Rechtfertigung hatte auf lutherischer Seite niemals den Sinn, etwa das volle personale Beteiligtsein im Glauben zu bestreiten, sondern sollte lediglich jede Mitwirkung beim Geschehen der Rechtfertigung selbst ausschließen. Diese ist allein das Werk Christi, allein Werk der Gnade« (VELKD 84,3–8).

**zu 4.2.:** Rechtfertigung als Sündenvergebung und Gerechtmachung, Abschnitte 22–24:
Vgl. insbesondere USA Nr. 98–101; LV 53ff.; VELKD 84ff.; vgl. auch die Zitate zu 4.3.
– »Durch die Rechtfertigung werden wir zugleich gerecht erklärt und gerecht gemacht. Rechtfertigung ist darum keine rechtliche Fiktion. Indem er rechtfertigt, bewirkt Gott, was er verheißt; er vergibt Sünden und macht uns wahrhaft gerecht« (USA Nr. 156,5).
– »... die reformatorische Theologie übersieht nicht, was die katholische Lehre hervorhebt: den schöpferischen und erneuernden Charakter der Liebe Gottes; und behauptet nicht ...: die Ohnmacht Gottes gegenüber einer Sünde, die bei der Rechtfertigung ›nur‹ vergeben, nicht aber in ihrer von Gott trennenden Macht aufgehoben wird« (LV 55,25–29).

– »... diese [= die lutherische Lehre] hat nie die ›Anrechnung der Gerechtigkeit Christi‹ als wirkungslos im Leben des Glaubenden verstanden, weil Christi Wort wirkt, was es sagt. Entsprechend versteht sie die Gnade als Gottes Gunst, aber diese durchaus als wirksame Kraft ... Denn ›wo Vergebung der Sünden ist, da ist auch Leben und Seligkeit‹« (VELKD 86, 15–23).
– »... die katholische Theologie übersieht nicht, was die evangelische Theologie hervorhebt: den personalen und worthaften Charakter der Gnade; und behauptet nicht ...: die Gnade als dinghaften, verfügbaren ›Besitz‹ des Menschen, und wäre es auch geschenkter Besitz« (LV 55, 21–24).

**zu 4.3.:** Rechtfertigung durch Glauben und aus Gnade, Abschnitte 25–27: Vgl. insbesondere USA Nr. 105 ff.; VELKD 87–90.
– »Übersetzt man von einer Sprache in die andere, dann entspricht einerseits die reformatorische Rede von der Rechtfertigung durch den Glauben der katholischen Rede von der Rechtfertigung durch die Gnade, und dann begreift anderseits die reformatorische Lehre unter dem einen Wort ›Glaube‹ der Sache nach, was die katholische Lehre in Anschluß an 1 Kor 13,13 in der Dreiheit von ›Glaube, Hoffnung und Liebe‹ zusammenfaßt« (LV 59,5–15).
– »Wir betonen, daß der Glaube im Sinne des ersten Gebotes immer auch die Liebe zu Gott und Hoffnung auf ihn ist und sich in der Liebe zum Nächsten auswirkt« (VELKD 89,8–11).
– »Katholiken ... – wie die Lutheraner – lehren, daß nichts, was dem freien Geschenk des Glaubens vorausgeht, die Rechtfertigung verdient und daß alle heilbringenden Gaben Gottes durch Christus allein geschenkt werden« (USA Nr. 105).
– »Die Reformatoren verstehen ... den Glauben als die durch das Verheißungswort selbst ... gewirkte Vergebung und Gemeinschaft mit Christus. Das ist der Grund für das neue Sein, durch das das Fleisch der Sünde tot ist und der neue Mensch in Christus (›sola fide per Christum‹) sein Leben hat. Aber auch wenn ein solcher Glaube den Menschen notwendig neu macht, so baut der Christ seine Zuversicht nicht auf sein neues Leben, sondern allein auf die Gnadenzusage Gottes. Ihre Annahme im Glauben reicht aus, wenn ›Glaube‹ als ›Vertrauen auf die Verheißung‹ (fides promissionis) verstanden wird« (LV 56,18–26).
– vgl. Tridentinum sess. 6 cap. 7: »... Daher erhält der Mensch in der Rechtfertigung selbst zusammen mit der Vergebung der Sünden durch Jesus Christus, dem er eingegliedert wird, zugleich alles dieses eingegossen: Glaube, Hoffnung und Liebe« (DH 1530).
– »Nach evangelischem Verständnis reicht der Glaube, der sich an Gottes Verheißung in Wort und Sakrament bedingungslos festklammert, zur Gerechtigkeit vor Gott aus, so daß die Erneuerung des Menschen, ohne

die kein Glaube sein kann, nicht ihrerseits zur Rechtfertigung einen Beitrag leistet« (LV 59,19–23).

– »Als Lutheraner halten wir fest an der Unterscheidung von Rechtfertigung und Heiligung, von Glaube und Werken, die jedoch keine Scheidung bedeutet« (VELKD 89,6–8).

– »Die katholische Lehre weiß sich mit dem reformatorischen Anliegen einig, daß die Erneuerung des Menschen keinen ›Beitrag‹ zur Rechtfertigung leistet, schon gar nicht einen, auf den er sich vor Gott berufen könnte ... Dennoch sieht sie sich genötigt, die Erneuerung des Menschen durch die Rechtfertigungsgnade um des Bekenntnisses zur neuschaffenden Macht Gottes willen zu betonen, freilich so, daß diese Erneuerung in Glaube, Hoffnung und Liebe nichts als Antwort auf die grundlose Gnade Gottes ist« (LV 59,23–29).

– »Sofern die katholische Lehre betont, daß die Gnade personal und worthaft zu verstehen ist ..., daß die Erneuerung nichts als – von Gottes Wort selbst erwirkte ... – Antwort ... ist und daß die Erneuerung des Menschen keinen Beitrag zur Rechtfertigung leistet, schon gar nicht einen, auf den wir uns vor Gott berufen könnten ..., wird sie von unserem Widerspruch ... nicht mehr getroffen« (VELKD 89, 12–21).

**zu 4.4.:** Das Sündersein des Gerechtfertigten, Abschnitte 28–31:
Vgl. insbesondere USA Nr. 102 ff.; LV 50–53; VELKD 81 ff.

– »Wie gerecht und heilig sie [= die Gerechtfertigten] auch immer sein mögen, sie verfallen von Zeit zu Zeit in die Sünden des täglichen Daseins. Noch mehr, das Wirken des Hl. Geistes enthebt die Gläubigen nicht des lebenslangen Kampfes gegen sündhafte Neigungen. Die Begierde und andere Auswirkungen der Erbsünde und der persönlichen Sünde bleiben nach katholischer Lehre im Gerechtfertigten, der darum täglich zu Gott um Vergebung beten muß« (USA Nr. 102).

– »Die Trienter und die reformatorische Lehre stimmen darin überein, daß die Erbsünde und auch noch die verbliebene Konkupiszenz Gottwidrigkeit sind ..., Gegenstand des lebenslangen Kampfes gegen die Sünde ..., daß beim Gerechtfertigten, nach der Taufe, die Konkupiszenz den Menschen nicht mehr von Gott trennt, also, tridentinisch gesprochen, nicht mehr ›im eigentlichen Sinne Sünde‹ ist, lutherisch gesprochen: ›peccatum regnatum‹ (beherrschte Sünde)« (LV 52,14–24).

– »Es geht ... um die Frage, in welcher Weise beim Gerechtfertigten von Sünde gesprochen werden kann, ohne die Wirklichkeit des Heils einzuschränken. Während die lutherische Seite diese Spannung mit der Wendung ›beherrschte Sünde‹ (peccatum regnatum) zum Ausdruck bringt, die die Lehre vom Christen als ›Gerechtem und Sünder zugleich‹ (simul iustus et peccator) voraussetzt, meinte die römische Seite die Wirklichkeit des Heils nur so festhalten zu können, daß sie den Sündencharakter der Konkupiszenz bestritt. Im Blick auf diese Sachfrage bedeutet es eine erhebliche Annäherung, wenn LV die im Gerechtfertigten verbliebene Konkupiszenz als ›Gottwidrigkeit‹ bezeichnet und sie damit als Sünde qualifiziert« (VELKD 82,29–39).

**zu 4.5.:** Gesetz und Evangelium, Abschnitte 32–34:
– Nach der paulinischen Lehre handelt es sich hier um den Weg des jüdischen Gesetzes als Heilsweg. Dieser ist in Christus erfüllt und überwunden. Insofern ist diese Aussage und die Konsequenz daraus zu verstehen.
– In Bezug auf die Canones 19 f. des Tridentinums äußert sich die VELKD (89,28–36): »Die Zehn Gebote gelten selbstverständlich für den Christen, wie an vielen Stellen der Bekenntnisschriften ausgeführt ist … Wenn in Canon 20 betont wird, daß der Mensch zum Halten der Gebote Gottes verpflichtet ist, werden wir nicht getroffen; wenn Canon 20 aber behauptet, daß der Glaube nur unter der Bedingung des Haltens der Gebote selig machende Kraft hat, werden wir getroffen. Was die Rede des Canons von den Geboten der Kirche betrifft, so liegt hier kein Gegensatz, wenn diese Gebote nur die Gebote Gottes zur Geltung bringen; im anderen Fall würden wir getroffen«.

**zu 4.6.:** Heilsgewißheit, Abschnitte 35–37:
Vgl. insbesondere LV 59–63; VELKD 90 ff.
– »Die Frage ist, wie der Mensch trotz und mit seiner Schwachheit vor Gott leben kann und darf« (LV 60,5 f.).
– »Grundlage und Ausgangspunkt (der Reformatoren) … sind: die Verläßlichkeit und Allgenügsamkeit der Verheißung Gottes und der Kraft des Todes und der Auferstehung Christi, die menschliche Schwachheit und die damit gegebene Bedrohung des Glaubens und des Heils« (LV 62,17–20).
– Auch Trient betont, es sei notwendig zu glauben, »daß Sünden nur umsonst [= d. h. ohne eigenes Verdienst], allein durch die göttliche Barmherzigkeit um Christi willen vergeben werden und immer vergeben wurden« (DH 1533) und daß man nicht zweifeln darf »an der Barmherzigkeit Gottes, am Verdienst Christi und an der Kraft und Wirksamkeit der Sakramente« (DH 1534); Zweifel und Unsicherheit seien nur im Blick auf sich selbst angebracht.
– »Luther und seine Anhänger gehen einen Schritt weiter. Sie halten dazu an, die Unsicherheit nicht nur zu ertragen, sondern von ihr wegzusehen und die objektive Geltung der ›von außen‹ kommenden Lossprechung im Bußsakrament konkret und persönlich ernst zu nehmen … Da Jesus gesagt hat: ›Was du auf Erden lösen wirst, das wird auch im Himmel gelöst sein‹ (Mt 16,19), würde der Glaubende … Christus zum Lügner erklären …, wenn er sich nicht felsenfest auf die in der Lossprechung zugesprochene Vergebung Gottes verließe … Daß dieses Sich-Verlassen noch einmal subjektiv ungewiß sein kann, daß also Vergebungsgewißheit nicht Ver-

gebungssicherheit (securitas) ist, weiß Luther ebenso wie seine Gegner – aber es darf sozusagen nicht noch einmal zum Problem gemacht werden: der Glaubende soll den Blick davon ab- und nur dem Vergebungswort Christi zuwenden« (LV 60,18–34).

– »Heute können Katholiken das Bemühen der Reformatoren anerkennen, den Glauben auf die objektive Wirklichkeit von Christi Verheißung zu gründen: ›Was du auf Erden lösen wirst ...‹ ... und die Gläubigen auf ein ausdrückliches Wort der Sündenvergebung auszurichten ... Luthers ursprüngliches Anliegen [ist nicht zu verurteilen], von der persönlichen Erfahrung abzusehen und allein auf Christus und sein Vergebungswort zu vertrauen« (Gutachten 27).

– Eine gegenseitige Verurteilung bezüglich des Verständnisses von Heilsgewißheit ist »zumal dann nicht [zu begründen], »wenn man vom Boden eines biblisch erneuerten Glaubensbegriffs aus denkt ... Denn es kann zwar geschehen, daß ein Mensch den Glauben, die Selbstüberantwortung an Gott und sein Verheißungswort verliert oder aufgibt. Aber er kann nicht in diesem Sinne glauben und zugleich Gott in seinem Verheißungswort für unverläßlich halten. In diesem Sinne gilt mit den Worten Luthers auch heute: Glaube ist Heilsgewißheit« (LV 62,23–29).

– Zum Glaubensbegriff des Zweiten Vatikanischen Konzils vgl. Dei Verbum Nr. 5: »Dem offenbarenden Gott ist der ›Gehorsam des Glaubens‹ ... zu leisten. Darin überantwortet sich der Mensch Gott als ganzer in Freiheit, in dem er sich ›dem offenbarenden Gott mit Verstand und Willen voll unterwirft‹ und seiner Offenbarung willig zustimmt«.

– »Die lutherische Unterscheidung zwischen der Gewißheit (certitudo) des Glaubens, der allein auf Christus blickt, und der irdischen Sicherheit (securitas), die sich auf den Menschen stützt, ist in LV nicht deutlich genug aufgenommen worden. ... Der Glaube [reflektiert] nie auf sich selbst, sondern [hängt] ganz und gar an Gott, dessen Gnade ihm durch Wort und Sakrament, also von außen (extra nos) zugeeignet wird« (VELKD 92,2–9).

**zu 4.7.:** Die guten Werke des Gerechtfertigten, Abschnitte 38–40:
Vgl. insbesondere LV 72 ff., VELKD 90 ff.

– »Das Konzil schließt jedes Verdienst der Gnade – also die Rechtfertigung – aus (can. 2: DS 1552) und begründet das Verdienst des ewigen Lebens im Geschenk der Gnade selbst durch Christusgliedschaft (can. 32: DS 1582): Als Geschenk sind die guten Werke ›Verdienste‹. Wo die Reformatoren ein ›gottloses Vertrauen‹ auf die eigenen Werke anprangern, schließt das Konzil ausdrücklich jeden Gedanken an Anspruch und falsche Sicherheit aus (cap. 16: DS 1548 f.). Erkennbar ... will das Konzil an Augustinus anknüpfen, der den Verdienstbegriff einführt, um trotz des Geschenkcharakters der guten Werke die Verantwortlichkeit des Menschen auszusagen« (LV 73,9–18).

– Wenn man die Sprache der »Ursächlichkeit« in Canon 24 personaler faßt, wie es im Kapitel 16 des Rechtfertigungsdekretes getan wird, wo der Gedanke der Gemeinschaft mit Christus tragend ist, dann wird man die katholische Verdienstlehre so umschreiben können, wie es im ersten Satz des zweiten Absatzes von 4.7. geschieht: Beitrag zum Wachstum der Gnade, der Bewahrung der von Gott empfangenen Gerechtigkeit und der Vertiefung der Christusgemeinschaft.

– »Viele Gegensätze könnten einfach dadurch behoben werden, daß der mißverständliche Ausdruck ›Verdienst‹ im Zusammenhang mit dem wahren Sinn des biblischen Begriffs ›Lohn‹ gesehen und bedacht wird« (LV 74, 7–9).

– »Die lutherischen Bekenntnisschriften betonen, daß der Gerechtfertigte dafür verantwortlich ist, die empfangene Gnade nicht zu verspielen, sondern in ihr zu leben … So können die – Bekenntnisschriften durchaus von einem Bewahren der Gnade und einem Wachstum in ihr sprechen … Wird Canon 24 in diesem Sinne von der Gerechtigkeit, insofern sie sich in und am Menschen auswirkt, verstanden, dann werden wir nicht getroffen. Wird die ›Gerechtigkeit‹ in Canon 24 dagegen auf das Angenommensein des Christen vor Gott bezogen, werden wir getroffen; denn diese Gerechtigkeit ist immer vollkommen; ihr gegenüber sind die Werke des Christen nur ›Früchte‹ und ›Zeichen‹« (VELKD 94,2–14).

– »Was Canon 26 betrifft, so verweisen wir auf die Apologie, wo das ewige Leben als Lohn bezeichnet wird: ›… Wir bekennen, daß das ewige Leben ein Lohn ist, weil es etwa Geschuldetes ist um der Verheißung willen, nicht um unseres Verdienstes willen‹« (VELKD 94,20–24).

*Aus: Der Vorsitzende der Deutschen Bischofskonferenz, Nr. 19, 21. September 1998, hg. vom Sekretariat der Deutschen Bischofskonferenz, Bonn, S. 35–58.*

E. Jüngel: Das Evangelium von der Rechtfertigung des Gottlosen als Zentrum des christlichen Glaubens, Tübingen 1998

P. Lüning: Offenbarung und Rechtfertigung. Eine Studie zu ihrer Verhältnisbestimmung anhand des anglikanisch/römisch-katholischen Dialogs, Paderborn 1999